フランスの
社会階層と進路選択

学校制度からの排除と
自己選抜のメカニズム

園山大祐 編著
Daisuke SONOYAMA

勁草書房

はしがき

　編者は 2012 年に、フランスにおける学校選択の導入によって学校間の学力格差、階層格差が拡大し、かえって教育の不平等が拡大していることを日仏の共同研究から明らかにした（園山編『学校選択のパラドックス』勁草書房）。2016 年には、戦後のフランスの中等教育の大衆化政策が、どのような効果をもたらしたのか、特に、庶民階層（la classe populaire: 主に労働者層のこと）に対して、どのような影響を与え、教育の民主化（階層格差の縮小）に成功したのか検証した（園山編『教育の大衆かは何をもたらしたか』勁草書房）。本書は、その続編として、各教育段階からの移行（進学）時における進路指導の結果について、庶民階層を中心にどのような課題がみられるのか、フランスの代表的な研究を基にまとめた。フランスにおける比較的若い教育社会学研究者を中心に、これまでも不易流行とされてきた「進路（l'orientation）」や「移行（la transition）」に関する過去 40 年ほどを網羅した日本でもよく知られている P. ブルデュー、M. デュリュ＝ベラや F. デュべらの後の世代の研究成果を主に整理した。以下、本書の 3 部構成についてその概略を述べる。

　第 I 部では**高等教育への進路形成過程と進路決定要因**を扱っている。近年、中等から高等教育への進学者が増加（マス・ユニバーサル化）したことによって、大学教育に課題が噴出している（ボー 2016）。エリートを中心に受け入れて教養主義を伝統としてきた大学だが、学生の気質や学生業に変化がみられることから、非選抜型でほぼ無償の大学入学制度の見直しが争点となっている。

　フランスは 2007 年 8 月の大学の自由と責任法（LRU）の制定において進路指導の改善を図るよう支示されたことにより、大学入学に際して事前登録制を導入し、高校生は入学前に大学から情報を提供され、進路指導を受けることが可能となった。以前のシステム（RAVEL）が改善され、2009 年から現行のバカロレア取得後、進路志望登録システムサイト（APB）が導入されている。しかし、2017 年度の事前登録者の配属結果においても一部（8 万 7000 人）のバカロ

レア取得者が未だに所属大学が決まらない状況があり、現国民教育大臣の J-M. ブランケおよび高等教育研究大臣 F. ヴィダルは対応を迫られている。現システムでは、1 月から 3 月にかけて最初の志望先の第 1 次登録期間が用意されている。その後、5 月末まで修正変更が認められている。そして 2017 年は 7 月 14 日から 19 日までの 1 週間で審査結果による回答に対する最終的な登録期間となっている。この審査結果において、まだ決まらない学生がいるという（Les Echos, 2017.7.6,18）。こうした問題に対処する意味で、E. マクロン大統領は、大統領選の公約の 1 つに、バカロレア改革をあげている。バカロレアの受験者は毎年 70 万人を超え、試験問題の作成、採点に膨大な予算とエネルギーを割いている。そこでこの試験のスリム化をはかり、さらに大学の事前登録に際しては、一定の条件を設けることで事前審査により篩にかけるといった予備審査を導入しようとしている。そのことにより、APB の結果、優秀な成績の学生が第一志望から漏れる心配がなくなること、さらに成績が不十分な学生の入学による中退ないし進路変更（転部）の学生数を減らせると考え、E. フィリップ首相より 2018 年 8 月までにヴィダル大臣に調査報告書の提出を依頼している（Le Monde, 2017.7.6,18,21）。こうした改革は、2005 年に F. フィヨン国民教育大臣時代にも検討されたが、そのときは高校生と大学生の大規模な抗議運動によって計画は廃案となっている。

　高等教育問題の背景には、1980 年代後半から 90 年代にかけて、中等教育、続き高等教育が拡大したことにある。高等教育制度が非常に複雑で多様であるにもかかわらず、高校生の進路選択が自律的で、適切になされるよう策がとられてきたが、かえって混乱を招き、新たなきめ細かい高大接続が目指されている（第 1 章）。しかし 1989 年の教育基本法より、中・高等教育政策では生徒が自律的に選択を行うこと、そのための適切な支援を行うことが主眼に置かれており、これにより、自律的な選択のできない学生との間で格差が生じていると考えられる（第 2 章）。選抜性との二元性の中で非選抜性を敷く大学は、高等教育の中でも大衆化の影響を最も受け、多様で非均質な学生を受け入れている。こうした大衆化は、高等教育システム内の差別化を引き起こした。さらにはこれら非選抜性の大学（学部）間でも学生の社会的背景が影響し格差を生み出していることが指摘されている。それが居住区の影響であり（第 3 章）、たとえ

ばイル・ド・フランス地域圏内ではパリ市内に置かれた大学と郊外の大学とでは学生の社会階層に違いがあり、セグレゲーションが認められる。大衆化したとはいえ社会的再生産が行われている高等教育システムの中で、移動を行うことで自らの力で格差を克服しようとする庶民階層出身の学生もいるが、これはたやすいことではない（第4章）。進路選択における困難は高等教育に入ってから、留年や進路変更という形で表出し、ここでも庶民階層出身の学生は高等教育システム内で格差の影響を受けている（第5章）。以上のように、第Ⅰ部では、高等教育が、大衆化したものの再生産機能を内部に抱え格差を産み続けている事実を指摘し、格差が生み出されるメカニズムに迫る。そして、誰にでも開かれた高等教育の民主化は未だ不充分であることを明らかにする。選抜性と非選抜性が混在している中、内部からの排除が強化され、特定階層による再生産がグランゼコールのような選抜性を敷く高等教育機関において維持される構造がみられる。

第Ⅱ部では、**中等教育に至るまでの進路決定の形成過程**を扱っている。

1989年の教育基本法により、すべての子どもの教育機会の拡大を目指すよう中学から高校への進路において、生徒の自律的な選択を促す進路指導が求められるようになる。しかし、高校入試がないフランスの場合、そのことは、進路判定会議において学力（成績）という判断材料と同時に生徒の志望動機に対する表現能力（文化資本や社会関係資本の影響力が拡大）や、保護者の能力（ペアレントクラシー）が同一の成績下位層においてより鮮明となり、むしろ社会的な出自による影響は拡大している傾向にある。

第6から9章は中学校の4年間の成績および高校進学に向けた動機づけが進路の決め手となるため、庶民階層における進路決定の要因を明らかにしている。第10章は、中学校内に残されている特殊な学級（SEGPA）についての中学校進学決定過程に関する分析である。第11章は、高校時に中退した無資格離学者で復学する理由を質的に分析したものである。留年などが減っている中で、誰もが高校に進学し、さらに高等教育機関まで学び続けることが求められ始めていることに対する不安や、違和感を表している。学校化する社会、あるいは職業資格を制度化しようとすることに対して、疑問を呈している重要な指摘である。第12章では新任中等教員に焦点を当てている。フランスでは1990年よ

はしがき　*iii*

り保育学校から高校までの教員免許は、学士取得後2年間で取得するようになり、2013年より採用時には修士号を与えられるようになった。したがって高学歴者となり、庶民階層出身者が減少している。こうした実態は、庶民階層地区の中学校における新任教員の苦労の一端を表している。定期異動がないフランスでは、年功序列のシステムによって人気の高い都市部の落ち着いた学校には中堅以上の教員が多数を占めている。他方都市郊外の困難都市地域や、優先教育地域と呼ばれる困窮者世帯、失業者や移民が一定の割合を占めている地区に若手の教員が任命される確率が高くなる。こうした中、ドゥヴィオーが示すような「ワイワイガヤガヤ」が収まらない生徒を前にキャリアを始めることになる。

　第Ⅱ部の最後は、初等教育の始まりとなる保育学校における調査を扱う。フランスの保育学校を訪れた日本人であればおそらく共通の驚きを持つのではないだろうか。それは3歳児のような幼小時から厳しい学校文化の規律を徹底して教え込むことにある。名の通り「学校」での生徒としての振る舞いを早期に植えつけることになる。ミエとクロワゼが観察したように、そこには子どもの家庭的な文化の違いが学校への適応力に表れ、先生に評価される生徒とそうでない生徒の表象が形成されていくことが判る。第Ⅱ部の前半部でみられる中等学校における進路決定の背景にこうした学校文化、教師文化があることは、日本とは異なる文化として重要と考え、本書に盛り込んだ。前書、小学校における学業困難についてまとめたボネリー（2016）の論稿と併せて読まれることを薦めたい。

　第Ⅲ部は、「移民」を対象としてみた進路形成と進路決定である。移民、そしてその子孫と呼ばれる生徒を含めると、フランスの学校には約2割程度在籍することになる。移民の多くが庶民階層出身であることも事実である。その意味でも独立した部を構成して扱うだけの意味があり、このテーマの研究蓄積が多いのもフランスの社会学研究の特徴である。フランスの移民の教育問題についてはこれまでもまとめてきたが、特に質的な調査に関して充分な日本語文献があるとはいえないため、ここでは代表的な研究を五つ取り上げた。フランスにおける移民と教育の研究課題を位置づける意味で第14章の村上が学校教育とアイデンティティに着目してまとめている。第15章のボーは、フランスで

最も多いエスニック・グループであるアルジェリア系移民の、ある一世帯のインタビュー調査からみえてくる問題を明らかにしている。一家族内の8人きょうだいの進路形成の多様性は興味深く、量的調査には決して明らかにされてこなかった一人ひとりの進路選択とその解釈に注目したい。第16章は、大家族が多いとされる移民家族の進路決定に関する考察である。きょうだいの数、性差や親が進路選択に与える影響について考察した数少ない家族社会学研究である。第17章は、近年移民研究として注目されるムスリム移民の事例である。長期間にわたる民族誌調査の結果、ムスリム移民の親から生まれた男子と女子による明らかに親のものとかけ離れたイスラームへの新しいアイデンティフィケーションには、彼・彼女らの学校経歴が重要な位置を占めることが明らかである。第18章は、移民の学業達成に関する量的調査の研究成果である。移民の子どもの学校経路を、特に小学校入学から中学校卒業の学業成績の差異に焦点を当て、社会学的な描写や解釈を進めようとするものである。

　以上フランスの進路選択について、教育段階及び研究視点の上で包括的な研究を試みた。折しも、今年は比較教育の父とされる M.-A. ジュリアンの『比較教育に関する著作の草案と予備的見解』(Jullien 1817) が刊行されてから 200 年が経つ。M.-A. ジュリアンの観察所見比較表は方法論上の道具であり、教育現実の包括的な社会背景を明らかにし、その中で比較することを可能にする手段を提供している。

　日本の進路研究の比較対象として改めてフランスの研究成果を考えてみたい。重要なことは学校教育の成功が、社会的出自からどれだけ独立しているかにある。進路形成過程の結果、どのような結果を招いていて、どのような社会学研究が行われているのか、フランスの教育社会学研究の一端を紹介し、日本の進路研究の相対化の一助となることを願う。

　　2017 年 12 月

　　　　　　　　　　　　　　　　　　　執筆者を代表して

　　　　　　　　　　　　　　　　　　　　園山　大祐

フランスの社会階層と進路選択
―学校制度からの排除と自己選抜のメカニズム―

目　次

はしがき（園山　大祐）

序章　なぜフランスの進路決定過程に注目するのか……………………………… *1*

園山　大祐

第Ⅰ部　高等教育への進路形成過程と進路決定要因

第1章　進路形成における自律的生徒・学生像……………………………… *13*
　　　　　―ナント大学区を事例に―

田川　千尋

　1．はじめに　*13*

　2．背景：国内における高等教育の諸課題　*14*

　3．高大接続の位置づけ　*18*

　4．ナント大学における試み　*19*

　5．おわりに：フランスの高大接続理念を支える自律的学生像　*22*

第2章　高校卒業後の学業選択………………………………………………… *24*
　　　　　―社会階層による異なったロジック―

ソフィ・オランジュ（Sophie Orange）　訳：田川　千尋

　1．はじめに　*24*

　2．可能な選択の幅が限定的であること　*26*

　3．選択肢があらかじめ決められていること　*29*

　4．選択との直接的経験のかかわり　*29*

　5．集団的な進め方　*33*

　6．学校的保守主義　*34*

　7．おわりに　*36*

第3章　イル・ド・フランス地域圏における居住地と大学選択 …………… *37*

　　　　―空間的セグレゲーションか？―

　　　　　　　　　　レイラ・フルイユー（Leïla Frouillou）　訳：田川　千尋

1．はじめに　*37*

2．居住地に関する役割：
　学生が（大学選択を）判断する際の三つの次元　*39*

3．大学選択のセンス：
　大学進路選択における居住地の重要性を相対的にみる　*45*

4．おわりに：イル・ド・フランス地域圏には大学隔離があるのか？
　50

第4章　大学における移動と調整 ……………………………………………… *52*

　　　　―悪評高い居住区から高等教育の場へ―

　　　　　　　　　　ファビアン・トリュオン（Fabien Truong）　訳：園山　大祐

1．はじめに　*52*

2．「合格する」：到達点としてのバカロレア　*53*

3．「旅立ち」：出発点と就学路の戦略　*56*

4．「揺れる」：変調と調整　*60*

5．おわりに　*63*

第5章　フランスの大学の初年次における学業「中退」………………………… *65*

　　　　―社会的事実―

　　　　　　　　　　ロミュアルド・ボダン（Romuald Bodin）　訳：田川　千尋

1．はじめに　*65*

2．制度的自明と学術的に明らかになっていることを隠微する
　概念としての「失敗」の定義　*66*

3．中退は*社会的*事実である　*68*

4．不平等を維持させている制御プロセス　*72*

5．おわりに　*76*

第Ⅱ部　中等教育に至るまでの進路決定の形成過程

第6章　学校への道、進路決定を前にした教師、生徒、両親⋯⋯⋯⋯⋯ *79*
セヴリーヌ・ショヴェル（Séverine Chauvel）　訳：園山　大祐

1．はじめに　*79*
2．協力的な仕組みで生徒の自主性を保障する　*82*
3．進路決定の仕組みの回避と批判　*84*
4．教師の役割の対立　*87*
5．おわりに　*90*

第7章　学校的要請と庶民階層 ⋯⋯⋯⋯⋯⋯⋯⋯⋯⋯⋯⋯⋯⋯⋯⋯ *91*
―全員就学の状況における進路指導―
ジョアニ・カユエット＝ランブリエール（Joanie Cayouette-Remblière）

訳：渡辺　一敏

1．はじめに　*91*
2．二枚舌的な言説　*93*
3．序列づけ作業：生徒の「志望」の背景事情を探る　*94*
4．進路指導の格差（グロス値）から最初の説明モデルへ　*97*
5．おわりに　*107*

第8章　学校と庶民 ⋯⋯⋯⋯⋯⋯⋯⋯⋯⋯⋯⋯⋯⋯⋯⋯⋯⋯⋯⋯⋯ *109*
―庶民階層における教育的軌道と学業に対する関係―
ユーゴ・パレタ（Ugo Palheta）　訳：渡辺　一敏

1．はじめに　*109*
2．教育の大衆化と教育課程の序列化　*112*
3．中学による分割　*113*
4．学校と学業に対する庶民階層の本質的なアンビバレンス　*116*
5．職業教育課程の空間と庶民階層の差異化　*119*

6．職業教育への投資（あるいは非投資）のかたちを理解する　*121*

6．被支配者のジレンマ　*122*

8．経済的必然性と象徴的必然性　*125*

第9章　家族支援のパラドックス ……………………………………… *128*

トリスタン・プーラウエック（Tristan Poullaouec）　訳：園山　大祐

1．はじめに　*128*

2．家族支援の高まり　*129*

3．資源の不平等　*133*

4．おわりに　*140*

第10章　成績がすべてではない …………………………………………… *141*

―SEGPAへの進路変更が示していること―

ジョエル・ザフラン（Joël Zaffran）　訳：園山　大祐

1．はじめに　*141*

2．1-SEGPAの生徒：普通学級の中学1年生に近い学力　*142*

3．社会的違いがより濃く現れ、進路は対照的　*144*

4．SEGPAあるいは「特殊課程」への進路決定要因　*145*

5．おわりに　*146*

第11章　なぜ、離学者たちは復学先に留まるのか？ …………………… *150*

―学業中断状態の若者達が復学する理由―

ジョエル・ザフラン（Joël Zaffran）　訳：園山　大祐

1．はじめに　*150*

2．離学対策の現場　*151*

3．復学機関に頼る：争点は承認　*152*

4．復学：主観的で集団的な試練　*154*

5．おわりに　*158*

第12章　新任教員の始まり ……………………………………………… 162
　　　　　　ジェローム・ドォヴィオー（Jérome Deauvieau）　訳：渡辺　一敏

　　1．はじめに　*162*
　　2．授業中のワイワイガヤガヤ声と学習　*162*
　　3．認知的相互作用の不確実性　*166*
　　4．新任教員時の専門的知識（savoir professionnel）　*169*
　　5．おわりに：教員養成に関する疑問点　*172*

第13章　保育学校はいかにして文化的支配を教えるのか？ ……………… *176*
　　　　　　　　　　　マチアス・ミエ（Mathias Millet）、
　　　　　　ジャン＝クロード・クロワゼ（Jean-Claude Croizet）
　　　　　　　　　　　　　　　　　　　　　　訳：渡辺　一敏

　　1．はじめに　*176*
　　2．非意識的な学習と予備知識　*179*
　　3．社会的差異化の基準としての参加の違い　*181*
　　4．不平等の早期経験　*185*
　　5．おわりに　*187*

第Ⅲ部　「移民」を対象としてみた進路形成と進路決定

第14章　移民第2世代の教育問題 ……………………………………… *191*
　　　　―「成熟」した移民社会において多様化する学校経験とアイデンティティ―
　　　　　　　　　　　　　　　　　　　　　　　　村上　一基

　　1．はじめに　*191*
　　2．フランスにおける移民第2世代問題　*192*
　　3．学校教育と社会統合　*195*
　　4．ムスリム移民第2世代の文化とアイデンティティ　*197*
　　5．おわりに　*198*

第15章　3人姉妹と社会学者 ·· 200
　　　—あるアルジェリア系家族の兄弟姉妹の社会階層移動に関する
　　　民族誌的研究ノート—

　　　　　　　　ステファン・ボー（Stéphane Beaud）　訳：荒井　文雄

1．はじめに　*200*

2．B家の人々：アルジェリアからフランスへ、「栄光の30年」における
　大量移民の最後の波　*202*

3．女の子は優等生、それに比べて男の子は落ちこぼれぎみ　*206*

4．学歴資格を得た女の子たちは社会的上昇の途上にあり、
　男の子たちも何とか職に就く　*210*

5．姉妹間での世代に基づく相違　*216*

6．おわりに　*222*

第16章　移民系大家族出身の子どもの学校経路 ······················· 226
　　　　　　　　　　　ロール・モゲルー（Laure Moguérou）、
　　　　　　　　エマニュエル・サンテリ（Emmanuelle Santelli）
　　　　　　　　　　　　　　　　　　　　　訳：村上　一基

1．はじめに　*226*

2．兄・姉の特別な位置　*228*

3．親の教育モデルにおける女子と男子　*230*

4．きょうだい間の助け合い　*232*

5．はっきりと異なる生活環境や社会的背景　*234*

6．おわりに　*237*

第17章　マグレブ系移民子孫の学校経歴とイスラームへの
　　　アイデンティフィケーション ···································· 239
　　　　　　　　ナタリー・カクポ（Nathalie Kakpo）　訳：村上　一基

1．はじめに　*239*

2．社会的運命への資格の影響力と社会人になる過程　*241*

目　次　*xiii*

3．敵対する制度としての進路指導もしくは学校での経験　*243*

4．新たな資格を獲得するための
　もしくは対立性を示すためのイスラーム　*244*

5．女性の学校での成功、家族の変化、イスラームとの関係　*247*

6．ジェンダー関係における変化　*250*

7．おわりに　*251*

第18章　移民の子どもの小学校入学から中学校卒業までの
　　　　学業成績の差異 ……………………………………………………… *253*

マチュー・イシュー（Mathieu Ichou）　訳：村上　一基

1．はじめに　*253*

2．データ、変数、方法　*254*

3．結果　*258*

4．議論：ネイティブの子どもと移民の子どもの間の
　「純粋な」学校成績の差異をどのように解釈するのか　*262*

5．おわりに　*270*

参考文献　*273*

フランスの学校系統図（2016 年度）　*294*

あとがき　*297*

人名索引　*301*

地名索引　*305*

事項索引　*308*

略語一覧　*311*

【凡例】

本文中の［　］内については、訳者による解説を表す。

序章

なぜフランスの進路決定過程に注目するのか

園山　大祐

フランスの公教育は、1881 年から 82 年にかけて始まる。6 歳から 13 歳の就学年齢の児童生徒を対象に教育が義務化、無償化、世俗化される。1936 年に義務教育年齢が 1 年延び、さらに 1959 年に 16 歳まで延長される。そして、1975年に中学校まで単線化され、すべての児童生徒が同一の教育課程、学校で学ぶことになる。1985 年には、国民教育大臣 J.-P. シュヴェーヌマンによって同一年齢層の 8 割がバカロレア（大学入学資格）水準の教育段階に到達することを国家目標と宣言する。これに応えるかたちで、1985 年に職業バカロレアが新たな資格として設けられ、1968 年の技術バカロレアや、職業見習い訓練所（CFA）以外に、職業高校として新設される。このことはほぼ実質的な 18 歳年齢の義務教育化につながったともいえる。今日少なくともシュヴェーヌマン大臣の目標数値は達成された（高校 3 年のバカロレアコースに在籍する生徒は約 85%）。それ以上に、バカロレア取得者においても同一年齢層の約 78% となっている。これに同一年齢層の約 1 割を占める、高校の 2 年間で取得できる職業資格（CAP, BEP）取得者が加わるため、早期無資格離学者（中卒、中途退学）の 9%を除く約 9 割が中等教育段階の有資格卒業者として労働市場に参入するか、高等教育機関に進学する。

　高等教育への進学率は、上記のバカロレア取得者の約 4 割である。現在、若者の約 14% が短期大学レベル、約 10% が学士課程レベル、そして約 20% が修士・博士課程レベルの資格を取得する。

　戦後の義務教育年齢の引き上げ、前期中等教育の単線化と、高校の多様化が

1

中等教育さらには高等教育の就学率を上昇させ、1978年に早期無資格離学者が4割を超えていたが現在1割にまで減らすことに成功している。他方、教育の大衆化は、中等学校教育制度内における競争、選抜を強めている。日本とは異なり、高校入試がない多くのヨーロッパ諸国同様、フランスでは進路指導という、中学校の4年間の成績と本人・家族の志望動機によって高校の進学先が委ねられる仕組みになっている。つまり、成績という客観的な指標（メリトクラシー）と志望動機という主観的な指標の組み合わせによって学級委員会（le conseil de classe）が生徒の進路を判断する（1968年11月8日付政令25条）。その構成員は、校長、生徒指導専門員、進路指導専門員、保護者代表2名、生徒代表2名、ソーシャルワーカー、学校医、養護教諭などで、年に最低2〜3回開催することになっている（教育法典、R421-51）。

　学級委員会は、毎年の進級についても判断を下す場であり、小学校1年生から留年（原級留置）や飛び級が、生徒の成績と本人の志望によって決められている。1977年から実施された中学校の単線化によって教育課程が一本化され、選抜が行われなくなり、全社会階層に開かれたみんなの中学校となったことに加えて、1980年代後半以降は、留年についても極端な低成績に限定するよう政策方針が変えられた。特に同一教育段階で二度以上の留年を繰り返す生徒は激減している。事実、この政策によって、現在小学校の修了時点で1割、中学校の修了時点で2割に抑えられている。1980年代初期では、小学校で4割、中学校で5割となっていたことを考えると、この30年間でかなり改善されたことがわかる。留年については、より厳格な判断が求められるだけではなく、近年は、個別指導計画などを作成し、留年後の年度支援計画について保護者に丁寧に説明をすることになっている（教育法典D331-62、2014年11月18日付政令：2014-1377号）。

　こうした変化は中学校および高校の進路指導に変化をもたらし、また、生徒や保護者の学校に対する考え方にも大きな変化をもたらした（本書第6、7章）。しかし、本書のドゥヴィオー（第12章）は、むしろ中等教育の教師の意識の変化が遅れているとする。

　少なくとも、学級委員会のあり方は以前から変わらず、成績と志望動機によって決められている。そのため、生徒自身の人生設計が決まらないとどの高校

に進学したいのかが決まらず、進学のために必要な成績も設定できず、さらに、学級委員会においてどのような志望動機の説明が有効なのかといった戦略も持ち合わせないといけない。この点は、保護者の教育戦略であり、家庭の文化資本や社会関係資本の有用性がフランスの教育社会学研究では指摘されているところでもある。

デュリュ=ベラ（Duru-Bellat 1988a, 1988b, 2002）は、学級委員会の判定結果には、学業成績というメリットと生徒の適性、あるいは委員会当日の保護者の適性能力という両面から決定されるとしている（1973 年 2 月 12 日付政令）。事実、1975 年 7 月 11 日の法令は、「教育機会を促すために、さまざまな教育・訓練の水準やタイプに適した適正能力によって一人ひとりの進学が可能となる」と明記している。ただこうした適正能力は、家庭の環境、社会的な出自と無関係ではない。したがって、学級委員会の判定において保護者の発言、教育に対する考えや、熱心さ、具体的な計画性や教育戦略が影響を与えることは自明のこととなっている。デュベとデュリュ=ベラの研究では、1930 年代に、中等教育進学率は世帯主が管理職で 8 割、労働者層では 2 割であったが、1980 年のパネル調査でそれぞれ 96％と 58％、1989 年のパネル調査では 99％と 91％と、その差は大幅に縮小されている。

ただし、進学率の量的な拡大はみられても、質的な格差は維持されていた。つまり、1980 年代の統一中学校内には、中学 3 年と 4 年生には技術課程があり、普通課程より成績の下位の生徒が選択していた。この技術課程には、管理職の 2％しか在籍していないのに対し、非熟練労働者の 2 割が在籍していた（Dubet et Duru-Bellat 2000: 106-7）。こうした出身階層間の違いは、学級委員会において、生徒の成績が同一であっても、労働者層や移民を背景とする保護者は留年や中退を心配するため、教師の「薦めである」技術・職業課程を選択（服従）するという（ペリエ 2016、園山 2017）。中学校内の技術課程の選択は、2 年後の高校進学時での普通高校への進路変更はほぼ閉ざされることになる。技術課程で成績を上げて普通高校に進学するのは容易ではない。また当事者には、中学 2 年生が重要な進路決定期であることが十分に認識されていなかったりもする。本書のショヴェル（第 6 章）が述べているように、こうした進路決定がいかにも生徒および保護者の同意の下に実施されていて、民主的な手続きを踏んでい

ると教師は考えているが、実態としては自己責任としての選択という機能と、メインストリームへの諦めという、冷却機能を持ち合わせている。学業成績というメリット以外の適性能力が、保護者を巻き込んだ社会的出自に依拠している点が不平等の生成を作り出していないか、注意が必要である。本書では扱っていないが、性差における進路決定過程の違いにも当てはまる。日本ほどではないにしても、フランスの女子生徒の理数系の高校や大学進学率は低い。

　中等教育の大衆化、なかでも職業教育の充実は、政策として進めてきただけに国の責任は大きい。ラポストル（Lapostolle 2005）によれば、シュヴェーヌマン大臣は、L. ファビウス首相と連携して、政府として職業訓練の充実化を宣言し、経済成長に必要な労働者の養成を中等教育改革に託した。1985 年 5 月 28 日の大臣の演説は、「現在 120 万人の高校生を、2000 年までに 200 万人に増やすことが、我々の目標である」と述べた。そして同年 11 月 12 日の記者会見において、先述した同一年齢層の 80％をバカロレア水準にするという声明が出された。またこのときに、熟練労働者の水準を上げる目的で、技術・職業訓練課程の充実を約束する。後任の R. モノリ大臣は、1987 年 2 月に教育統計局を新たに国民教育省内に設置し、『国民教育省の将来のための計画』を作成した。当時、教育統計局の最初のバカロレア水準の目標推定値は、74％に下げられた。しかし、1988 年に社会党が返り咲き、L. ジョスパン大臣が任命され、1989 年に教育基本法が採決され、80％という数値目標に改められた。そしてこの教育基本法が、高校までの進学率の上昇を後押しすることになるが急激な就学率の上昇（入学率 6 割）が高校生の反感を買い、1990 年の高校生の全国抗議運動に発展する。1984 年から 1990 年にかけて、高校 3 年生への進学率が 36 から 49％へと上昇しているのは、明らかな政策効果といえる。1982 年では 9.4％であった一学級 35 名規模が、1990 年には 37％となり、教師、生徒、保護者のいずれからも不満が噴出した。

　こうした高校進学率の上昇の要因として、一つは中学校の教育課程改革がある。それは、中学 2 年生における技術課程への進路コースを廃止し、完全な統一課程にすることにあった。1975 年の R. アビ大臣の改革によって 1977 年から実施された統一中学校改革は、中学 1 年の完全統一課程化にあった。しかし、2 年生の段階で、進路分けが実施され、約 4 分の 1 の生徒が留年するか、職業

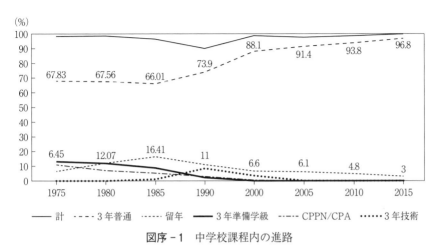

図序-1 中学校課程内の進路

出典：DEPP, *Repères et références statistiques* の 1986 年から 2016 年を元に作成。

課程（CAP 取得コース）に移った。図序-1にみられるように、中学2年生の進路は、中学3年の普通課程、中学3年準備学級、中学3年職業前教育学級（CPPN）、ないし職業見習い準備学級（CPA）のいずれかであった。さらに1983年以降これら職業系の学級は閉鎖され、代わりに、職業参入を目指した中学4年参入学級（la classe d'insertion）が設置される。また1985年になると中学3年に技術課程が設置される。この技術課程の設置によって、中学3年の準備学級や職業準備向けのコースへの進学率が低下した。この技術課程も1990年代後半には縮小され、2000年代前半には普通課程に吸収され、2005年から「職業発見」という選択科目に置き換えられた（後述）。留年率は1970年代半ばから1980年代半ばにかけて増えているが、その後3％にまで減少している。この1970年代から1990年代に、一貫してとられた政策は、中学校内の選抜を緩和し、普通・技術課程の進学者を増加させる政策であった。

また職業教育は、中学校から高校段階へ引き継がれていくことになる。その結果、高校進学率（図序-2）は1974年の79％から1991年をピークに90％前後を推移している。この上昇の要因は、職業系より普通・技術高校への進学率の上昇による。注意すべきは、この20年間進学率は横ばいで、進学者の10％前後が早期に離学するリスクがあるとされている点である。なお同じ期間の留

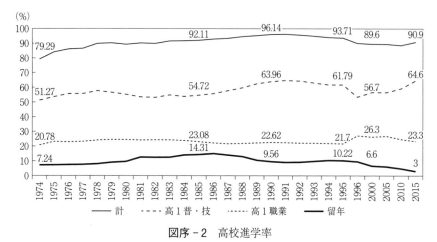

図序-2 高校進学率

出典：DEPP, *Repères et références statistiques* の1986年から2016年を元に作成。

年率は、1980年代半ばの15％をピークに減少している。ただし、中学入学後7年間、留年せずにバカロレアを受験する生徒は半数程度である（Blanchard et Cayouette-Remblière）。

　このような中学校そして高校の進学率の上昇は、進路指導の考え方の変化にもある。A. サヴァリ大臣は、事務通知（1981年12月23日付、81-530号）において「進路指導は、一人ひとりの若者の職業的、社会的、個人的な趣味、期待や能力を発揮できる最も適した水準の教育・訓練を提供するものでなければならない」と述べている。そのために保護者の選択を尊重するよう求めている。「進路決定過程に、保護者の参加、情報の共有を促し、就学先の選択に関与できるよう」態勢を整えることを述べており、保護者との協力を促すことを指示している。こうした保護者の同意を得ることについては、1973年2月12日の政令以来のことであるが、この間十分に機能しているとはいえない。1989年7月10日発令の教育基本法において、子どもを教育制度の中心に置くこと（第1条）が確認されたように、第5条において校長は教師と保護者の協議を促すよう明記している。そして留年は、生徒自身ないし保護者からの要求なくしては行われないこと、あるいは学級委員会の決定に対して、生徒および保護者の同意が書面上必要であるとしている（第7条）。こうして学校が一方的に進路

や留年措置について決定を下すことがないように、必ず協議をし、本人の同意を取りつけるよう指示している。こうした法規上の度重なる方針にもかかわらず、教育社会学研究から同一成績の生徒にみる進路選択には、保護者の社会的出自の違いが明らかにされてきた。ラポストル（*ibid.*）は、こうした進路決定の結果に教師の威厳、支配というものが背景にあることを指摘する。

　現行の中学4年生（最終学年）が進路決定期となるのは、1996年の『学校のための新しい契約』からである。1996年の新学年から、中学1年を適応期、中学2～3年を中核期、そして最終学年を進路決定期と改めた。このことによって、1997年に中学1年生の留年率が2％ほど上昇したり、中学2年生に選択教科（ラテン語など）を設けることで卓越した学級（古典語・希少外国語などによって優秀な生徒を集めた学級）が誕生している。（高校2年生でラテン語と古代ギリシャ語を選択する生徒は全体の5～6％である。その3分の2以上は普通バカロレアの科学（Sコース）を選択する。DEPP 2016a: 115）当然、こうした学習期の変更によって内部からの排除が強化され、その被害者は庶民階層（労働者層）となる。1997年にC.アレーグル大臣はすぐさま通達を発行し、こうした留年が安易に選択されることがないよう指示している（1998年6月2日付、98-119号）。これ以降、留年率は減少し続けることになる。

　2005年より、中学校教育課程の見直しによって、選択科目として「職業発見」という科目が設けられ、職業発見週3時間（DP3）と週6時間（DP6）の選択科目に分けて用意された。前者は、古典語と第二外国語との選択科目となっているのに対し、後者は学業困難な生徒向けに、進路計画の指導の一環として位置づけ、週2時間の個別支援と併せて生徒の職業や訓練コースの発見につながる活動を支援する時間となっている。一度1980年代末になくなった中学校内における選択科目による差別化および低学力層の内部からの排除の構造の再構造化といえる。

　2011年からは、中学4年生に、普通課程以外に、第4年職業前教育学級（3ePP）と、見習い訓練を取り入れた交互教育による職業入門措置（DIMA）が用意された。前者には「職業発見」と呼ばれる授業が週6時間設けられている。後者には、1年間で8から18週の実習が用意され、つまり普通教育は半分となっている。これらの措置は、学業困難な生徒の進路選択の多様化に応えようと

序章　なぜフランスの進路決定過程に注目するのか　　7

する目的であり、同時に職業高校および職業見習い訓練所（CFA）への移行を
スムーズにしようとしたものである。ともに、保護者の同意下の進路決定であ
る。

　このように進路指導に関する決定過程に、生徒および保護者の参加を重んじ
るよう政府としても取り組んできた。また量的な拡大に対応するために、その
進路指導期を中学校の最終学年まで延期してきた。こうした政策の効果は、数
量的にみられる。しかし、質的な効果として期待されていた、庶民階層に対す
る普通、技術課程への進学率の上昇については課題が残る。そこには、中間層
の保護者および教師による内部からの排除といった選抜競争に参加するための
十分な教育戦略、情報、社会関係資本が提供されてこなかった社会背景が考え
られる。とくに、フランスは1970年代のオイルショック以降にみる経済成長
の低迷期との関係において、若者の職業参入の最大の武器が資格（学歴）であ
るため、その機会を提供・保障するのも学校であることは、中間層以上の家庭
の保護者が最も意識しているためでもある。以下に、学業達成による社会上昇
移動の有効性について考えてみたい。

　これまで教育社会学では、出身階層と最終学歴には相関があるとされてきた。
しかし、出身階層を乗り越え、社会上昇移動の一助として学校教育の役割機能
に注目もしてきた。近年のフランスでは、こうした学校役割機能が低下してい
るのではないかという疑問が投げかけられている。社会的な出自による格差を
教育効果によって穴埋めできない学校、あるいは教師に対して、さらにはその
問題への対処となる教育政策の効果に対する批判がみられる。

　たとえばショヴェル（Chauvel 1998b）によれば、世帯主の出身階層の影響は
みられるが、1930年代から1950年代の生まれにおいては、教育の大衆化の恩
恵を受けつつ、さらに経済の成長の恩恵を受けたために出身階層にかかわらず
社会上昇に成功している。その後の世代は、教育の大衆化、第2の教育爆発の
世代は、残念ながら不景気による社会的格下げ、厳しい職業参入を虐げられて
いる（Peugny 2009）。学業達成の格差は縮小されつつも、出身階層の学歴獲得
に及ぼす影響力は維持されている（Vallet 2014, Goux et Maurin 1997）。つまり学
歴のインフレがみられる中、職業参入における学歴の有効性が保障できなくな
っていることにある。二重の被害者といえ、学歴に見合わない職業に従事して

いることと、両親より高い学歴を獲得していても社会的地位が下げられ、両親同様の文化や社会関係を共有できていない。こうした結果について、1979年にウヴラールは既に予測し、いたずらに教育期間の延長が教育の民主化を達成できるわけではないと述べている（Œuvrard 1979）。そしてブルデューとシャンパーニュ（Bourdieu et Champagne 1992）が「内部からの排除」という概念で明らかにしたように、デュベとデュリュ＝ベラ（Dubet et Duru-Bellat 2000, Dubet et Martuccelli）なども中学校の統一化が学校内部における選択教科や学科によって、さらにはバカロレアなどの資格の多様化によって、選抜システムが強化され、メインストリームから外される冷却システムが形成されてきているとする。くわえて、私学選択や、学校間格差の問題が明らかになり、特定の公立校の回避のような学校選択への関心が高まってきたことが明らかになっている（園山 2012、トランカール 2016）。

　以上のように、中等教育の量的拡大、大衆化は、戦後のフランス教育の発展を表しており、事実、庶民階層、移民、女性などに教育の機会を拡大してきた。他方で、後期中等教育の多様化によって、バカロレアの種類や他の職業資格を通じて進路選択競争が激化している。そのような中で、現行の進路指導の在り方やバカロレア取得後の進路の選択の在り方については、必ずしもメリトクラシー（業績主義）のみではなく、むしろ文化資本や社会関係資本の有無によって左右されることが解明されてきた。このことは充分な情報や進路の仕組みに通じていない庶民階層や移民出自を背景とする若者とその家族の不利な状況が、特に職業高校への進学および大学の学部選択において顕在化している点に問題がある（本書の第2、3、6、8、9、10章、荒井 2012）。ブルデューとシャンパーニュ（*ibid.*）の指摘した内部からの排除の構造的な問題や、ウヴラール（*ibid.*）の指摘した進路選択の先延ばしによって問題が解決しないことは再確認できる。むしろ問題が再生産されていて、階層間の社会移動がより厳しいことをうかがい知ることができる（Chauvel 2016; Peugny 2009）。

　この数十年景気が低迷しているフランスにおいてこうした学歴のインフレが功を奏しない結果（Vallet 2017）というのは若者のリスク化を招くだけに喫緊の教育課題であり、労働市場への移行問題としても社会政策上の重要な課題として理解しなければならない。プニー（Peugny 2013）によれば、保育学校か

らの学校様式への規範化といったエリート型の教育制度の見直しが一つには考えられなければならないとする。フランスはバカロレア取得を終着点に下構型の教育制度を伝統としているが、アメリカのような上構型の大衆型教育に転換するよう述べている。本書のミエとクロワゼが示すように幼児期における学校嫌いの始まりに警笛を鳴らすものである。この時期から、学業達成における学校文化への適応性の高い勝者と敗者が生み出されているわけだが、当然、年齢が低い学年ほど家庭の文化資本の影響は大きくなる。さらに、フランスはボードロとエスタブレ（Baudelot et Establet 2009）が指摘するように OECD 加盟国内でも最も社会階層の影響力が学業成績に影響を与えている国の一つであるだけに、エリート型教育文化の見直しが待たれる。プニーは、さらに生涯教育の重要性を提唱する。最初の学歴が人生を支配するのではなく、北欧型のリカレント教育に倣って再チャレンジが可能な社会システムを提言する。デンマークを例に、18 歳で働き始めた場合に最大 60 か月の生涯教育の補償を提唱する。学士を終えた場合は 2 年に短縮されるが、より公正な制度で、本人の自律的な判断とやる気によるため、社会経験を積ませた上で、自身の判断で再教育の機会を選択させるほうが無駄が少ないとする。

　こうした進路や移行に関する研究は、その公正さが学校（教育）神話を支えてきただけに、もし進路指導システムが社会的出自に強く依拠する場合、当然学校神話も崩壊へと導かれるだけに深刻な社会問題である。今日のフランス教育社会学研究の成果は日本の希望（意欲）格差社会においても他人事とは思えない重要な指摘と考えたい。つとに日本の場合、進路決定過程がこれまでは入学試験による業績主義であったため、出身階層による影響は最小限に抑えられてきたとされている。あるいは、筆記試験が重視されてきたため、欧米のような面接重視の場合には、言語資本といった家庭文化の影響力が無視できないとされてきた。その意味でもフランスのような進路決定過程において文化資本や社会関係資本といったペアレントクラシーがメリトクラシーに追い被さるように影響していることは、筆記試験から推薦入試や面接試験といった新しい入試改革が導入されている日本においても今後注意が必要な指摘と考える。

第Ⅰ部　高等教育への進路形成過程と進路決定要因

第1章

進路形成における自律的生徒・学生像
—ナント大学区を事例に—

田川　千尋

1.　はじめに

　フランスの高等教育は、1990年代以降、経済力の強化と知識基盤社会を目指したEU統合に伴い、人材の流動性が増す欧州の中に置かれている。欧州では、欧州高等教育圏の設立を目指すボローニャ・プロセスによって、教育課程制度の調和（Harmonisation）や、そこで付与されるディプロムの相互互換性などを追求することが目指されている。質保証の仕組みづくりが推進され、共通性や互換性、移動可能性が求められる中で、知識を伝達するという従来の教育から、コンピテンシーを高めることへ重点が置かれるようになるという変化が起こり、高等教育は自らの教育内容について再考しているところであるといえる。

　高等教育の内容の再考は、同時に国内からの社会情勢を背景にした要求でもある。フランスでは高等教育が1960年代以降徐々に、そして1980年代に急速に大衆化した。多様化した学生の質への対応と若年層の失業率の高さを背景にした高等教育への新たな要望を抱え、政策主導で高等教育は80年代より徐々に、そして近年より急速に改革を行っている。その一つが職業専門教育化であり、また、これに伴いキャリア支援が強化されてきた。本章では、近年になって重要視されているフランスの高大接続の取り組みがこれらの改革の延長上に位置づけられるものであることを示し、その特徴を高大接続にいち早く取り組

んでいたナント大学の事例をあげて説明する。

2. 背景：国内における高等教育の諸課題

1960 年代より徐々に、そして 1980 年代に急激に大衆化したフランスの高等教育には、2015 年には 255 万人あまりの学生が登録をしている[1]。フランスの高等教育は、大きく分けて選抜制の有無で二つのセクターに分けられ、高等教育と大学がほぼ同意義語である日本を含む多くの国々とは違う特徴を持っている。この二つのセクターは社会的に違った役割を担っており、機能的すみわけを行っている。すなわち、職業教育と（伝統的には）教養教育であり、また、選抜制と非選抜制である。18 世紀よりその設立が始まったグランゼコールは、選抜制であり、なかでも一部の学校の試験は非常に難易度・選抜度が高い。政府高官および企業の管理職養成が目的とされるこのセクターでは、選抜をくぐりぬけたエリートたちの職業教育が行われている。

一方、研究と教育を目的とする大学は、法律により中等教育修了資格であるバカロレアを持つ者すべてに門戸が開かれている。伝統的には、法学と医学という二つの専攻における職業教育を例外として、大学は研究と、それに基づいた知識と教養の伝達を主な目的としてきた。そして、学生は卒業後、研究の道へ進むか、あるいは教員・公務員となるのが主な進路であった。これは積極的職業教育としての結果というよりも大学がこのような形態で行ってきた知の伝達の方法と内容がこれらの職業の試験に一致していたからだといったほうがよいだろう。

1980 年代以降の大衆化は、非選抜であることから大学が制度的必然として主にその担い手となっている[2]。この二元システムが大学の社会的役割とその変化、それにより伝統的に持ち合わせていた性質との矛盾など現代の大学が抱えるすべての問題の根底をなすといえる。

1）1960 年には 30 万人であったすべての高等教育機関における学生数は、1980 年には 118 万人、2015 年には 255 万人を数えることとなった（DEPP 2016a）。
2）大学に登録する学生数は高等教育全体の約 60％である。

1）学生の多様化と顕在化する諸問題

　高等教育の大衆化は、中等教育の大衆化およびそれを推進する政策の結果である。1968年に技術バカロレア、1985年には職業バカロレアがあらたに創設され、現在バカロレアは普通・技術・職業という三つのカテゴリーに分かれている。これに伴い同一年齢当たりの取得率は1945年には3％であったものが1975年には25％、2017年には78.9％ となっている（41.2％が普通バカロレア、15.7％が技術バカロレア、22％が職業バカロレア）（DEPP 2017）。また、合格率は87.9％である。さらに、バカロレアの取得者はその約80％が高等教育に進学している。なかでも非選抜性を敷く大学はこれらの新たなバカロレアを持つ学生を中心にした「新しい学生[3]」（Erlich 1998）と呼ばれる大学文化に馴染みのない階層出身の学生の主な受け入れ先である。これにより学生の非均質性は徐々に大学で大きな問題とされた。この頃より問題とされる高い留年率（échec à l'Université）は今日でも一定の率を保ち続けており、これが大学を機能不全の機関であり改革すべきもの、とする主張を支えている。2011年度入学の学生の追跡調査によれば、学士課程を規定の3年で修了する者は全体の27.2％、4年かけて修了する者を入れても39％である。とりわけ問題とされているのは学士課程の1年目から2年目への留年であり、1年終了時までに33％が、また、2年終了時までに13％が登録した教育課程から離れている（この中には、他の課程へ再登録している者もおり、必ずしもこれが離学を意味するわけではない）（MEN-ESR 2016）。

　学生の多様化と同時に、大学に求められる役割も変容し、より労働市場を意識した教育が社会および学生自身から大学教育に求められた。この対応として政策が教育方法の改善に主眼を置き、学生の学び支援という視点で予算を割くのは近年になってからであり、まずは制度的にこれらの要望に応えようとした。

3）雇用対策（職業専門教育化）とキャリア支援と進路指導とのかかわり

　ここで、進路指導と大学における雇用対策としての職業専門教育化およびキャリア支援、進路指導がどのようにかかわりあっているか述べる。

3）「新しい」とはBourdieu et Passeron（1964）のいうところの「遺産相続者たち」に対して「新しい」学生であり、学生文化が異なる。

高等教育が多くの先進国でユニバーサル時代を迎えている今日、社会の中で大学が求められる役割は変容している。日本の大学でもキャリア教育、インターンシップなど、職業選択・準備のために社会とのつなぎや労働市場を意識した様々な新しい教育プログラムや授業方法が取り入れられている。労働市場を意識することにより日本ではたとえば 2007 年に文部科学省が「学士力」を提唱したことに代表されるように、汎用的能力の向上が大学教育において重視されてきているが、方法は違うものの大学教育が労働市場を意識したものへと変化している点ではフランスにおいても同様の傾向が見られる。

　若者の雇用問題を背景に、政府は政策的には早くも 1960 年代より学生の質および要求の変化には対応している。高等教育の学生向け進路指導については、その実施は 1984 年制定の高等教育法（1984 年 1 月 26 日法、通称「サヴァリ法」）において規定されている。しかしその対象は第 2 学年であり、留年問題に対する進路の適切な指導という意味合いが中心的であり、就職支援とは必ずしも結びついていない。これらが就職支援と一体となるのは次に述べる一連の職業専門教育化を経て、2000 年代後半になってからのことである。

　1966 年の技術短期大学部設立に始まり、政府は職業教育課程の創設を行ってきた。1980 年以降大学科学技術教育免状、科学技術修士、経営学修士、大学附設職業教育部、高等専門職課程[4]と次々と創設された新たな教育課程は、ボローニャ・プロセスによる LMD（学士・修士・博士）の導入により職業学士と職業修士とに最終的には整理された。これらの課程では従来の大学教育では行われてこなかった企業との連携をもとに、職業準備教育を行っている。2002 年には政府組織である全国職業資格委員会（CNCP）が設置され、ここの作成する全国職業資格総覧（RNCP）が政府と大学の五か年契約文書の中で参照されることが義務となった。すなわち、教育課程がどのようなコンピテンシーを育成することができるのか、また課程を修了した学生の就く職業としてどのような職業が想定されるのか、という点の記入が全課程で義務となり、このことにより大学教育は職業人育成を強く意識させられる政策がとられている。この

4）DEUST（Diplôme d'études universitaires scientifiques et techniques 大学科学技術教育免状）、MST（Maîtrise de sciences et techniques 科学技術修士）、MSG（Maîtrises de sciences de gestion 経営学修士）、IUP（Instituts universitaires professionnalisés 大学附設職業教育部）、DESS（Diplôme d'études supérieures spécialisées 高等専門職課程）。

ことにより従来より職業教育を行ってきたグランゼコールとの機能分化は年々薄れているともいえるだろう。

長引く不況と若年層の雇用問題に対し、政府は 2006 年「初期雇用契約」（CPE）という政策を打ち出した。これは従来の雇用保障制度が企業の積極的な採用活動を阻んでいるとした規制緩和政策の一つであるが、この政策には若者を中心に反対運動が起こり、若者の雇用は社会的に大きな論争となった（夏目 2016）。これを受けて高等教育における雇用対策を強化すべきだという議論が起き、2007 年には「大学の自由と責任法」（2007 年 8 月 10 日付法律、LRU）が制定された。この中で、就職支援が高等教育の基本的使命の一つに付加され（第 1 条）、各大学に「就職支援室」（BAIP）を設置することを規定するとともに、その基本的な業務内容を規定した（第 21 条）。就職支援室は教育と関連した企業研修や雇用機会を提供することを役割とされ、職業専門教育化とあわせ、ここで大学における教育と就職との関連は強化された。

また、大学教員の任務に、学生向けに進路選択の指導を行うこと、彼らの就職に貢献することが新たに加わった（2009 年 4 月 23 日付政令）ことも、進路選択と就職支援との教育を通した一体化を促したといえよう。

4）大学の自律性と学生支援

フランスにおいて学生支援は生活面ではさまざまに行われてきた（奨学金や学生寮）といえるが、入学ではなく「登録」と呼ぶことなど、高等教育への出入りはたとえば日本などと比べ比較的自由である文化を背景に、学習面では支援されるべき対象と認識してされてこなかったということができる。学生の多様化に伴い高い留年率が顕在化しながらも、教員の教育資質を高める必要性や学生の学習を支援する必要性については、チュートリアルの設置などいくつかの対応はあったものの、本格的には取り組まれてこなかった。講義形式を主とした伝統的大学の教授システムには教育という概念はなかった。「教授法（pédagogie）」[5] という言葉・概念が少なくとも大学研究（現場ではなく）で用いられるようになるのは、1990 年代に入りデュポンとオサンドンによる著書名で

5）この他フランス語で教育を表す言葉には éducation（教育）、enseignement（教授）がある。

の使用（Dupont et Ossandon）やベルギーの教育学者による仏語による積極的発言（Romainville 2004 など）を待たなければならなかった。現場で意識されたのはさらにこの後、ごく近年のことである。

　N. サルコジ政権下において V. ペクレス高等教育相が 2007 年に打ち出した計画が学士課程成功計画（Plan réussite en Licence）である。この計画では、大学で大きな問題となっている留年率を 5 年間で当時の半数にすることが目的とされ、大学の自由と責任法による大学の自律性を押し進める政策に乗せるかたちで、大学独自の学び支援対策を大学に求めたものである。この計画の予算は 5 年で 7.3 億ユーロと多額なもので、その額からもその重要性がうかがわれる。これにより各大学は、チューター制度や、1 クラスの学生数を半分にするなど、学びを支援する制度を個々に打ち出した。

3. 高大接続の位置づけ

　フランスにおける高大接続は、2007 年、バカロレア取得者の適性な進路選択を支援する能動的進路選択（orientation active）が始められることで推進された。これは、進路選択に関する情報、個々へのアドバイスや指導が、高校の担任および校長と協力しながら大学教員より得られるようにし、生徒が能動的に進路を選択することを目指すものである。2011 年からは高校の最終学年のみならず全課程（普通・技術・職業バカロレア）において 2 年生も対象とされ、個々の学業・キャリア計画のための情報提供が十分になされることが目指されている。また、高校と高等教育機関との交流が組織されること、学長の権限の下これらの連携が行われること、学級担任との面談が 2 年生の 2 学期に行われること、が期待され、これらのことから、生徒自身の希望が高等教育と高校の連携の下に実現されることを目指す体制づくりだといえる。

　中等教育における進路指導については、1989 年 7 月 10 日付教育基本法で中等教育における進路指導・選択のありかたについて、生徒が自身の進路選択の主体であるとしている。このように、自律的な進路選択が第一に目指されていることは、フランスの進路指導のあり方の特徴だといえる。そのための支援を行うことが、高大接続の取り組みの中心的な目標なのである。

18　　第 I 部　高等教育への進路形成過程と進路決定要因

ここまでに、大衆化とそれに向けた対策として、学習支援よりも職業専門教育化が中心的に進められてきたこと、進路指導・選択から就職支援までが制度的に結びつき、大学においてこれらが一連の支援としてなされるような制度が取られてきたことを確認した。

一方でこの間、高校から大学への接続については、主に社会学的研究を通し、大衆化を背景に多様化・非均質化した学生が主に初年次に困難を抱えている現実に対して、「学生のメチエ」というものがあるとされ、学生が大学環境に入り知的活動を行っていくためにはこの獲得が重要とされた（Coulon 1997）。クーロン（1997）によれば、新入生は大学に「自ら参画する（s'affilier）」ことが必要だとし、その過程を民族学的な通過儀礼（passage）になぞらえ、三つの段階（疎遠期 le temps de l'étrangeté、習得期 le temps de l'apprentissage、参画期 le temps de l'affiliation）に分類した。学生とは主体的な学び手であるという学生像がこの概念の広まりからは想像される。

これらから見えてくることは、フランスにおいては、学生とは自律した学び手であること、自律した学びを行う者として学習へのモチベーションを持つには、しっかりとしたキャリア計画を持ち、そのための適切な進路選択を行うことが重要であること、高大接続とはその適切な進路選択ための支援である、ということではないだろうか。

4. ナント大学における試み

このように高大接続の必要性が認識され、政策的に推進される中、早くからその必要性を感じて先駆的事例となっているのがナント大学である。

1) ナント大学の概要

ナント大学は、フランス西部、ロワール・アトランティック県およびヴァンデ県にまたがって設置されており、メインキャンパスはナント市内に設置されている。このほか、サン・ナゼール（Saint-Nazaire）、ラ・ロッシュ・シュル・ヨン（la Roche-sur-Yon）にもキャンパスがあり、11 の学部（UFR）および 10 の研究・教育施設を設置している。学生数は 37,780 人（2015-16 年度・成人教育等

含む全登録者総数）であり、ロワール・アトランティック県およびヴァンデ県の高校生の約3分の1の進学先となっている。学部別では、科学・技術・保健が全学生数の45％を占めている。教員数約3,200人、職員1,450人である。

2）ナント大学における高大接続の試み[6]

　ナント大学では、2007年、能動的進路選択が政策的に推進される以前より高大接続の取り組みを行っている。きっかけは、大学教育の内容が高校側からはまったく理解されていないことに気づき、最初は理系学部を中心とした何人かの有志による高校教員との意見交換の場を持ったことから高大の連携が始まったとのことである。現在は、高大接続担当の副学長を置き、16の学部等教育課程が77高校（公立・私立）と全学体制で連携を行っている。

3）教員の連携

　連携は担当制によって行われ、定期的な会合が持たれている。各高校は1名の連絡教員を各学部に置き、また、大学は各高校に1名の連絡教員を置いている。ほかにもアンバサダーと呼ばれる学生による連携、全進路相談員との連携、保護者との連携、校長同士の連携と、連絡教員制度を中心にさまざまなアクターがつながる体制が作られている。

　この連携を通し、高校と大学の相互理解を行うことが目指されている。現在までの具体的な成果として、大学の授業内容がどのようなものであるか、学部紹介の情報が高校側から見てわかりやすいものに改訂されたこと、大学生活紹介ビデオが作成されたことなどが挙げられる。この中で特色的な取り組みとして、「城（Château）」と呼ばれる大学紹介がある。たとえば歴史学であれば城を巡る歴史、建築学や土木学であれば建て方など、城を事例に各学問別にどのようなアプローチをとって城について語るのか高校生に説明しながら、各学問の違い、大学で何を学ぶかをみせるという手法である。すべての学問分野が参加するところが興味深い。

　また、より本格的な協働の例として、高大双方の教員のチームにより高校3

6）2016年11月、2017年2月、3月訪問調査による。

年生の数学の教育内容を改訂するに至ったことが挙げられる。困難な点としては、高校にない学問（たとえば工学）についてはつなぎが難しいとのことであった。しかしこれらの連携への協力の度合いは学部によって温度差があり、理系の積み上げ式の学問分野が熱心であるとのことであった[7]。

4）学生による連携

ナント大学では2月に試行授業が実施されている。これは各学部がいくつもの授業に希望する高校生が聴講できるようにしているものであり、高校生向けに特別に行われる授業ではなく、通常の授業がどのようなものであるか高校生が体験するものとなっている。この中でも連携に積極的な理系学部では独自の取り組みをしており、それが試行授業へのアンバサダー学生によるその日の高校生の付き添いである。アンバサダー学生は自分の出ている授業をいく人か担当する高校生と一緒に出席し、大学の授業のみならず生活についても情報を提供する。これをきっかけに彼らは連絡先を交換し、大学入学までの間にさまざまな進路や大学の授業内容に関する相談を受けるにまで関係は発展するとのことである[8]。少人数間の地道な連携ではあり、多くの者を対象とはできないものではあるが、自分の目指す学科の大学生から得られる情報はさまざまに提供される進路に関する情報において貴重なものだといえる。

なお、筆者が見学した理学部生物学科では、アンバサダー学生の養成は選択授業で行われているとのことである。この授業では、自らの進路選択をふりかえり、大学生活や授業についてのリフレクションを授業内で行い、最終的には出身高校で大学紹介をすることになっている[9]。大学生にとってはキャリア教育として位置づけられる内容を高大接続の機会にもしているところが興味深い。

これらすべての活動は、大学側では進路およびキャリア支援を担当する大学情報・進路指導センター（SUIO）、広報課などが協力をし、副学長のもと全学体制で行われている。

7）2016年11月高大連携担当副学長へのインタビュー。
8）2017年2月理学部生物学科アンバサダー学生インタビュー。なお、2016年11月、2017年2月調査は広島大学公募型研究「教育改善により大学の生産性を高めるためのフランスの大学における先進的取り組みに関する調査研究」（課題研究番号 B16006）の助成により実施された。
9）2017年3月理学部生物学科高大連携連絡教員（correspondant）インタビュー。

5. おわりに：フランスの高大接続理念を支える自律的学生像

　ナント大学の事例にみたように、フランスにおける高大接続の主たる方法は進路指導への注力にあるところが特色だといえる。調査をしていて教職員から必ず聞かれる言葉が、学生の「自律性」である。ここでは、自らのキャリア計画とそのための学問計画を持つことがまず何よりも重要であり、そのために本人の意志でしっかりと進路決定を行うことで、学業へのモチベーションも高まり成功する、というのが彼らの描く自律的学生像であるようだ。大学初年次の学習支援や入学時の入試による学力把握という方向ではなく[10]、キャリア支援からの流れに高大接続が位置づけられるのも、学生の学びの体制は学生自らがモチベーションを持って行う、そしてそれは進路およびキャリア計画がしっかりとしていればできるはず、という考え方が共有されているからのようであることが調査のさまざまな場面で感じられた。1989 年 7 月 10 日付教育基本法では中等教育における進路指導・選択のありかたについて、生徒が自身の進路選択の主体であるとし、自律的進路選択が目指されている。中等教育から高等教育まで一貫してフランスにおいてはこのように生徒・学生の自律性は重要なものとされている。

　しかし、当然のことながら、すべての生徒・学生が自律的選択をできるわけではない。能動的進路選択以来目指されている、APB（バカロレア取得後進路志望登録システムサイト）を使った自律性を尊重する進路指導というものは、理想主義的なものである。実際には「自ら進路選択を行うことのできる自律的生徒」は形成されていないがために、APB 操作を通した情報の収集、理解、それを進路選択へ反映させる、という一連の進路選択の過程では格差が生じているということが指摘されている（本書第 2 章）。また、そのような十分な操作をしきれなかった結果が、大学初年次における進路と希望の不一致から起こる進路変更問題や離学問題だという指摘もされている（本書第 5 章）。あるいは、本書の第 3 章と第 4 章にみる郊外から都会の大学への移動のように、庶民階層

10）大学でも入学時選抜を行うべきだという議論も徐々に活発にはなっている。

出身者にとって高等教育という進路選択は簡単ではないことがわかる。

　このため、支援のあり方についてはより個別化する必要性が感じられる。実際に、ナント大学では、初年次に既に進路変更をしたい学生、留年をしそうだと感じている学生、離学を希望する学生、すなわちいわば「留年予備生」を大学情報・進路指導センターが事前にすくい取り、センター所属の進路指導員が丁寧な個別支援を行う方策をとっている。進路選択における自立的生徒と学生の形成は、このような対応を伴わないことには、格差を拡大させるばかりのものとなるであろう。

第2章

高校卒業後の学業選択
─社会階層による異なったロジック─

ソフィ・オランジュ

1. はじめに

　フランスの高等教育は非常に異なるものからなる集合体であり、さまざまな性質の教育課程から構成される。選抜制であるものもあれば全志願者を受け入れるものもあり、授業料が要るところもあればほぼ無料のところもあり、また公立私立両方がある。

　フランスの高等教育システムは三つのグループに分類できる。一つ目は、「小さな高等教育」と呼ばれるものであり、中間雇用者養成の教育課程である。入学にあたり選抜があり、2年ないし3年の教育が行われる。これが上級技術者証書（BTS）の取得を目指す上級技手養成短期高等教育課程（STS）、大学科学技術免状（DUT）の取得を目指す技術短期大学部（IUT）、社会福祉および医療系専門学校である。二つ目のグループが大学の教育課程であり、選抜はなく、学歴的・社会的に中間層の学生を受け入れている（この学生たちは「小さな高等教育」の学生よりは学歴的・社会的資源を持ち備えているのだが、エリート課程に属する学生ほどにはこれらを持ち合わせていない）。大学の教育課程はヨーロッパL-M-D（学士・修士・博士）モデルにより組織され、それぞれの免状取得に3年、5年、8年を要する（医学部ではさらなる年数を要する）。これらの教育課程では上級管理職を養成する。

　三つ目がフランスの高等教育システムにおけるすべてのエリート的な課程で

ある。これがグランゼコール準備級（CPGE）であり、ここではバカロレア取得後の２年間グランゼコール（高等師範学校、エコール・ポリテクニック、高等商業学校（HEC）パリ政治学院等）への入学を準備する。これらの学校の歴史は古く、公立も私立もあり、学歴的・社会的に最も恵まれた学生を受け入れている。

高等教育に入るには、バカロレア取得後進路志望登録システムサイト（APB）という統一された手続きを行わなければならない。

バカロレア試験を受ける前、高校の最終学年の間に、生徒は（インターネット上の）電子的なインターフェイス上で志願書を作成せねばならない。自分の希望する教育課程を選ぶことができ、これら全志願に順番をつける。希望したければ志願が 100 以上でもよい。次に各教育課程の選抜委員会が志願者の選抜を行い、回答が生徒に伝えらえる。この機能の中心的性質は、生徒は提出した志願すべてについての回答を得るのではなく、順番にした希望のうち［上から順に来て］一つ目に入学許可されたところからのみ回答を得るところにある。例を挙げて説明すると、ある生徒が第１希望としてあるグランゼコール準備級、第２希望としてもう一つのグランゼコール準備級、次に第３希望として上級技手養成短期高等教育課程に志願していたとする。一つ目のグランゼコール準備級には入学が許可されず、二つ目と三つ目には許可されたとしたら、二つ目の志願先であったグランゼコール準備級からのみ入学登録の提案が来る。こうしてこの生徒は三つ目の志願先であった上級技手養成短期高等教育課程から入学が許可されていたかどうかについて知ることはない。そして、第二希望で受け入れ許可が出た時点でそれより下位の志願書はすべてキャンセルされる。すなわちこれは他の志願者に即座に空席を解放することが可能なジャストインタイムな機能である。

フランスで 2000 年代末に導入されたこの手続きは、それまでの手続きとは非常に異なるものである。以前の手続きでも高校最終学年の生徒はほぼ無制限に自分の希望する高等教育の教育課程への志願書を出すことができた。新システムと異なる点は、以前は教育課程の選択をし、それを希望順にする前に志願書を提出した先すべてからの回答が得られたということである。こうして生徒は理由を知った上で選択することができた。現在では、入学が許可されるかどうかわかる前に生徒は先回りして予測を立て、非常に早くに自分の第１志望を

決めなくてはならないし、第1志望先で受け入れられなかったときのために第2志望を準備しなくてはならない。そのためには生徒は真の戦略を立てなくてはならないわけだが、すべての生徒にそのための文化的・学歴的資源が備わっているわけではない。

　筆者は本章においてこの新手続きシステムが比較的不平等であり庶民階層出身の生徒に不利であること、一方で上流階層の生徒には有利であることを示したいと考える。

　ここで筆者はバジル・バーンスティン（Bernstein Basil（1975=1971））の言語に関する研究に基づき、バカロレア取得後の選択に当たっての2タイプのロジックを区別したい。バーンスティンの区別によれば、「共用言語（langage commun）」とは庶民階層の言語で、練られておらず（概略的な方法で言うため）比較的限定された言語であり、「公式言語（langage formel）」とは上流階層の言語であり、より複雑でより多くの語彙を用いる言語である。高等教育入学時の学業選択について調べるに当たり、筆者はここでバーンスティンによるこの分類を用いて、庶民階層の生徒に特有にみられる進路選択の「共用論理（logique commune）」と上流階層の生徒を性格づける進路選択の「公式論理（logique formelle）」の二つのロジックを区別してみたい[1]。これらはバカロレア取得後進路志望登録システムサイト（APB）プラットフォームの機能方法と一致している。

　表2-1が筆者の掲げるモデルとその構造因子である。

　ここでは庶民階層に特有の学業選択における「共用論理」の原理について詳述する。

2.　可能な選択の幅が限定的であること

1）複数の志願をするかどうか

まず最初にいえることは、APBではほぼ際限なくいくつもの志願書を出す

1）訳注：バーンスティンによる Formal language は『言語社会化論』では「定式言語」と訳されており、その後、小内透（1995）では「公式言語」と訳されている。ここでは「公式言語」と訳し、これを踏まえオランジュの提示する Logique formelle を「公式論理」と訳した。

26　　第Ⅰ部　高等教育への進路形成過程と進路決定要因

表2-1 バカロレア取得後の進路に関する公式論理と共用論理の形式化[2]

公式論理	共用論理
○選択肢の幅が十分に広い	○可能な選択の幅が限定的である
○選択を独自に決めることができる	○選択肢があらかじめ決められている
○選択にメディアとの関係がある	○選択との直接的経験のかかわり
○個人の固有の経験	○集団的な進め方
○独自の進め方	○学校的保守主義

ことができるため、志願者は自分に（選択の）自由があり何でもできるというように感じるということである。ところが、この手続きができるかどうかには経済的・文化的資源の不平等な配分がかかわっている。フランスの高等教育システムはフランス人にとってすら複雑であり、どこに何があるのか理解するのが難しい。

　APB手続きでは複数の進路を選択すること、つまり自分のキャリア計画に向け、選択する教育課程で受け入れられなかった場合のために生徒がさまざまな教育課程を希望することが促される。しかしこの能力は現実にはどの生徒にも備わっているものではなく、多くの生徒は時に矛盾するように思われる二つの命題、すなわちしっかりした明確なキャリア計画を立てなければならないことと同時に高等教育にいくつも志願書を出さなければならないこと、この二つを前にどうしたらよいかわからないということになる。

　筆者がクレール・ルメートル（Claire Lemêtre）と共同で2014年に実施した調査[3]では、生徒の中には志望先を一つ検討するのも既に大変難しいことだと感じていて、複数の志望を提出しなければならないことに不安を抱いている者もいた。高校の衛生・社会系最終学年のある生徒は申請用紙について疑問を抱いていた。「なぜ志願書にはいくつもの行があるのですか？」ある生徒はこう考えていた。「いくつも選択しないといけないのだろうか？　私は一つしか考えがないのだけれど」。つまり生徒によっては複数の学業計画を立てることは必ずしも明白なことではないのである。多くの生徒は志望先は一つあればもう

2）この形式化は非常におおまかなものだが、しかし非常に自由に「公式言語」と「共用言語」の構造原理にインスピレーションを受けたものでもある（Bernstein 1975: 25-62）。

3）訳注：Lemêtre et Orange（2016）。

第2章　高校卒業後の学業選択　*27*

それでよいように感じている。複数の志願書を作成し、いくつもの進路を考え、並行した違う道も検討する、ということは不可能どころか考えもつかない命題のようである。

反対に、この方法に完全に適合させて学業における将来を検討している生徒もいる。上級司法官の父、臨床検査官の母を持つポーラは大都市圏にある有名高校の欧州言語学科普通バカロレアの経済・社会系の最終学年生である。ポーラは複数の志願書を作成することに何の気負いも感じていないだけでなく、これらを序列化している。つまり APB における下降の原理を理解し、複数のシナリオを準備し代替案も考えている。それをここに記そう。「（最初の）考えは、シアンスポ［政治学院］で、それからそう、絶対にドイツ語で、だんだんそうしていったらできていって、結局とても［リストが］長くなりました。それから考えたのは、どこも 10 席しかないから、だから……代替案を用意しないといけないと。それで今まで自分がやってきたこと全部を思い返してみて、これをもう一度入試の後にやらなくてはならないなと考えたときに、プレパ［グランゼコール準備級］だ、と考えついて。だって私は勉強する能力があると思うし」。

2) 社会階層ごとの平均志願数

［一人あたりの］平均志願数をみてみると、庶民階層出身の生徒と上流階層出身の生徒間ではっきりとした違いがあることがわかる。上級管理職の子どもは平均 6.2 個の志願書を作成しており、実践にはばらつきがある（標準偏差 5.9）。一方労働者の子どもの平均作成志願書数は 4.2 個であり、そしてほぼ皆同様の実践をしている（標準偏差 3.4）。上級管理職の子どもの 20％は 10 以上志願しているが、父親が労働者である生徒ではこれは 7.7％のケースでしかない。最大提出志願書数は社会階層に比例して減少しており、ある上級管理職の子どもが 108 志願していたのに対し労働者の子どもの中での最大数は 28 だった。上流階層の生徒は広範にわたる志願をしており、庶民階層の生徒との違いとして志願する教育課程の種類がより多様であることが特徴としてみられた。すなわち、労働者の子どもの多く（52.6％）が 1 種類の教育課程しか志願していないのに対し、上級管理職の子どもではそのようなケースは 42.3％であった。

3. 選択肢があらかじめ決められていること

庶民階層の生徒たちは非常に狭いスペクトルを通して高等教育をみているという特徴があり、多くはSTSに限られている。STSは、格の点では高等教育の最下層に位置づけられる課程である。

STSに入ることはまるでそれが「普通の」学業に従事することであるかのように自明のこととされている。電気技術の職業課程最終学年生であるカンタンは次のような方法で自分のAPB志願書を作っていった。「僕は（僕のAPB志願書は）、単純で、自分が選んだ四つのBTSを好きな順に並べただけです。一つ目は、ゲパン高校の電子技術、二つ目はボーディエール高校の工業メンテナンス、三つ目がジャン・モネ高校のホームオートメーション、四つ目もボーディエール高校で冷却と空調（中略）。BTSの資料をみて、どのBTSが自分に一番合っているか、と」（カンタン、18歳、憲兵の継父と主婦の母を持ち、ロワール川周辺の市街化地域に隣接する自治体在住）。

多くの庶民階層の生徒の話によれば、彼らにとって高等教育の境界はしばしばSTS空間の境界と一致しており、主にその中でどの学業をやりたいのか志望を出し決めているようである。彼らは上流階層の生徒に比べ高等教育の他の教育課程へもいろいろと志願書を出すということをしない。

このような高等教育に対する切り取られたビジョンを持っていることは、特に彼らが自分の回りに高等教育の学業を現在受けている人、あるいは受けたことがある人がほとんどいないことで説明される。さらには、高等教育を受けた知り合いがいたとしても、それが多くはSTSであるということである。

4. 選択との直接的経験のかかわり

APBのインターフェイスではまた高等教育の中での歩みを教育課程の名称から考えられなければならない。つまり、自らの［キャリア］計画をどの学業から始めたらよいのか（教育課程と、そこに進むとどの職業に就くことができるのか知ること）ということをわかっていなければならないということである。エ

ロイーズは、APB システムの機能について、教育課程の種類を示すタイトル、次にそれらを場所という要素を最後に入れるところまで精査する、という順からなるロジックをきちんと表しながら説明している。「まずやることは、DUT がやりたいのか、学士なのかそれとも BTS なのか……つまり自分がやりたいものです。それから、BTS の専攻とか DUT の専攻とかがあって、それからそれを学問的組織（secteur）や大学区（académie）[4]から選べるんです。」

　教育課程に与えられた優越性には庶民階層の生徒による高等教育の序列化との差異がみられる。庶民階層の生徒は学校システムの機能への親しみが少なく、教育課程の名称もあまり知らない。これらの生徒達がバカロレア後にどのような学業を続けるか考えるときには、近隣にあるとか直接知っているからということで教育機関の場所から考えたり、あるいは目指す職業から考えたりする傾向がある。このことがさらに手続きにおいて彼らに困難を与えている。

1）慣れ親しんだ場所
　庶民階層出身のバカロレア取得者を特徴づける進路指導における「共用論理」のもう一つの側面は、学業的将来との直接的な関係性である。つまり生徒が学業継続を考えるときに慣れ親しんだ場所、あるいははっきりとどこだかわかっている場所を出発点にして考え、教育課程のタイトルや難解な内容から考えるのではないということである。実践的あるいは経験的と呼べる進路選択へのこのようなアプローチもまた、庶民階層の生徒が自分が知っていることおよび彼らの直接的な経験をもとに将来を考え、その選択が限定的であるという性質を説明している。たとえば、電気技術職業コース最終学年の生徒であるアントニーは、大学について何を知っているかと尋ねてみたところ、一般的な高等教育機関を考えるのではなく、アンジェ大学のことのみを思い浮かべ、そこの

---

4 ）訳注：学問的組織（secteur）とは商学、法学、言語学など各学問分野の大分類であり、APB システムでは志望する各専攻をこの学問的組織に沿って分類する。フランスでは全国が 30 の大学区（Académie）に分かれており、APB システムサイト上では、志望する専攻を自分の属する大学区に限った選択肢のみに絞り込んで表示することができる。しかし、ほとんどの教育課程については、自分の属する大学区からしか選択ができないというわけではない。（受け入れ数が飽和気味である大学の専攻では生徒の属する大学区に限定することがある。）

ことをキャンパス名から進んで「サン・セルジュ」と呼んだ。そして教育課程の組織や機能について答えるよりも、その機関との直接的経験に言及した。

> 聞き手：大学については、その時誰かが言ってくれたことは？　君は大学を知ってた？
> アントニー：ええ、ええ、あれ（大学）を見ました、だって映画館の横、ゴーモン・シネマの横だったから。そう、映画館の横で、あそこは映画を見にいくときにはよく前を通るから。でもその中に学士課程があるなんて全然知りませんでした。もっとそこは科学系とか……芸術系だと思ってました。

　高等教育へのこのような短絡的で直接的な把握に対し、APBシステムは学業継続に対し媒介的で間接的な関係性を置くものであり、各種教育課程の呼称から検討することができなければならない。専攻は最後には挿入するけれどもそれを選ぶ前にまず教育課程のタイプ（BTS、DUT……）を考え、場所という要素は最後に来るものだ。このような直接的体験とは切り離されたロジックの中では、庶民階層の生徒は、教育課程のタイトルのみの［データ］ベース上で抽象的な方法で考えるための方法やコードを持っていないために迷子になったように感じる。

2）労働市場からという1つの見方

　APB手続きで高等教育の順序づけを行うには、学校教育的な枠組みから今後行う学業を読み取りそしてそれを言わなくてはならないのだが、多くの庶民階層の生徒はどの教育課程を希望するのかを表現できるようになる前にまずある職業について考える。これがカンタンのケースである。彼はナントの職業高校で電気技術の職業課程最終学年の生徒である。

> カンタン：たとえば、BTSについて調べるのに、まず……職安の職業データ資料を見にいって、どの職業がどのBTSに対応するのか見ました。それから（BTSを）調べて、（中略）。なぜかというと僕の彼女が職安に

登録していて、彼女が僕にこう言ったんです「うん、そこに全職業デー
タ資料があるよ」と。

聞き手：つまり職業からまず……

カンタン：そうです、どの BTS を取らないといけないか知るために。（中
略）父が随分前に『フランスの230職業』という本をくれました。それ
を眺める機会となりました（可笑しそうに）。

聞き手：存在する全職業が？

カンタン：そうです、すべての職業です。たとえば、自然の中で働く仕事、
工場での仕事……。

聞き手：なぜお父さんはそれを君にくれたのかな？

カンタン：僕が3年生［中学3年生］のときで、僕がちょうど職業課程に
行くか普通課程に行くかどうか決めるときで……。

　労働市場からという学業の将来へのこのような逆向きのアプローチは、ある
一定数の生徒を APB システムの外に出してしまうようなつまずきとなるポイ
ントを作ってしまう。サン・ナゼールの商業高校最終学年の生徒であるアレク
シアは、APB でがっかりしてしまった。なぜならインターフェイスでいとも簡
単に登録したがその後、受入機関へ転送される志願者の書類について「どうや
って志望動機書と履歴書（CV）を送ったらよいのか」わからなかったという。
彼女はこのように交互教育［訳注：教育課程と職業実地研修とを交互に行う方式］
のための企業を探す時に彼女が使った進め方や語彙を移し替えているが、APB
手続きの仕組みではアカデミックな［労働市場とは違った学校的な］書類が要求
され、つまりそれはいわゆる［労働市場でいうところの］「履歴書」ではない。そ
こで彼女は、自分の志願書を有効にしないことを選び、そのような自分の放棄
を常に雇用と関連させて正当化している。「正直にいって、実はとても混乱し
ています、ええ。今年はすごくストレスフルで、2週間後にはバカロレアを受
験するし、どんな職業があるのかあまりよく周知されてないように思えるし。
もっと知らない職業があることはわかっています。［だから］基本的な職業を選
ぶんです」。

5. 集団的な進め方

進路選択において庶民階層の生徒が展開する「共用論理」はまた学業継続との集団的関係性によっても特徴づけられる。これは上流階層や一般階層の生徒がAPBの中での進路選択を個々で自分の戦略により進めるのとは対照的である。庶民階層出身の生徒は両親の個人的な体験に頼ることができないため、友人グループの中で相互の支えを見いだすほかない。この「仲間の要請」（Hoggart 1970: 125）が最初の場として具現されるのは情報の獲得を集団で行うときである。我々が出会いここに記した庶民階層の生徒の多くが進路選択説明会やオープンキャンパスに友人グループ複数人で出かけている。

庶民階層の生徒は学業をしに行くために友人から離れてもいいという考える者が管理職の子どもよりも少ない（前者は86.1％、後者は93.1％）。また、学業をしに行くために恋人と離れてもよいと考える者も少ない（69.2％に対し管理職の子どもでは80.7％）。さらに外国に学業をしに行こうと考える者も少ない（66.2％に対し管理職の子どもでは89.4％）。

ほかにも、そのまま今の高校で高等教育を受けたい、ほかの機関へは行かないと考える者は管理職の子どもよりも多く（26％に対し16.2％）、学業選択に当たり教育機関が近隣にあることが主な選択の基準である者も多い（16.8％に対し7.3％）。

学業継続とのこのような集団的関係性は、グループで行われる選択というかたちで現れる。ファビアンは先述したアントニーと同じ高校で生産ライン操縦士コースの最終学年生である。彼は家族の中で初めてとなる高等教育への進学予定者で、父親は屋根職人として養成されたがその後ゴミ処理場の警備員をしている。腕の怪我により職業を変えざるを得なかったとのことだ。母親はスーパーで働いている。学業継続に関するファビアンの目標は、研修で垣間見た工場世界からすぐにでも逃げ出すことである。彼のクラスメートの多くもまた彼と同様にオートメーションシステム設計実施（CRSA）のSTSというこの進路を望んでいない。「後で、学級には（他の）進路へ進む人がたくさんいます……やってることが好きではないし、バック［バカロレアの略称］に受かりたいだ

けで……それだけで、後でほかの学校に進学できるようにバックの資格を取る
だけです……。」このように集団で［そのクラスの想定する標準的進路から］脱退
していることで生徒たちは志望の構築に面しクラスから離れ孤立している。

　ファビアンが進路変更のためにできる唯一の方法と考えているのは、彼が授
業外、とりわけ寮でつきあいがあり「ELEEC のやつら」と彼が呼ぶ、高校の
エネルギー施設電気技術通信官コース（Electotechnique, énergie équipements
communicants）最終学年の生徒たちの選択を真似ることであるようだ。ファビ
アンは実際、前述のアントニーが言及したように、第一志望をアンジェ大学の
不動産メンテナンス・安全管理職業学士（IMIS）と考えている。ファビアンに
よればそこは彼の高校の ELEEC 職業コースにいる多くの生徒が毎年進学する
先だそうだ。ファビアンはいってみれば彼を工場から逃がしてくれる集団的進
路選択の列車を頼っているといえる（「（この学士課程は）［ここと］同じ学問的組
織ではないし、工場ではないし、全然違うんです」）。そしてその進路なら［必ず進
めると］安心している（「それにそれは大学なので、いずれにしても、バックを取れ
ば入れるので……」）。

　このような進路選択における集団的実践は、こうしてファビアンにとって安
心させてくれる世界を作り、彼にとって慣れない手続き（学習説明会や教育課
程の責任者とのアポイントメントに行くこと、志望動機書を書くこと、等）を何人
かで一緒に理解し、そうして STS の境界を超えていく冒険を可能にしている。

　　　ファビアン：ELEEC のやつらが（……）教育課程について話してくれて、
　　　　それで……調べてみようかと思いました。資料持ってると思います……
　　　　（鞄の中を探す）
　　　聞き手：それでは、ELEEC の生徒たちとその課程について話して、それ
　　　　から説明会に行った、ということですね？
　　　ファビアン：ELEEC のやつらと一緒に説明会に行きました……

6. 学校的保守主義

このように集団的な動きは、ある生徒には少し変わった進路を選んでみるこ

とを可能にするかもしれないが、しかしながら高等教育という抽象的空間においてもそして現実的な地理的空間においても、どちらかというと限定された共通の運命を構築することに強く貢献してしまう。このような「グループによる連帯」(Bernstein 1975: 49) は高等教育を土地によって認識することを強め、仲間グループの境界を超えて外へ出て行こうとすることにブレーキをかけてしまう。学業計画は他人と差異化を図る機会ではなく、反対にグループで同じ計画を思い描く機会となっている。庶民階層出身のバカロレア取得者の多くが自分のしようとしている学業を「誰でもできる」と考えている (31.5%) が、これは中間階層出身者では 27.8%、上流階層に属する者では 21.1% でしかない。この結果は前者においては後の二つのグループの者らに比べ、将来どのような学業をするのか思い描く際、個人化がほとんどされていないということを示しているものだといえる。

　また、APB システムに志望を入力していく際に学校機関でそれを指導することが、この「学校的保守主義」[5] という事実をより一層強めることになる。普通バカロレア課程の最終学年では、多くの生徒が上流階層出身であり、一般的に手続きは生徒が各々で、家庭で進めていく。ところが調査で出会った職業高校の生徒の多くは、主に庶民階層出身であるが、この手続き操作を学校の情報処理教室で教師の管理のもとで行ったと言っている。こうして学校内部で集団的に手続きを行うことはまた、そこで行われる選択における差異の表現や個人の特有性 (Bernstein 1975) を最小化することにつながる。特に、APB で志望を出すときの条件に注目すると、互いに似たような選択をしていたり集団的に進めていることがわかるし、仮にそれが庶民階層の生徒特有の価値観を形成しているとすれば、それは学校機関により植えつけられたものである。こうして学業選択において最も自律的になれない生徒が依存状態にあり最も支援され励まされる者である。そのため学業継続における教師の影響は庶民階層の生徒にとってのほうが上級管理職の生徒にとってよりも重要である（前者では 28.6% が学業継続について最大の決め手あるいは後押しとなった意見は教師のものであると答えているのに対し、後者では 19.9% である）。

　5）バジル・バーンスティンは共用言語の使用により生じる社会的保守主義と言っている（Bernstein 1975: 49）。

7. おわりに

　結論として、バカロレア取得後の学業進路選択に関し、高校生の行動には二つのやり方あるいは二つのロジックがあるということがいえる。APB の実施はおよそ生徒の選択に中立的あるいは透明なサポートを形成しているといえるものではなく、これらの選択（我々が進路選択の「公式論理」と呼んだもの）における独特の言語を作り上げており、この言語は同じ言語を話す者たち（普通バカロレアおよび主に上流階層出身のバカロレア取得者）を優遇し、さらにはもう一つのロジック、すなわち我々が進路選択の「共用論理」と呼んだものを身につけている者から距離を置き、彼らの実践や表現の評判を落としているのである。

　　　　　　　　　　　　　　　　　　　　　　　　　　（田川　千尋　訳）

第3章

イル・ド・フランス地域圏における居住地と大学選択
―空間的セグレゲーションか？―

レイラ・フルイユー

1. はじめに

　イル・ド・フランス地域圏にある16の国立大はフランス全土の大学生数の
およそ4分の1を集めている。これらの大学は競争的かつ補完的なロジックに
よるシステムで機能しており（Baron *et al.* 2007）、このロジックがさまざまな教
育段階の比重、教育課程の職業専門的指向性の多少、専門分野への進路、規模、
など各大学をさまざまな基準で差異化することに貢献している。学生の出身社
会階層は特にパリ市内の大学と近郊［イル・ド・フランス地域圏にあるパリ以外の
7県のうちオ・ド・セーヌ（923）、セーヌ・サン・ドニ（93県）、ヴァル・ド・マルヌ
（94県）の3県のこと］にある大学との間で違いがある（Guignard-Hamon 2005）。
　大学における社会的格差に関する研究は多くなされているが、空間的アプロ
ーチに重きを置き大学単位で分析したような研究はほとんどされていない。あ
るとしてもそれらの研究のほとんどが大学の分校に関する調査であり、本校と
分校を比較し、これらの分校は真の「民主化」を可能にしているのかという問
いを投げかけるものである（Bernet 2009; Bourdon *et al.* 1994; Felouzis 2001; Faure
2009）。イル・ド・フランスに関しては、大学の抱える問題への空間的アプロー
チにより学生募集の格差が明らかにされている（Baron *et al.* 2007; De Berny 2005;
De Berny 2008b; Guignard-Hamon 2005; Nicourd *et al.* 2011）おり、また、学生の
学業における成功について、その歩みには不平等があることも明らかにされて

いる（Nicourd *et al.* 2011）。これらの研究によれば学生は*近隣*から通学していることが多く、特に学士課程一年目の学生は両親宅に居住している場合が最も多いという（2006年のデータではイル・ド・フランス地域圏の大学生の半数が家族の誰かしらの家から通っており、家族から独立して住んでいる学生は31％であった。De Berny 2008a）。また、これらの研究では、学生が近くの大学から集まってきていることで、イル・ド・フランス内の居住地隔離（François *et al.* 2011; Préteceille 1995, 2003; Rhein 1994）と大学間における学生の社会的格差との関連性が起きているのではないか、言い換えれば、どこに住んでいるかということと、16大学のうちどの大学に登録しているかということは関連しているのではないかということを指摘している。

本章は居住地格差が大学にもたらす影響について検討するものである。大学における学生募集についてのこのような社会‐空間的アプローチという独創性は、学校隔離（ségrégation scolaire）に関する研究における理論的枠組みを使うことからきている。これらの研究は生徒募集における格差を理解するのに都市的背景と学校的背景の二つが密接に絡み合っていることを明らかにしている（Oberti 2005）。そこで次に挙げる三つの仮説により、イル・ド・フランスにおいて居住空間と大学空間とがどのように関連しているのか、その様相を明らかにする。（ⅰ）以下の三つの次元の結び合わせを通し、どの大学に登録するかという判断における都市的背景の影響を解析できる。すなわち、社会的次元（同輩効果）、空間的次元（隔離、交通機関にかける時間）、施設的次元（教育課程の選択肢への近隣性と学問的組織化）である。（ⅱ）これらの三つの次元はとりわけパリ近郊の隔離された界隈に住む庶民階層の学生に観察されうるものである。（ⅲ）これらの次元により彼らはより*近隣*の大学への登録へと導かれ、これが*中心部*の大学と*境界*の大学との間に学生募集の差を生み出す。これらの仮説を検証するために、人文社会科学、法学、経済・社会管理学の課程を持つパリ第1大学パンテオン‐ソルボンヌ（パリ）とパリ第8大学ヴァンセンヌ‐サン・ドニ（サン・ドニ、セーヌ・サン・ドニ）という二つの大規模大学に登録している学生に質的調査を行い、学生の大学（選択）への判断および、その理由、すなわち同じ専門の教育課程がほかにもある場合、なぜほかではなくその大学を選んだのか、これらを理解することとした。

2. 居住地に関する役割：学生が（大学選択を）判断する際の三つの次元

パリ第 1 大学とパリ第 8 大学の学生を比較してみると、イル・ド・フランスの大学制度には社会的そして学歴的な格差があることがわかる。これらの格差の大きさを示すために取った指標は、管理職の子どもの割合、労働者の子どもの割合、そして技術バカロレアあるいは職業バカロレアを取得した学生の割合である。この二つの大学の学生差は大きいが（表 3 - 1）、学問分野と教育段階によりその度合いにはばらつきがある。大学の 1 年生についてみてみると、パリ第 1 大学とパリ第 8 大学では経済・社会管理学における格差は法学や地理学における格差ほどは大きくない。しかし、経済・社会管理学の 1 年生のみに注目してみるとこの二つの大学の管理職の子どもの割合には 20 ポイント近くの差がある。では学生募集においてこのような格差が生成される過程における居住地の果たしている役割とは何だろうか。

居住地という側面は学生の住居問題としてイル・ド・フランスではとりわけセンシティブな政治的社会的争点として非常によく取り上げられている。この住居問題は社会 – 空間的差異を包含する。すなわち、［パリの外にある］新しい街（遠郊）［イル・ド・フランス地域圏 7 県のうち前出近郊 3 県以外の 4 県：セーヌ・エ・マルヌ（77 県）、イヴリンヌ（78 県）、エソンヌ（91 県）、ヴァル・ド・ワーズ（95 県）］）にある大学の 1 年生の 87％が両親の家に住んでいるがその率はパリ市内では 72％である（De Berny 2008b）。概して、学生がどこに住んでいるかということは部分的には彼らの出身階層に拠っていることで、これはイル・ド・フランス地域圏の世帯全体について識別される隔離にほぼ一致する。では大学の学生募集における社会的インパクトとは何であろうか。

2011-2012 年にかけてパリ第 1 大学とパリ第 8 大学の 3 学部（法学、経済・社会管理学、地理学）の学部 1 年生、3 年生、修士 1 年生の計 69 学生を対象に半構造化・包括的インタビュー調査を実施した。インタビューは大筋として学歴、大学の選択、移動と交通、学業との関係や学業を行う場所との関係について行われた。調査の目的は、進路選択決定、その決定がどのように行われどのように変化したか、今後の計画、これらについて語ってもらうことで、調査対象と

表3-1 2011-2012 年度パリ第1大学とパリ第8大学におけるいくつかの内訳別
学生の社会的・学歴的格差

2011-2012 年度	大学計		法学部1年生		経済・社会管理学部1年生		地理学部1年生	
	パリ第1大学	パリ第8大学	パリ第1大学	パリ第8大学	パリ第1大学	パリ第8大学	パリ第1大学	パリ第8大学
管理職%	41	20	44	13	28	9	52	10
労働者%	5	7	5	17	10	19	5	14
技術バカロレアまたは職業バカロレア取得者%	6	17	11	40	36	62	11	47

出典：Données SISE MESR, L. F., 2012

なった各学生の歩みの特徴を理解することである。調査対象は可能な限り多様なプロフィールの学生をカバーするようにした。調査対象となった学生たちは教員が探したりあるいは学生の友人づてで見つけられた。このことから彼らはおそらく学業において葛藤を抱えている状況ではなかったといえる（調査は2学期に行われた）。この調査により、学生がある大学を*選択*するという判断に三つの次元を通し居住地隔離が影響していることが明らかになった。

1）空間的次元：物理的な近さという基準

学生募集の中で居住地隔離が持つ最も明らかな役割は、大学のキャンパスの場所との距離に結びついたものであるようだ。実際にイル・ド・フランスの大学にどこから学生が来ているのかということをマッピングしてみると学生が大学を選択するときに物理的に近いことが重要であるということがわかる（Baron *et al.* 2007; Mangeney 2005）。とりわけ第1課程［学部1・2年次］学生の地元率が高い。ところがイル・ド・フランスの各大学が設置されている場所はそれぞれ社会的環境が相当違う。パリ第8大学は主にサン・ドニに置かれているが、ここは2007年の世帯当たり収入による分類ではイル・ド・フランス地域圏の中でも最も貧しい市町村の一つであり（François et al. 2011）、反対にパリ

40 第Ⅰ部 高等教育への進路形成過程と進路決定要因

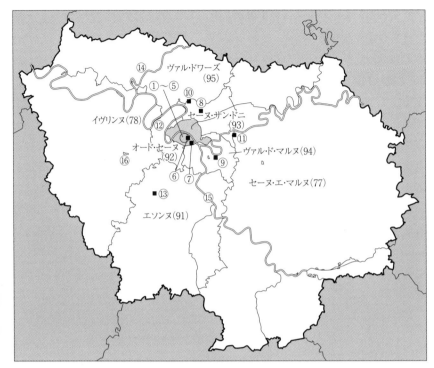

図 3-1　イル・ド・フランス地域圏 16 大学のメインキャンパス所在地

パリ市内
　○旧ソルボンヌ大学・カルチエ・ラタン地区
　　①パリ第 1 大学　②パリ第 2 大学　③パリ第 3 大学　④パリ第 4 大学　⑤パリ第 5 大学
パリ市内の他の大学
　　⑥パリ第 6 大学（ジュシュー）　⑦パリ第 7 大学（グラン・ムラン）
クレテイユ大学区（77、93、94 県）
　　⑧パリ第 8 大学（サン・ドニ）　⑨パリ第 12 大学（クレテイユ）　⑩パリ第 13 大学（ヴィユタヌーズ）　⑪マルヌ・ラ・ヴァレ大学
ヴェルサイユ大学区（78、91、92、95 県）
　　⑫パリ第 10 大学（ナンテール）　⑬パリ第 11 大学（オルセー）　⑭セルジー・ポントワーズ大学　⑮エヴリー大学　⑯ヴェルサイユ大学

市内の全区が経済的に豊かであるか、あるいは世帯の社会階層についてあるカテゴリーが突出して多いということのない市町村として分類される。
　こういった空間的次元はいくつかの居住地を孤立化させることとなる。イル・ド・フランスでは学生の移動にかかる制約は公共交通の便のおかげで軽減

されており、必ずしも居住地を動かさなくても 16 ある大学のどこか一つに登録をすることは可能である。しかしながら、制約としての大学との近隣性という問題はあるのである（Guignard-Hamon 2005）。なぜならマンジュネイ（Mangeney 2005: 141）が説明するように「［近隣の大学を選ぶということは］本当にそこを望んでいることを表しているかあるいは反対に、ほかの選択肢の欠如の結果でありうるのである。大学寮での受け入れ可能数が少ないこと、賃貸可能な小規模住居がどこにでも同じように集まっているのではないこと、また、公共交通機関が非常に偏在していること、これらのことが実際にはどの大学に登録するかという選択肢に場所的な制約を加えうるのである」。

　実際、インタビューをしてみると、下記のロイス（パリ第8大学経済・社会管理学部1年生、庶民階層出身、サルセル市［ヴァル・ド・ワーズ県］のいとこの家に居住）の例のように、学生によっては居住地と大学との間の通学にかかる時間は、どの大学に登録するかの判断を左右する重要な点であることがわかる。

　　僕は今のところサルセル市に住んでいます。だから一番近い大学はサン・ドニだった。「ソルボンヌに行きたいのかほかにどこに行きたいかなんてわからないし」なんてふうには考えなかった。でもほら、こうだ。難しいことではなかった。インターネットをみて、自分の周囲にある大学を探してみる。地理的なシチュエーションですよ。

　ほかにも、通学時間を縮小することが優先事項とはされていないものの、通学時間が疲労や社会的生活（つまり学生としての社会化）に影響を与えているケースがある。下記クレマン（パリ第1大学地理学部3年生、庶民階層出身、プロヴァン市［セーヌ・エ・マルヌ県］近郊在住、1年次には大学まで3時間かけて通学）の例がそのことを説明している。

　　時々ここで寝ていくんですけど、でもたくさん知り合いがいるわけじゃないし、皆小さなアパルトマンに住んでることが多いので泊まらせてもらうのも簡単じゃなくて……［……］2年目からはパリに引っ越したので、授業以外で会うこともなくなりました。

2）社会的次元：仲間の影響

　居住地隔離はどの大学を選ぶかという判断にも同様に社会的次元を通して作用する。進路選択にあたっては家族や教師、友人の役割があったことがインタビューで明らかになっている。居住地が近隣に位置する高校に馴染みがあることを意味することになるというのは最もよくあることだ。学生の地域への定着、言い換えれば学生と地域空間との関係性という社会的（さらには感情的）次元はある種の進路選択や大学での歩みを説明することができるのである（Beaud 2002）。パリ第8大学法学部の1年生でインタビューをした学生のうち、4人の学生がドゥイユ・ラ・バル（95県）において学歴の一部が同じ、すなわち同じ学校に通っていた。マキシム（母が管理職）はこのように説明している。──「僕は学校でいつも彼と一緒でした。それで、こう思ったんです。もし嫌だとしても、もし馴染めなくても、友達が1人いるし、って。友達がいるってことはすごくいいことでした」。

　大学への進路選択におけるこのような社会的次元が、もっと直接的ではない形で居住地に関係している場合もある。サム（パリ第8大学法学部1年生、庶民階層出身、ボビニー［93県］在住）のケースでは、友人のほとんどが進学しないという状況の中、地域の指導員のアドバイスに頼ることができた（「彼がすごい助けてくれてアドバイスをたくさんくれました」）とのことである──「なぜパリ8を選んだかというと……僕の地域の人であそこに行っていたという人が結構いて、話を聞いていたからです。イル・ド・フランスでも数少ないいろんな人が混ざり合った大学だということなので」。

　空間的、社会的というこの二つの次元は大学選択の判断における居住地隔離に影響しているが、この二つは密接に関係している。つまり、「親元に近いところであるとか、知らない世界に直面することへの不安や知らない世界で実際に動揺した経験、これらのことはそれぞれ、大学の暗黙のあるいは明瞭な規則に最も親しみのない学生が分校に登録する一つの要素となりえる」（Felouzis 2001: 55-56）。次に挙げるマキシムの例では、他のパリ第8大学の学生と同様、大学に仲間がいること、その辺りが馴染みの場所であること、これらによって、学業に「ほとんど確実とはいえない」学生にとっては（マキシムはぎりぎりの点でバカロレアに合格している）無視することのできないものである離学のリス

クが縮小されているようである。

　確かにソルボンヌは厳しすぎる感じがします。プレッシャーがありすぎる
　って言ってる友達がいました。本当に難しくて、ものすごいプレッシャー
　をかけてくるって。僕はというと……多分もうそうやっては勉強しないし、
　いや、その逆でまったく何もしないだろうから、多分あそこに行っていた
　らもうやめてると思う。わからないけどでも……それと、社会階層だって
　同じじゃない。

3）制度的次元：学部 1 年への登録における学区制
　最後に、居住地がどこにあるかということが、制度的次元を通しどこの大学
に登録するかという可能性を決定しうるということがある。教育課程の配分が
不平等であること（学問分野の点やほかにもダブル学士のようにオプションの点で）
に加え、学生は、大学の 1 年目へ入る際の登録が学区制によって制約を受けて
いる状態での、自分にとって「可能な大学空間」をみる。RAVEL（生徒の志望
自動調査）システムはイル・ド・フランスで地理による学区制を（バカロレア取
得者の出身高校のある市町村がどこであり、希望する大学の専門分野は何か、という
ことで）操作するものであったが、これが大学における学生募集の社会的次元
に影響を与えていた。というのも、法学においてはパリ第 1 大学の学区に入る
市町村の 30％以上がとても裕福あるいは裕福な市町村であるのに対し、パリ第
8 大学においては 2 ％であった。経済・社会管理学部についても法学と同様、
パリ第 8 大学の学区に入る市町村の 16％近くがイル・ド・フランスの最貧困に
位置づけられる市町村であったが、一方パリ第 1 大学の学区ではそのような市
町村は皆無であった。
　RAVEL は 2009 年度より APB（バカロレア取得後進路志望登録システムサイト）
に代わった。これは全国的なシステムで、イル・ド・フランスではパリ、クレ
テイユ、ヴェルサイユの 3 大学区をまたいで優先原理に基づいて機能している
ものである。この「柔軟な学区制」は募集数と希望数が合致しない場合に作用
するため、ヴェルサイユ大学区とクレテイユ大学区の学生が法学の学部 1 年に
志願した場合、パリの有名大学に受け入れられる機会はほとんどない。これが

シャルロット（パリ第8大学法学部1年生、庶民階層出身、オルネー・スー・ボワ[93県]在住）のケースである。

> 私はこの大学を選んだわけではないんです。APBでは自分がいろいろ可能性を検討して選択をきちんと順番にしたリストを作らないといけないので。最初アサス［パリ第1大学］にして次にソルボンヌ［パリ第4大学］にしました。そしてそのあとにパリ8を3番目に置いたんです。結局アサスもソルボンヌもダメで、パリ8に来ました。

　この学区制は大学の学生募集を*機械的*に縛るものではない。調査対象者で今日修士課程にいる者の中には、ナセラ（パリ第1大学経済・社会管理学修士1年生、庶民階層出身、サン・ドニ市在住）のように珍しいオプションを選んだことでRAVELシステムをくぐり抜けた者もいるし、学士課程1年を終えたのちに大学を変えた者もいれば、イムラン（パリ第1大学経済・社会管理学修士1年生、庶民階層出身、クリシー市[92県]在住）のようにパリ第8大学を離れるのに学士課程3年目まで待った者もいる。

　ではどのようにしてこれら三つの次元［空間的・社会的・制度的次元］は学生の社会階層と居住地により構成されるのであろうか？　庶民階層の学生は近郊に位置する大学を優先的に選ぶようこれら三つの次元が仕向けているのだろうか？

3.　大学選択のセンス：大学進路選択における居住地の重要性を相対的にみる

　これら三つの次元は学生の「可能な大学空間」を、孤立という問題（空間的次元）、同輩グループの重要性の問題（社会的次元）そして学区制の問題（制度的次元）を通じて、彼らの居住地によって制限する傾向がある。このロジックによれば、近郊の恵まれない市町村に住む学生は、パリ第8大学のように*近隣*に位置する大学に登録する傾向があるということになるだろうし、反対にパリに住んでいる学生はパリ第1大学のような中心部の大学を重視するだろう。学生の選択判断の複雑さを隠しているこの図式をここではっきりとさせなければ

ならない。

1）大学選択のセンス：大学進路選択における学歴資本の重要性

　イル・ド・フランスの最貧困市町村に住む調査対象者のうちの何人もが、近隣の大学を優先せずにパリ第１大学の学士課程１年に登録していた。タクシー運転手の父を持ち専業主婦の母を持つレアは、モンフェルメイユ市［93県］に住んでいる。クレールはノワジー・ル・セック市［93県］に住んでおり、彼女の両親も大学を出ていない（父親は裁判所の書記で母は一般事務職である）。アリスはモントルイユ市［93県］に住んでいる（母親はソーシャルワーカー、父は会社の人事で教育係をしている）。この三人の学生は比較的庶民的な階層出身であるが、彼女たちは三人とも*93県［セーヌ・サン・ドニ県］の良い高校*を出ている。ジェンダーという次元（Beaud 2002）のほかにも、クレールとアリスの両親が果たしている明らかな役割を見ると、大学進路選択において学歴資本は重要であり、これが近隣から距離を置くようにしむけていると考えられる。

　　　私は変わりたかったんです。地理学は細分化されてなかったので、「喜んで私はパリに、ソルボンヌに行こう」って思って［……］だって郊外にいると、パリに行きたくなるし、空気を変えたくなるし、何があっても。それにソルボンヌだったらもっといいし、って。卒業するときいいディプロムを持ってることになる。（レア）

　　　そうね、郊外のステレオタイプっていうのがあるわね！　郊外を出るときには郊外のディプロムを手にしているっていう……私はたとえばサン・ドニの大学には行きたくなかった。結局私はそのことに気づいて……うんざりして「ああ嫌だ、また郊外」って思って、結局。（アリス）

　それとは対象的に、比較的恵まれた階層出身ながら学歴資本がもっと不安定な学生もいる。マキシム（パリ第８大学、法学部１年）は人と場所への馴染みを優先させている。

　したがって*大学選択のセンス*とは、特に庶民階層においては*可能なことと*ア

クセスできるものの表象を方向づける学校選択のセンスにならい定義すること
ができる（Bourdieu 1979）。――「学校選びのセンスは、家庭の持つ資本の量と、
検討される空間における文化資本および経済資本の配分構造に結びついており、
ヒエラルキー化された学校空間において自らを位置づける能力を与えるという
*移動資本*の形を家庭に要求する。」（François et Poupeau 2008: 104）この大学選
択のセンスにより、郊外の学生をパリの学生と対比させるという大学進路決定
の一面的な見方は検討しなおすことが促される。さらに、地域への定着は、*目
に見える学歴資本*の機能であるだけではない、ということを一部の学生たちの
直感に反した進路決定が強調している。

2) 直感に反した進路決定：地元空間との関係性と大学登録のミクロ社会学

　恵まれない地域に居住し、*目に見える学歴的資本*を持たない調査対象の学生
の何人もが、自分の学区の大学を避ける戦略をとり、パリ第1大学への登録を
成功させていた。マージョリー（パリ第1大学経済・社会管理学部1年生）は
ヴィリエ・ル・ベル市［95県］に母親（介護補助者）と住んでいる。彼女には
5人の兄妹がいる（上の二人は、一番上の兄はSTG（経営科学とテクノロジー）の
バカロレア［技術バカロレア］、その下の姉は秘書のBEP（職業教育免状）を持って
いる）。彼女はパリ第1大学に登録している。「私は近隣の大学には行きたく
なかったのです。高校も郊外だったし、どんなものか知っています。いつも
我々は実際よりも下に評価されているように感じるのです」。このような大学
選択のセンスにある戦略は、マージョリーの学歴を細かくみていくことで理解
できる。4年生［中学最終学年］のとき、彼女の成績が落ち、彼女の両親（3年
来別居）はそれについての説明を教師たちに求めた。マージョリーはそれを彼
女の友達（仲間の影響）のせいであるとし、学区の高校を避けようという気に
なった。

　　私はバカロレアの合格率について調べ始めました。全部です。それで、サ
　　ルセル市には行きたくなかったのです。知り合いがたくさんいるし、わる
　　い習慣をまた取り戻すのが怖かったのです。その近くにX校という高校も
　　ありました。でも、そこは男子が多かった。それでは友達を作るのがもっ

と難しいだろうと思いました。それじゃあゴネス市［95県］に行かなくてはならない。そこへ行っても初めは大変な上に誰も知り合いにならないだろうなとわかっていました。結局Y校に行きました。バカロレアの合格率が良かったので。［……］

——そうだったんですね。先生とか、ご両親とはそのことについて話した？どのように決まったの？

私はそれを一人で決めました。なぜかというと私の中学では私たちが学区の高校を選ぶことが特に望まれていたからです。Z校やX校のことです。私はそこに混ぜられたくなかったんですけど……結局学校が私たちのために選んでいるんです。だってそれってつまり私がまず自分で最初に選んだということではなくて、学校なんです。［……］それで、えっと、私は一人で選びました。

　つまりマージョリーは学歴資本（高校の科学系科）を、両親（高等教育を受けていない）の支援に頼りながらも一人で*構築*した。彼女はこうして大学選択のセンスを発展させ、パリ第1大学に入りたいという意志を持ったのである。

　私はランキングを調べました。どうしてかというと商業学校のランキングがあるからなんですが、でも大学についてはないんです。それでちょっといろいろ見ました。インターネットで調べました。経済・社会管理学部・よい大学、というようにして。たくさんはなかったですが、ランキングを見つけました。それが本当かどうかは知らないですけど。でもパリ1が一番上にあって、それからパリ2でした。それからずっと下に、ナンテール［パリ第10大学］がありました。その間に何があったかもう忘れましたけど。でもいずれにしても私は大学を考えていて、APBの自分のリストには大学を入れていました。それでそこが一番だとわかったのです。で、自分の選択すべてを、距離的にはあまり行きたいとこではなかったところも、企業からの評価のよい大学の順に並べ替えました。

庶民階層出身で恵まれない地域に住んでいる学生で、学歴資本は重要である

ということを考えさせるような学校を出ていない者でも、このように大学選択のセンスを発展させることができ、それにより中心部の大学に登録するに至っている。

　対称的に、*目に見える学歴資本*（そこまで庶民階層ではなく、両親が公教育に携わっていたり、本人が私立校で教育を受けたりしている）を持っている調査対象の学生でも郊外の大学に登録することを決めている者もいる。たとえばローレーヌ（パリ第8大学地理学部3年）のケースがそうで、彼女はスタン市（93県）で実家住まいであり（父親は工事責任者、職業バカロレア取得、母親は食堂経営者だが普通バカロレアの文系を取った後は秘書として働いていた）、姉（4歳上、高等教育在学中）がいる。ローレーヌは中学高校と私立校で教育を受け、18歳で普通バカロレアの経済・社会系を取得している。彼女はパリ8への登録をこのように説明している：

> そこで私はパリ8の地理学に登録したのですが、中学時代の友達もそこを選ぶということだったので「そうしたらひとりぼっちじゃないし」と思って。それでパリ8は家から15分だったので選びました。1時間半も毎日パリとの往復にかけたくなかったのと、私の姉がソルボンヌですごいわるい経験をしていたので［……］私にはパリ8に姉がいて［注：彼女はパリ1での困難を経て大学を変えた］彼女が事前にちょっと大学を案内してくれました。姉はこう説明してくれました「見て、あそこが登録する建物だから」。［……］どこへ行けばいいのかわからないということはなかったし、どこに行けばいいのかわからない状態で一人放り出された感じもなかったです。

　つまり*通いやすい大学*への登録というのは、姉の経験の影響であるということになる。ローレーヌは学歴資本を持ちながらも、姉の経験に影響され*近隣*の大学の持つ安心できる面に重きを置いたのである。

　このような大学への道筋は、調査対象となった学生の学歴資本の観点から見ると一見したところ反直感的であるが、地元空間との関係性を構築するに当たり家族内や社会的な相互作用に重要性があることを明らかにしている。包括的

インタビューにより可能となるミクロ社会学的アプローチをとることで、学生がどの大学を選ぶかという判断を変化していく社会・空間的形態の中に置き直すことが可能となる。こうして同じきょうだいでも異なった判断がなされることがわかる。ロイス（経済・社会管理学部１年生）は母親（介護補助者）の反対を押し切ってパリ８に登録しているが、彼の妹はアサスの法学部の１年目に登録している。同じように、ナセラ（パリ第１大学経済・社会管理学部修士１年生）は、ヴィユタヌーズ市［93県］のパリ13大学情報科学科の職業学士に弟がいるという。「彼は、逆で、楽な方を選んだのです」。

　恵まれない地域に住む庶民階層の歩みを見ることで、大学の進路選択において居住空間にある社会的分割には三つの次元（空間的、社会的、制度的）がある（仮説ⅱ）ことがわかるが、これら三つの次元に一つの機械的な役割がある、というようには結論づけられない（仮説ⅲ）。各個人レベルでこれら三つの次元が結合して、大学選択のセンスという、居住地のほかにも、変化していく社会資本および学歴資本を重要とするもの、これに影響を与えている。

4．おわりに：イル・ド・フランス地域圏には大学隔離があるのか？

　［近くの大学を］回避するという戦略、より一般的に言って大学選択のセンス、を通し、大学空間は学生の居住地に関する社会的対比を際立たせているようである。学校隔離に関する研究から類推するに、イル・ド・フランス地域圏の大学にも隔離は存在しているのではないかと考えることができる。これらの［学校に関する］先行研究では実際、「学校空間は、都市空間において今日なお社会的そして民族的分割を再生産しているだけではない。学校空間はさらにはその分割の形態と二極性を悪化させているのだ」（Barthon 1998: 96）。この著者は学校隔離をあるカテゴリーの生徒の空間的集中と定義づけている。それは、ヒエラルキー化した学校空間（よい位置とそれよりよくない位置）の中で少なくとも部分的には（社会的および物理的）距離が置かれることから生じるものであり、学歴資本へのアクセスに不平等を作り出し、これが結果的に学校への束縛をもたらし、さらには将来に社会的排除を引き起こすものだという。であれば、大学隔離とは、学生の持つ各特徴における社会的、学歴的、民族的、あるいは人

口統計的な格差、これらの程度であると定義することができ、この格差とは部分的には、社会的・物理的に置かれた距離、そして［社会］移動という争点にかかわるアクセスの不平等、あるいは自己選抜、これらの結果だといえる。ヒエラルキー化した大学空間の中で、そして各大学が競争下にある状況では、これらの格差は大学教育の社会的・職業的評価における不平等（各大学とそこで出されるディプロムのランクづけ）につながりうるし、あるいは学業成功の不平等（社会的排除というかたち）にもつながるだろう。社会的・学歴的格差やそれらの空間的次元の他にも、イル・ド・フランス地域圏の大学隔離について研究することで、次には学生の歩みにおける不平等という観点でこれらのもたらすものについて検討することができると思われる。これはコホートの追跡調査の実施へとつながり（Nicourd *et al.* 2011）、これにより大学における学業成功における大学の影響を識別することが可能になる。ほかにも、調査対象となった学生の追跡調査では、居住地の変更と通う大学の変更との間の関連を細かく解析しながら彼らの歩みの中でどのような紆余曲折があったのかを明らかにできるだろう。

【付記】

　本稿は 2014 年に *Espaces et sociétés* 誌にフランス語で発表された論文を改変したものであり、2015 年に博士論文となっている（https://halshs.archives-ouvertes.fr/　で閲覧可能）。

（田川　千尋　訳）

第4章

大学における移動と調整
―悪評高い居住区から高等教育の場へ―

ファビアン・トリュオン

1. はじめに

　本章は、民族誌的で長期にわたる調査を根拠にしている。調査期間は 2005 年から 2015 年の間で、セーヌ・サン・ドニ県でバカロレアを取得した高校生 19 人を対象に、彼らの学生生活の経過を追った。その調査は、拙著『フランスの若者たち、学歴：バカロレア取得後 5 年 made in 郊外』（Truong 2015）で発表されている。この参加型調査の一環として、対象者を高校在学時の一年間、教室内外で観察した。対象者は、筆者が 2004 年から 2010 年の間に社会・経済の授業を担当した四つの高校に在籍していた。卒業後は、定期的な観察と面談で、各ケースに応じて 5 年から 7 年にわたり経過を追った。

　対象者の内訳は、女子 6 人　男子 13 人。全員が ZEP（優先教育地域）内にて就学していた。各学校内ではさまざまな問題があったとしても、対象生徒たちは、同じ中学から職業見習い訓練所や職業・技術系高校に進んだ級友に比べれば、同学年の中では「よい」生徒たちであった。この点で、対象者は、エリアス（1965）がいう「優秀なマイノリティ」だといえよう。対象者のうち 8 人は、追試でバカロレアに合格し、3 人は「良の下」という特記評価を得た。（イドリス、アイシャ、ロワは、グランゼコール準備級（CPGE）に進学）。1 人は「良」の特記評価つきだった（サラはパリ政治学院に進学）。全員が奨学金受給者である。半数以上がアルバイトをしている。セバスチャン以外の全員の、少なくと

も片親は移民である。3分の2のケースで、両親共に高等教育を受けていない[1]。両親の社会的職業的カテゴリー（CSP）を共に参照すれば、学生の全員が庶民階層出身者であり、両親の職業（過去・現在）の特徴は、技能資格なし・重労働[2]・低報酬である。例外はシェラザード（父は会計士）、イルファン（両親共自営業）、ラドゥアンヌ（母は歯科衛生士）、サラ（父はモロッコで保険会社部長）、セルゲイ（父は社会センター長・母は写真家）。3分の1のケースで母親は専業主婦。仕事をしている母親の半分は家政婦である。兄弟・姉妹の数は全国平均を上回る。（平均4人：ラドゥアンヌとクレールは一人っ子）。3分の1のケースで、高等教育を受けた兄か姉が少なくとも一人いる。

教育の大衆化は、システム内の差別化を伴った（Merle 2009）。対象高校生たちの進路も三つの階層的グループに分かれる：

①「標準的進路」（大学：「パリの大学」と「郊外の学部」では「格」が違う）

②「中間的進路」（IUT：技術短期大学部とSTS：上級技手養成短期高等教育課程）

③「王道」（グランゼコール準備級、グランゼコールとビジネス・スクール）

最初のコース選択で将来が分かれることで、学業の問題には*移動*（*déplacements*）がかかわっていることが思い起こされる。ここでいう*移動*は、相対的・関係的・展開的概念であり、その社会的構築と社会学的条件は観察に値する。その観察は、対象者の長期的な「軌跡（trajectoires）」を*長期にわたって中身を追う*作業を伴う。

2.「合格する」：到達点としてのバカロレア

1) 尊厳のバッジ（記章）

バカロレア取得は選抜と評価の印である。不合格だった多くの同窓生と比較しての自己評価だけではなく、何よりも、家族や両親の目に映る自己の評価となる。また、社会移動の可能性が、初めて公に認められたことでもある。調査

1）サラ、ライアン、サミア、ラドゥアンヌ、シェラザードとムスタファの親だけが高等教育を受け、フランスでの就学者はライアンとサミアの父親だけ。フランスでの高等教育履修が生んだ社会上昇の期待は満たされなかった。

2）4人の親は若くして亡くなり、4人が障がい者と認定され仕事はしていない。

対象の「準パネル」（Passeron 1990）の中で、フランスのバカロレア、または
それに匹敵する外国の資格を持つ親は6人のみである。バカロレア取得は成功
の瞬間であり、集団的な歓喜のときであることはばかにできない。家族以外に
も、時には隣人や親近者が揃い、家庭やレストランで祝いの宴が催されるのだ。

　　「僕がバカロレアに合格したときはお祭り騒ぎだったよ。合格するとは思
　　ってなかったんだ。だから、追試を受けなきゃなと思いながら発表を見に
　　行ったんだ。結果がわかって最初に電話したのが母さんさ。隣のおばさん
　　もいたんだ。彼女はアルジェリア人だったと思うけど、アラブ女性特有の
　　叫び声を上げ始めて大騒ぎさ（笑い）」（ハカン）

　バカロレア取得は、移民であり労働者階層である家族の社会的序列と状況を
象徴的に超越することであり、それを端的に示しているのが親の態度で、結果
発表の日に子どもに同伴した親たちは、感激して教師陣に熱烈に感謝する。こ
の例外性は、しばしば集団的に表明される。学業の競争が、まず、点数による
評価システムに起因する個人の問題であり、個人として選抜されるという体験
である（Merle 2007）ことを思えば、この点は、軽視できない。発表後に教師
陣が受け取った多数のメールが示している。その一例を挙げよう。

　　「皆さん、こんばんは！　クラスメート全員［のメール］からです。ウチの
　　クラスは、なんと、72％の記録的合格率でした！！！！！　評価つき合格も
　　最多です！！先生たち皆さんに「ありがとう！」先生たちの苦労は報われ
　　ました。我ら最強！！！！」

　ここでは、（合格の）正当性がないという共通した客観的で客観視された意
識は遠ざけられ、バカロレアが、正に*尊厳*というバッジになっている。

　　「僕たちは、モロッコやアルジェリアやブラック・アフリカ出身なんだ。
　　生粋のフランス人じゃないってことさ。本当に誇らしいよ。両親のできな
　　かったことをやったんだ。家族にしたら誇りだよ。あいつはバカロレアを

取った。父さんに電話したんだ。朝のうちに学校に寄ってくれた。メソメ
ソし出して泣いてたんだ。母さんも泣いていた。電話で泣いてるのを聞い
たときは胸が締めつけられたけど、それもめっちゃ嬉しかったよ。僕のこ
とを誇りに思ってるって感じたから。」（ラドゥアンヌ）

2) 適合証

バカロレアは、規範との隔たりだけでなく、それへの適合性を具体化してい
る。基準となる集合が、もはや家族集団ではなく、同窓生たち全員の将来とな
ると、バカロレア取得は、正当性の印、未来の大学生が属する国のトップ集団
に統合された印となる。

> 「私たちにとって、そして私たちの親にとって、私たちが社会に統合され
> たということなのよ。これは印なの。よし、ウチの娘が合格した。これで
> いい。これでシステムの一員になった。よし、あの子は一員になったっ
> て。」（ファトゥ）

> 「ボクが思うのは、ボクの両親にとって、彼らから生まれた子どもがばか
> じゃないってことなんだ。あの子はばかじゃないってね。そういう意味
> さ。」（ハカン）

この*適合証*の重要性は、不合格者の行動をみれば推し量れる。彼らは打ちの
めされ、疎外感と罪の意識に苛まれる。イルファンは、二回連続で不合格した
ときの失意と、どうしてもあきらめきれずに、三度目の挑戦をしたときのこと
を語る。彼は、二度連続の不合格を経て、結局は、パリ市内の私立高校で受験
準備をしてやっと合格した。

バカロレアは、いわゆる頂点となる。生徒たちは、自分の出自や合格した意
味をはっきり自覚しているが、その後の学生生活の軌跡は、それほどはっきり
していないと言わざるを得ない。

第4章　大学における移動と調整　*55*

3. 「旅立ち」：出発点と就学路の戦略

1) 出発点の重荷

国が運営するＡＰＢ：バカロレア取得後進路志望登録サイトで高校３年生在籍中に志望進路先を登録する際、戦略を練って断固とした決意で臨む生徒は少ない。イドリスは、３年生在籍中に、姉二人（国民教育省の契約職員）と教師たちと話し合った後、断固としてカッシャン高等師範学校へのCPGEへの進学を希望した[3]。ライアンは、ずっと情報工学に熱中していて、デジタル関連の私立学校を目指すことを２年生のときから断固として決めていた。そして、３年に進級してからは「資金調達計画」を立てながら過ごした。進路指導専門員への信頼が欠如していることと、教師たちが試験準備に忙殺され進路指導にほとんど時間を割かないことに加えて、学生である兄や姉との話し合ったとしても、彼ら自身が学業や進路で苦労していることもあり、この根本的な傾向は覆せない。

評価つきでバカロレアを取得した「よい生徒たち」は、当然、学校や進路選択のコードに関しても何ら問題がないと思われがちだが、彼らのケースは暗示的である。

ロワ、セバスチャン、レイラは、ZEP内の協定校に開設されているCPGEの経済コースへの進学を選んだが、そのためには教師たちの忍耐強い説得があった。彼らの「プレパ（グランゼコール準備級）恐怖症」を解体しなければならなかったのだ。サラはパリ政治学院の選抜試験に合格するが、この選択肢は３年生になるまでまったく考えていなかった。高校内に、協定下の準備クラスがあったことと、ある教師の熱心な説得のお陰で、この選択肢を検討することになった。高等教育のエリートコースを歩み出すには、高校側が提供できる物理的な可能性と一部の教師陣の熱意という好機があってこそである（Pasquali 2014）。

3）この選択は、結局失意に終わる。フランス国籍が取得できず、高等師範学校を受験できないことでイドリスはCPGEを放棄する。

56 　第Ⅰ部　高等教育への進路形成過程と進路決定要因

2) 皆が感じている大学への恐れ

大学への恐れと「標準的選択」への拒絶反応が、生徒たちの高等教育での進路選択を左右している。バカロレア新規合格者達は、同じ居住区出身で大学に進んでから挫折した先輩たちを知りすぎているため大学へのいいイメージを持てない。一般的にいえば、高校で教師たちから聞かされる話は気遅れさせられることばかりだ——大学は「アノミー的な場所」で挫折するための「準備過程」だというのだ。故に、多くの場合、大学は最後の選択となる。3年生在籍中に、生徒が進路選択に時間をかければかけるほど、大学は選ばない。兄や姉または身近な知り合いの経験を参考にするからだ。高等教育の世界は、マックス・ウェーバー風にいえば「魔力が消えて（しらけて）いる」のだ。入学に当たっては、より慎重であり、より事情に通じている。挫折の可能性を軽視できず、その可能性を払拭しようとする意志は明らかだ。

「中間的進路」または「王道」を選んだ学生達が大いに評価するのは、進学先での制度化された個人的な指導、特に自習や定期的な学習力をつけるための指導である。なぜなら、高校では学習することは教えても、自主的な学習力がつくのは稀である。また、出席重視は全員から、無断欠席の習慣がある生徒たちからも評価されている。また、大学といえば学歴が長くなるというイメージがある。バカロレア取得直後は、多くの生徒は短い履修コースを想定している。ただし、正当で望ましい期間はどのくらいかという認識は、時間の経過に伴い変わっていく。高校最終学年では、この先二年間という想定が、生徒のほとんどにとって妥当だと思われているが、これも、その後の進展状況によって変わっていく——「中間的進路」の学位取得者（イルファン、ウマール、ラドゥアンヌ、クレール）は、全員がマスターまで続けることを望んでいる。

この点で、IUT：技術短期大学部は、新入生が専門性——大学のコードや学習方法をよりよく知り身につけるためのステップになっているようだ。ウマールとラドゥアンヌのケースがその例で、バカロレアはギリギリで合格したのに、学士号は楽に取得できた。同時に、マスターが提供し、アクセスできる授業内容をよりよく知ることにもつながった。この二つの例が示すことは、学校歴を順調に築くためには「就学路の戦略」を持つことが必要だということだ。過去と現在を常に再評価することで、自分の歩みを合理化する。それなくして未来

は開けないし、それまでの努力は報われない。

3）状況打破のために外に出る？

　15 人の学生はセーヌ・サン・ドニ県、4 人はパリで就学している。イル・ド・フランス地域圏外はゼロで、地理的移動性は低い。地方での就学はまったく眼中にないことは明らかだ。2011 年、調査対象学生のほとんどが通っていたある高校の最終学年生 244 人中、イル・ド・フランス地域圏を離れたのは 4 人だけである。「パリ」か「郊外」かの選択しかない。これは、生徒たちのアイデンティティ認識の上で「テリトリーという烙印」の重荷（Wacquant 2007）を想起させる。志望先を選ぶための判断は、学校の成績や学術的な要因だけでなく、下層と見なされる居住地の象徴的な認識に依ることになる。進路を選ぶことは、自分の環境から解放されることであり、セーヌ・サン・ドニ県を離れてパリに進学することで実現する。地理的に近距離であることが現実味を与えている。進学先のロケーションは専攻コースと同様に重要な選択となる。生徒の計算は、教師陣の大半には論理がわからず不合理に思える。県の高校では、学級委員会の介入前は、90％の生徒がパリ市内の学校を希望し、66 人の生徒から 313 の志望校が挙げられていた。希望と実現可能性とのギャップは明白である。

　所在地によっては不当な場合もあるという意識は、進路の可能性を探る心情を、時に非常に巧妙に支配し、「セーヌ・サン・ドニ県内にある学校は質も評判も悪い」と、常に不安を与える。ウマール（父店員／母レジ）は、IUT を優先的に希望。成績は平均点に近く、まじめで、教師による指導とフォローを「それがなきゃ、ダメだ」と、希望するが、パリ市内の学校は選抜が厳しく自分の内申書では無理だろうと予想する。そして、セーヌ・サン・ドニ県の IUT なら入れるだろうと志望しながらも、サン・ドニ市の IUT は上手に避ける「『安売りの学位』ならいらない」という。「サン・ドニ」がつくと就活に不利になると恐れているのだ。逆に、ロワ、セバスチャン、イドリスは、セーヌ・サン・ドニ県内の学校で安心を得る。CPGE は、想定できるほぼ最上の選択肢だからだ。烙印に保護され補償されることもある。居住地が不当だから学校も不当であるとは限らない。この点からみると、志望校登録の際に、象徴的な学校のバリアを超えることを可能にするのに貢献するときもある。差別を逆手に

とることでこれを覆せるからだ（Goffman 1963=1975）。

　さて、こうした戦略に出ることも、経過時間の尺度で読まなければならない。たとえば、ラドゥアンヌ（父労働者／母歯科衛生士）は、バカロレア取得時は大喜びだった。ぎりぎりで合格したこともあったが、ボビニー（Bobigny）の IUT に行けることを誇り、目標（「管理職になりたい」）と自分の強み（「自分の内申書が選ばれた！」）への信念を強化していた。ところが三年後、彼は、DUT ——技術短期大学修了免状と学士号を 特記評価つきで取得し、パリ市内の私立のエンジニア学校のマスターへの登録を希望していたが、口に出すのは悔しさばかりで、筆者には驚きだった。なぜなら、彼の学校歴は、教師だった筆者の卒業時点での予測（期待薄）に、いい意味で反していたからだ：

> 「高校では、先生たちが仕事してないと思うんだ。指導がまったく足りてない。たとえば、ボクだけど、ボクの進路指導は失敗さ。ボクはプレパ（グランゼコール準備級）に行きたかったんだ。貴方だってそうさ。ボクに言いましたよね『うまくいきっこない』って。志望先だって、ボクが決めたんじゃないんだ。偶然だったんだ。ほかになかったからボビニーに行ったんだ。ボクは、一流の学校、一流の大学には全部志願してたんだ。一流の学校だったんだ。ソルボンヌ大学だって。全部パリの学校だった。ほかになくて DUT に入学することになった。最後から二つ目の志望校だった。パリ第8大学の中で、ボビニー、ヴィルタヌーズ、サン・ドニのキャンパスなら行けることになった。それは、問題じゃなかった。問題は、パリには行けなかったってことさ。」

　学業継続のためには、マスターの履修と現場研修（インターン）を組み合わせたコースに在籍することが条件となるが、ラドゥアンヌは、郊外での就学歴を格下にみられ、自分のキャリアプランが危うくなると懸念する。学校歴にネガティブな印がつくと思っているのだ。彼の希望は変わっていないが、経験を積み、学校のオファーと学生というキャリアがよりよくわかってきたことで、進路の妥当性をどう判断するかが変わったのだ。前は、教師のアドバイスが決定的だったことがわかる。選んだのは教師だといい、しかも、合理的ではな

第4章　大学における移動と調整　59

く[4]、宿命的だったと思っている（「偶然」）。さらに 3 年後、結局、彼はビジネス・スクールに進学したが、そこは「最低だ」と苦々しく言う。授業内容に失望する余り、大学（la fac［訳注：大学を蔑視した呼称]）は「素晴らしい所だ！」と言う始末だ。これも、同じ就学路の戦略から生じていて、常に、何が問題となっているかを文脈化することが求められる。

4.「揺れる」：変調と調整

1) 2000 年代以降の視線の悪化

2000 年代に入ってから、社会的・イデオロギー的文脈は、顕著に厳しさを増し、「郊外」・「移民」・「イスラーム」は、最大の脅威であると指差される。2001 年 9 月 11 日の同時多発テロ、2002 年のフランス大統領選の決選投票への極右政党「国民戦線」候補の選出、2004 年の学校で宗教的標章を身につけることを禁ずる法律、2005 年の暴動、2010 年のナイスナの「ストライキ」、2010 年の「国家的アイデンティティ」をめぐる「国民討論」、2012 年のハラル肉事件、メラ事件、そして 2014 年のヌムーッシュ事件、「過激化した若者たち」のシリアへの渡航、そして、もちろん 2015 年の連続テロ事件。移民系の若者の存在自体がますます問題視されると同時に、長期的就学の標準が「移民家庭出身」のフランスの若者たちにとっても、当然の展望に入ってきている。このギャップが、庶民階層にとって、*「バカロレア合格率 80％」が孕む「新たな矛盾」*だといっても過言ではない。矛盾の矛先は庶民階層に向かう。彼らが、学校の方を向くにつれて、ますます場違いな者として扱われるのだ。

視線が厳しくなったのはイデオロギー的文脈のせいばかりではない。社会的な相互作用の日々の流れが生んだもので、背景にあるのは、わが国で顕著になる都市部における差別の増加と学校での社会的混成の希薄化である（Oberti 2013; Ben Ayed 2015）。それは、調査対象となった学生たちの多数が在籍していた高校の統計を見れば明らかだ。2010 年、生徒の 80.6％は「外国系」の名

4）高校最終学年のときはそうは思っていなかった。実際、ラドゥアンヌは APB プラットフォーム上で許されるほぼ上限数の志望校を登録し、志望順も綿密に熟慮した。彼の学校歴の詳細については Fabien Truong（2013）を参照のこと。

前を持ち、62％は、「マグレブ系かアフリカ系」の名前であった。

　2012 年には、生徒の 12％は外国籍であり、20％は外国生まれ。同年、53.3
％の生徒の両親は「労働者」か「無職」で、6.4％が「教師」か「上級管理職」
だった（全国平均はそれぞれ 25.2％と 31.6％）。2009 年には、15 から 64 歳の都市
住民の 21.8％ は失業中で、36.4％ が課税所得世帯だった（全国平均はそれぞれ
11.7％と 53.6％）。2009 年のバカロレア合格率は、全国平均よりも 20％以上も低
く、大学区［訳注：教育行政単位］平均より 10％以上低い[5]。庶民居住区出身の
学生たちは、学業上の競争をくぐり抜けてきたわけだが、彼らの主観性を持続
的に培っていく社会化も経験することになる。それは、社会的他者に直面する
ことであるが、彼らの社会化の時期は遅くなる傾向があり高等教育の場にずれ
込んでいる。

2) 学ぶことを学ぶ

　「見た目はどうあれ、大学は改宗者のための説教をしている」（Bourdieu et
Passeron 1964: 66）にしても、セーヌ・サン・ドニ県の学生たちの社会的軌跡
をみると*改宗半ば*の感がある。大学の決まり事を受け入れてはいるが、異義を
唱えることもすべてを把握することもできずにいる。暗黙の決まりを捉えるこ
とに必死になりすぎているからだ。ゲームのプレーヤーであると同時に傍観者
である新参者として、*学ぶことを学ぶ*と同時に、*学生であることも学ば*なけれ
ばならない。

　学生という「メチエ（職業）」を学ぶ（Coulon 2005）とは、自律的な学習を身
につけることであり、成績の到達目標を上げることである。高校時代は、大概、
親から「平均点を目指せ」といわれていたであろう。また、高校では非常事態
だった学習や、矛盾したさまざまな社会的時間に分断された「弾力的な時間」
の管理を日課としなければならない（Beaud 1997）。さらに、勉強を投企として

5）社会的文脈と切り離して学業成果について思考することにあまり意味はない。国民教育省は、バ
　カロレアにおける各学校の「付加価値」を測るために、一連の成果指標を変更した。指標は、「確
　認合格率」（実際のバカロレア合格率）と「期待合格率」（各学校の生徒たちの社会学的構成によっ
　て算出される統計に基づく予想率）との比較で算出される。この指標によれば、「絶好調」の高校
　では、2009 年から 2013 年の間、一定して「確認合格率」が「期待合格率」を上回っている（年に
　よって 1％から 9％の間で推移）。

実践することが重要になる。以下の定義に従いながら——「学生の特異なイメージ。（学生は）通過点であり準備過程に置かれているために、なろうとするものにしかなれない。もしくは、ただなろうとするだけで終わる」（Bourdieu et Passeron, *ibid*.: 59）。

学生であることを学ぶとは、「大人の余暇や活動を構成している大きな矛盾を弱めるか覆すように努めること」（Bourdieu et Passeron, *ibid*.: 48）である。アルバイトをして学費の足しにする必要性が、このような状況の覆しを複雑にしている。原則として男子学生にいえることだが、出身地の烙印をどうやって隠すかを学ぶことでもある。そのためには、自分のエートスとヘクシスを変更し、たとえば、「闘争的なハビトゥス」（Lepoutre 2001）や「戦士の資質」（Sauvadet 2006）に替えて、洗練された議論のエートスや言語による説明力を身につけなければならない。高校や出身区域での資質は、学生の世界では直ちにハンディに変わるからだ。多くの男子学生がワードローブを変更し、時に「粋なパリジャン」になる。ジーンズ・シャツ・革靴という装いが妥当な調整を物語っている。夜間の外出や学生の社交の場に出入りするのは、そう簡単ではない。外出先は高額で、ほとんど全員がアルコールを飲まない。こうして、サラは、自分がどうやってパリ政治学院の学生仲間に弁解し、この問題と正面から向き合わなければならなかったかを説明する。入学後、夜の飲み会に参加しはじめた頃の話で、話は「イスラーム原理主義」の議論へと発展した。サラは、「友達を作ろう」としていたのに、「自分以外は皆な敵」と感じたという。ラクダールはその逆で、ずっと、飲み会好きで享楽的な唯一のイスラーム教徒として振る舞っている。彼は「フランス政府学生支援機構（Crous）奨学金を資金にパリのバーに出入りしている」と話し、すぐにパリ第8大学キャンパスの一員として人気者になった。

3）ロッキング・ホース

学業成績を問わず、対象高校生たちの全員が、ロッキング・ホースになる技の習得を求められる。受け入れられた新世界と生まれ育った世界の両方に属する正当性を得るためだ。社会的には異質な二つの世界の間を不協和音を抑えながら行き来できる力は、時間をかけて習得され、四つの原則を実践することを

促される。それは、「断絶、認知、人生における連続性、特異性（個人性）」
（Truong 2015）である。それには数年にわたる努力が必要で、学生それぞれが
歩み出した道によって違う。烙印をどう管理するかは、高等教育そのものの様
相を呈し、断片的で細分化している。多くの場合、その起点には、社会的で象
徴的な暴力のつらい体験があり、それが学業放棄や離学につながる場合は多い。
ナンテール大学に進学したカデールも例に漏れない。サラの、パリ政治学院一
年時の1年間は特に厳しく、専攻課程からは予想もされないことだった。

　このメカニズムが想起させる教授法の明白な事実がある——最低限の精神的
安堵感と社会的認知なくして学習は不可能ということである。学ぶこと、また
は、学ぶことを学ぶことは、それを可能にする状態になければならない。自分
がそこにいて当然だという気持ちを持たなければならない。制度側が、大学に
おける移動を可能にするこれらの社会学的条件に無知である場合、学生側から、
つまり下から、問題に答えてくれる力を動員しようとする。それは、「宗教に
走る」こと（Kakpo 2007）、ビジネス・スクールの人気、数々の同盟（仲間）集
団（collectif d'allié）の台頭（Truong 2016）が示している。こういった幾つもの
暗黙の調整戦略は、多くの時間とエネルギーを使い、不安定なバランスの上に
成り立っている。

5.　おわりに

　こうした道筋をたどることは、フランス式成果主義のメカニズムのど真ん中
に身を投じることである。対象学生たちが育む希望は、学校の力に問いを投げ
かける——学校は、社会的再生産と学校における順応主義以外のものをつくれ
るのか？　彼らが抱く懸念は、中心が周辺に及ぼす求心力を反映している。彼
らの軌跡によって、単純にいえば、フランス共和国の国是が試されているのだ。
彼らは、謳われる意図と実際の成果との間のギャップへ問いを投げかけること
で、フランスや日本のような国で、いかに、教育が国の矛盾を映す鏡であるか
を想起させる（Sabouret et Sonoyama 2008）。
　時間をかけて描かれる軌跡を追うことは、学業を「成功」に導く物理的・社
会的・制度的条件について問うことであり、それを可能にする精神的活動につ

第4章　大学における移動と調整　　*63*

いて問うことである。さらには、「成功」の代償と、その隠された側面が何か
を問うことで、同時に、高等教育の現場で進行中の再編成と、それが上昇移動
にある対象学生たちにどのような形で影響を与えているかを探ることになる。
つまり、可能性という問題を具体的に、つまり政治的に問うことである。

（園山　大祐　訳）

第5章

フランスの大学の初年次における学業「中退」
―社会的事実―

ロミュアルド・ボダン

1. はじめに

フランスの大学の第1課程［学部1・2年次］、特にその中でも学士課程の1年目の一般的な描かれ方はこうだ。とりわけ高い落第（échec）数がある場でありそのことから不寛容な場である、と。事実、毎年1年目に登録している学生の25％が次年度に再登録していない。この状況はたいていの場合大学の機能不全というように解釈される。中退率の高さは、これが最も頻繁に取られる説だが、入学時に選抜がないゆえのことであり、その結果、進路選択が間違っていて学力的にも不十分な学生が増加しているからであるとされるか、あるいは大学の人的資源や資金不足のせいであるとされるか、さらには大学教員が教育的指導という任務にまったく熱心でないからである、とされる。本章の目的は全くもって機能不全であることを提示するところにあるのではなく、構造的事実を提示することである。すなわち、特有の状況、高等教育全般の空間の中で大学の第1課程の担う役割に差し向けられた事実、である。高等教育はバカロレアを新たに取得した者の絶え間ない流れを調整する緩衝空間となっており、実験的かつ真の知的歩みを段階的に構築する場でありながら、社会的・学歴的ヒエラルキーを固定する場として作用している。高等教育の大衆化に反して、あるいはそれにもかかわらず、学業による社会上昇の可能性に対し、実際には高等教育は社会的不平等を再生産する傾向にある。

2. 制度的*自明*と学術的に明らかになっていることを隠微する概念としての「失敗」の定義

2008年に当時の高等教育・研究大臣であったヴァレリー・ペクレスは、大学に「看過できない学業失敗（échec innacceptable）」があることを理由に学士課程政策[1]を打ち出した。高等教育省によるこの報告書では、2000年代に出された多くの他の出版物同様、大学制度における進級の遅れ、進路変更、退学、これらすべてを「失敗」によって描こうとしていた。しかしこれは自明のことではない。学生世界の異質性に関するいくつかの社会学的調査[2]に当たってみるだけでも、状況はそれぞれまったく相互に比較不可能なものであることがわかる。たとえば、勤めをしながら学業を行っている学生が仕事を理由に学業をやめることと、医学部の学生が1年次終了時の進級試験［フランスの大学医学部では試験により2年次進級者を選抜することで人数を絞る］に失敗し再登録をしないことが同様のものとして扱われている。また、ある学生が公務員試験の準備に集中していて定期試験に「失敗」したことが、経済的に自立できるような安定した雇用が見つかるまでの間の待機期間として大学に入った学生が次年度に再登録しないことと同様に扱われている。あるいはまた、ある学生が希望するいくつかの教育課程の空き待ちのリストに一時的におり、年度途中にそのどこかへといくこと、「楽しみのために」学業を再開した50代の社会人学生が大学をやめること、またある学生が度重なる成績不振の末大学をやめること、これらも同様に、同じものとして扱われている。

だが、さらにこういった異質性を超えて、「失敗」について話すこと（たとえばさまざまなかたちの失敗を区別しながら、というのも含む）に意味などあるのだろうか？　これもまた、それほど不確かなものはないのである。たとえば、多くの「離学者」と呼ばれる学生にとっては大学の第1課程への登録は、その後大学外の他の教育課程へ行き、そこで確実に違ったかたちで「開花する」ことができるための準備期間となる（Bodin 2009a）。生物学系や心理学あるいは社

1）学生をできるだけ大学に*引き留*めるようにするための政策。
2）たとえば学生生活調査センター（OVE）の行った多くの調査が挙げられる。

66　第I部　高等教育への進路形成過程と進路決定要因

会学にいる学生が多くこのケースであり[3]、彼らはそこでの勉強をもとに一般的には社会福祉あるいは医療系の専門学校に進む。これらの学生にとって大学は準備学校としての機能を果たしていることになる。彼らは大学入学時、できるだけ早く専門高等教育学校に入りたいという計画を持っているが、入学試験を受け入学を許可されるにはまだ準備をしなければならないと感じている。あの分野やあの分野の知識をもっと得なければと感じてのことであったり、あるいは単に、これは社会福祉関係の学校でよくあるケースだが、より成熟しているようにみえ、そして自分自身もそう感じるために何年か年をとるのを待っていたり、である[4]。

この点からいって、より慎重にならずに、制度的に自明かのように「大学の第1課程における失敗」について話しているようでは、第1課程の現実を把握することをはなから不可能とすることになる。より具体的な例でいえば、ポワティエ大学が2006-2007年度「第1学年終了時47％の失敗」と発表をしているが、まずこの中では留年と次年度再登録を行わなかった者が同じカテゴリーで扱われていることをあらためて指摘する。さらに、添付された統計数値[5]を解析すると、再登録を行っていない者というのは、到底一般的にいわれるところの「中退」というものには該当しない者であったことがわかる。すなわち、62％の「離学者」が再登録を行っていない一年間の後、再び教育課程に戻っており（32％がSTS［上級技手養成短期高等教育課程］、27％が看護・社会福祉・医療系、工芸・ジャーナリズム等といった各種専門高等教育機関、19％が大学学士課程、7％が入試準備、5％がIUT［技術短期大学部］等）、27％が雇用状態にあった。

3）ポワティエ大学において2006-2007年度に生物学系の第1学年に登録した学生のうち次年度に登録しなかった学生の35％、同様に心理学で次年度に登録しなかった学生の35％、社会学32％、スポーツ科学40％がこのケースに当たる。

4）ソーシャルワーク関係の仕事に就くための教育（第Ⅲレベルのディプロムへ取得準備：特別支援教育補助者、乳幼児教育支援員、社会福祉支援員）を行う課程に入るには入試に受かる必要がありこれはバカロレア取得後より受験可能な試験である。これらの教育課程への入学は大方18〜19歳であるかのように条件が書かれている一方で、実際には入試の合格者の平均年齢はもっと上である。たとえば2005年の特別支援教育補助者教育課程への入学者の80％が21〜35歳であった。教育課程ではしばしばより「成熟した」入学者を選ぶことが知られている。このため志願者自身も1〜2年は大学で過ごし入試に受かるチャンスが高まるのを待つことを好む。特別支援教育補助者養成学校への入学選抜の解析は（Bodin 2009b）を参照。

5）これらの数値はポワティエ大学学業・評価・予測研究局（SEEP）において再登録をしなかった学生の追跡調査による（SEEP）。

この年の終了時にどの教育課程にも登録しておらず雇用状態にもないかあるいはそのどちらかである「中退」とされる学生は11％しかおらず、これは「（学業）失敗」にあるとされる学生の7％であり、第1学年に登録した学生の3.5％に相当する。つまり残りのほぼ大多数の学生は進路変更をし、入試に合格したかあるいは仕事を見つけていたということになる。

　非常に多くの学生が学士課程1年目で遭遇する困難について否定したいのではない。ここで言いたいのは、一般的に「失敗」という表現でこの現象をコメントし、不安をあおる解釈を引き起こすような説明のずれというのは「中退」という現象への真の理解を邪魔するということである。さらにいえば、失敗の定義というのはうかつにしてしまうことによって、学生の歩みが直線ではないことを、非難されるべきことであるとしたり、それが欠落、無能、そして／あるいは機能障害のような表現で把握されるようなネガティブな理解へと仕向けることになる。さらに、真実を隠してしまうこの概念の包括的性質を受け入れ、再登録をしないことと進路変更という実践を「失敗」と同一視してしまうことで、分析によってあらわれる大学の第1課程における構造的機能、すなわち新たなバカロレア取得者が続々と入ってくる流れを制御していること、このことを反対に混乱だと捉えてしまうのである。

3. 中退は*社会的*事実である

　ある者が求職中や、何らかのタスクの実現において、あるいは学業を進めていく中で失敗のように捉えられる状態にいることについて観察するとき、方法としてまず取られるのはその者が遭遇した困難について調べるということである。このような姿勢をとる多くの研究が大学の第1学年における中退の個人的な側面に注目し、中退を大学に入ってからの個人的で不幸な経験の産物であるかのように描く。すなわち「アノミー」、「個人主義」、「目標の不在」、「孤立」といったように（Dubet 1994 ほか）。このような方法は無意味ではないが、うわべだけを描きがちになる。大学における経験や学士課程での中退の個人的側面や*実際の体験*に大きく注目することは、実際には、それが説明しなければならないものだったとしてもそれを早急に失敗の説明としてしまうというリスクを

冒すこととなる。

　第一に、「失敗」状態にある学生に的を絞り、彼らが今の現状をどう説明しているかに焦点を当てることは、成功している学生の感情について何も言及しないことになる。ところが、成功している学生に同様の聞き方をしてみると彼らも心配や不安、さらには困難について話しはじめることもあるのである。このことは我々の調査からわかる。インタビューを行った学士課程3年目や商業大学校の学生の中には時に自分の歩みの中で「困難」があったとか、学ぶようにいわれたことを本当には好きになれなかったことに苦しんでいたとか、あるいはまた、本当にこれというような決まった将来計画がない、ということをはっきりといっている。こうして学生によっては正式に学期末の各試験に合格し、大学で学士の3年間を進級しながらも、その陰では毎年たとえばソーシャルワークの専門高等教育学校の入学を拒否されていたりするのである。しかしながら、大学制度という視点ではこれらの学生達は完全に成功しているということになる。

　そして、これはより多くあることなのだが、これら学生的主観という要素を彼ら各々のコンテクストから切り離し、これらが一つの有効性を持っている学生各々に固有の自律した特徴とみなしたくなるところがある。そしてこれらの要素の意味するものは現実には、その要素が生み出される客観的条件と切り離せないということを忘れがちである。一例にすぎないが、「離学者」が学業に熱心になることをさまたげる主なもののうちの一つがキャリア計画がないことだと描く研究は数多い。しかし、高等教育の全体を成すさまざまな客観的特徴の中にこのファクターを置いてみても、「動機」や「個人の（キャリア）計画」の存在が、固有で独立し一義的な作用であることの明白性は、弱いようである。IUTやSTSは実際相反する事例であり、なぜならほかよりも中退率が低い（2003年に第1学年終了時でそれぞれ約9％、14％、これに対し大学は22％）のと同時にキャリア計画がないと答えた学生が非常に高い（同年、STSの学生の50％以下、IUTの学生の60％以下が、キャリア計画があると答えているのに対し、学士課程の学生では70％）[6]。ほかにも、しばしば計画の不在と中退とは関係づけられるが、この関係は経験的にはほとんど根拠がないようであるし、常識的判断に拠って議論を怠惰に譲歩しているにすぎない。

中退を単に個人的な経験と縮小理解することで、最終的にはこの現象にある本来の社会的、構造的性質を消してしまったり、少なくとも過小評価してしまう。中退は、高等教育システムの構造全体によって生み出されている集合的現象であり、その構成要素のうちのいくつかだけによって生み出されているものではない。次にみる観察で示すように、中退という現象は社会によって説明される社会的事実なのである（Durkheim 1895）。

　図5-1は大学1年次の中退が、デュルケームによりこの用語に与えられた意味で*社会的事実*であることを示しており、社会学的分析が正しいことを裏付けている。中退が仮に個人的行為だとしたら、それは個人個人それぞれにとって違う経験あるいは特異な心理の特徴であるということにほかならないわけで、その場合中退率は、さまざまな新入生が入ってくる時々によって、そしてその各学生の人生という偶然性に沿って、多様であることになる（Durkheim 1893）。ところが実際にはそうではなく、フランスでは大多数のどの大学を個々に見ても、中退率は毎年ほぼ変わらない（25％前後）。

　単純なこの観察から、次のことがいえる。大学における第1学年終了後の離学率は個人的な出来事（「個人的な」わるい経験、すなわち学業計画やキャリア計画がぼんやりしているだとか、特別な心理的困難があっただとか、動機の欠如や学業に「天性」のものがないだとか）の結果ではないということである。それどころか、大学空間は毎年学士課程1年次末にはある一定の数の「中退」というものを生み出す素地があるようだ。つまり毎年どのくらいと大体予測がつくような一定数であり、大学生活の偶然性や個人の経験、教員陣（や教授形式そして／あるいは学生と教員の関係性への彼らの影響）の変化、あるいは毎年その年を彩ったりあるいはそうでなかったりするような多少なりとも逸話的な「出来事」（しばしば起こるものの例として社会運動や学生運動がある）、これらのものには左右されないような一定した数である。これら全要素のいずれも毎年L1（学士課程1年）に登録している学生の約4分の1が消え続けるという不変性には影響を及ぼさない。

6）この数値は安定している。2008 ～ 2011 年の間にポワティエ大学区では、社会学部の1年生の50％以上、心理学、歴史学、さらには生物学の学生の40％近くが、「非常に」明確な職業計画を持っていると答えているのに対し、IUT の第1学年の学生では15％だけがそう答えている。

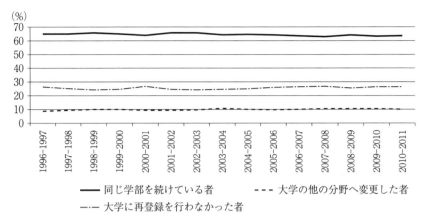

図5-1 1996年〜2011年の間の学士課程1年終了時における学生の進路の変化
出典：高等教育省のデータをもとに筆者が作成

　分析を前に進めよう。図5-1は1996-2011年の間しかカバーしていないが、今日も一定のまま不変のこの数値は第二次（そして主要な）大衆化が起こった1990年代半ばには固まったものであり、つまりこれは「新しい学生」（庶民階層出身で技術バカロレアあるいは職業バカロレア取得者）と大学の要求するものとが適合していないことにほかならない、ということを想像させる。ところが、高等教育・研究省の統計資料にあたると、このことは間違っているということがわかる。大方の期待を裏切り、実は資料によると1960年代には既に現在の「中退」現象に匹敵するものがあったのである。1968-1969年度に文学部に登録していた学生100人中27.7％が「中退」（大学を出るかあるいは別の進路に進む）しており、その率は理学部で36.1％、医学部が32％であった（DEP 1972）。これらの比率もまた、この時期にあった出来事とは比較的独立的であったといえる。なぜなら、1970年代にも、少々少ないとはいえまったくもってこれに匹敵する数値が見いだせるからだ。すなわち、1975年にはフランス中の全学部総合で第1学年終了後の中退率は21.4％を数えている（MEN 1985）。1971-1972年には、ニース大学の各学部に関するデータがあるがそこでも中退率はこれに非常に近いものであり、平均29.3％だった。

　つまり、各大学での話題や高等教育省の言説の方向性が信じさせるものとは

反対に、この現象はまったく新しいものではなく、学生の特性や彼らの学士課程1年目における体験が変容したこととは独立しているといわざるをえない。そういうことなのであれば、それはなぜなら第1課程での「中退」は、第1課程にある特有の機能、その機能なくしては高等教育全体のシステムがその均衡を維持できえないような機能を持っているからだ。

4. 不平等を維持させている制御プロセス

高等教育が非常にヒエラルキー化された空間であることは知られている。まずそれは短期課程（STS、IUT、bac＋2あるいは3の専門高等教育機関）と長期課程（大学、グランゼコール準備級、グランゼコール、bac＋5の専門高等教育機関）に区別される。しかしさらにまだここで、同じ課程年数でもヒエラルキーがあるということをいわなければならない。たとえば大学の物理あるいは数学の修士号を取得した学生は漠然とではあるが自分の取得したbac＋5の免状がポリテクニック［理工科学校］卒の人が持っているbac＋5とは必ずしも同等のものではないと感じている。加えて、さまざまな研究が示しているように、高校生はこのヒエラルキーの存在に合わせて徐々に準備をし、高校の最終学年で多くの者が自分の学業進路選択をこれにあわせて調整していく。

ポワティエ大学区において実施されたバカロレア取得者の進路選択についての最近の調査がこのことを示している（Orange 2010）。すべてはまるで階層ごとのハビトゥスの持つ時間的側面が高等教育空間の中における学生の配置を出身階層と学歴によって指揮しているかのように行われている。文化的、経済的資源を最も持たない階層出身者は将来が最も不確実な者であり、彼らは短期課程へと進学する傾向がある。逆に、上流階層出身の学生はグランゼコール準備級、すなわち定義上さらにその上に進学する、将来を準備するためのところへ進学する傾向がある[7]。したがって大学というある種この二つの潜在性をあわせ持つところは中間的位置づけにある、という事実が確認されることは驚くべ

7）このことが必ずしも上流階層の子どもの大部分がグランゼコール準備級に進むということを意味するわけではない。大学は学生の出身階層にかかわらず高等教育の中で最も多く選ばれる進学先である（B. Lahire (collab. M. Millet, E. Pardell) 1997）。

72　第Ⅰ部　高等教育への進路形成過程と進路決定要因

きことではない。2008 年、ポワティエ大学区では、労働者の子どもであるバカ
ロレア取得者の 67.2％が STS を一つあるいは IUT を一つ志願していた（これ
に対し管理職あるいは上級・知識職の子どもは 34％であった）。中間職の子どもの
23.4％が大学を志願（これに対し一般事務職の子どもは 21.4％、労働者の子どもは
18％にとどまる）。また、管理職の子どもの 29％が少なくともグランゼコール
準備級を一つ志願していた（対して中間職の子どもでは 15.9％、一般事務職の子ど
もでは 10.8％、労働者の子どもの 5.2％）。この動きはそのまま各大学の中でも続
き、どの分野へ進むかということ、そしてそれらがヒエラルキー化しているこ
と、このことは多少なりとも明らかなことである。なぜなら各分野はそれぞれ
同じ労働市場のセクターや同じ社会的地位に向けた準備をするところではない
からであり、学士課程の第 1 学年から既に、学生の社会階層と学業レベルは経
済から文学部あるいは人文社会科学へ、それから法学あるいは理学部から医学
と薬学へ、という方向で上がっている。

　図 5 - 2 がこのことを完全なかたちで描写している。ここではフランスの高
等教育の各分野における登録学生の社会的特性や学歴が描かれているが、この
中で大学の各分野は、一方は（図の左下）医療系専門学校や各 STS（技術的な
問題からこの図には現れていないが、社会福祉系専門高等教育学校およびほとんどの
商業専門高等教育学校も）、もう一方は（図の上方から右）グランゼコール準備級
やグランゼコール、これらの間で図の中心部に位置づけられることがわかる。

　しかし、志望の社会化というこの事実に影響力があり、すべての学生がいき
なり最初から社会的に方向づけられた自分の居場所を見つけることはできず、
それはさまざまな理由による。進路選択の結果高等教育に入ると、学生は 1 学
年目の間再調整にとりかかるが、この再調整の構造はまったく偶然のものでは
なく、それどころか分野や専攻のヒエラルキーに沿って社会的ヒエラルキーの
序列を強化しているのである。

　2002 年に第 1 学年後に再登録をしなかった 23％のフランス人学生のうち、
現実には 73％以上がほかの教育課程へと進路変更している。しかしこの進路
変更はあらゆる方向へとさまざまに行われているわけではない。大部分の場合、
高等教育の中で学歴的・社会的ヒエラルキーの高い分野や専攻から低い方へと
流れる。こうして大学で学生はまず（レベルを）下げることを学ぶ。1996 年に

第 5 章　フランスの大学の初年次における学業「中退」　*73*

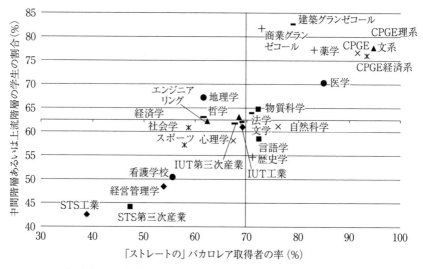

図 5-2　高等教育の分野別 Bac+1 レベルの学生の出身階層とバカロレア取得年齢の分布

出典：OVE, Enquête Conditions de vie 2010.

　全国でバカロレアを取得した者については（DEP 1996）、第1学年でどこの分野に登録をしていようが、進路変更は STS や各種専門高等教育機関（商業、美術、建築、医療系、社会福祉系）へとなされた。これらは高等教育空間内で二つの格下げをなすところである。

　さらには、この下方への再調整は徐々に、そして連続するレベルで行われる。ヒエラルキーの最上位から最下位へ直接に「跳ぶ」ことは稀である。グランゼコール準備級に登録している学生はつまり学歴的ヒエラルキーの頂点にいるわけだが、進路変更をする場合には、彼らの60.3％が大学という中間的位置へと進み、各種 STS へ行くことは稀である（グランゼコール準備級の学生のうち1.4％のみがこのケースに当たる）。大学を離れる学生についても同様の傾向が見られ、下方へ、段階的に、というこの再調整のロジックが確認できる。彼らがグランゼコール準備級へ入るために大学を離れるということはなく（たった2.1％のケースのみ）、大部分は専門高等教育機関（42.4％）、あるいは STS（34.4％）への進路変更である。既にヒエラルキーの下層を形成している学生、すなわち

STS にいる学生は、全般的にあまり今いるところから離れていないところへ移動する。つまり、大学よりも専門高等教育機関へ進路変更し（大学への進路変更は 31.3％だけなのに対し専門高等教育期間へは 62.5％である）、グランゼコール準備級へ進むことは決してない。より意味深い点として、STS と専門高等教育機関の学生にとっての「離学」は高等教育からのただの出口となってしまうことが挙げられる。STS の学生の 6.2％、専門高等教育機関の学生の 17.5％がこのケースに該当するが、これに対して大学を離れた者の 6 ％以下、IUT を離れた者では 2.3％しかそのようなケースはない。まるで高等教育ヒエラルキーの最下層にいるということは同レベルの教育課程への非常に慎ましやかな進路変更か、あるいはそっと労働市場へ出ること以外の、他の選択肢がないかのようである。

　さらに細かい分析をし、どのように同じ大学内である分野から他の分野への移動が同じロジックで動いているのか提示することもできるだろう。法学から人文社会科学への移行、医学から理学への移行があるが、その逆は稀である（2006 年に大学の法学部 1 年に登録し大学を離れずに進路変更を行った者の 30％が次年度に人文社会科学に登録しており、その逆の進路変更はたった 3 ％である）。

　しかしこれらのさまざまな進路変更の背景にあるものを理解するには、これらある分野からある分野、ある専攻から他の分野や専攻へと移行する学生が誰なのかということを明らかにしなくてはならない。これについては、最初に登録していたところに再登録を行わなかった学生の中での庶民階層出身学生（労働者および一般事務職の子ども）が大きな比率を占め、中間層出身学生（小売業、職人および農業者の子ども）も同様に学業に対しあまり準備ができておらず、反対に「教養のある」中間層出身の学生（中間的職業）の割合は多くなく、管理職や上級・知識職の子どもはさらに少ないということがみられた。

　同時に明らかになったことは、職業バカロレアあるいは技術バカロレアを取得した学生が再登録を行わなかった者の中で多くを占めていたことである。これに対し普通バカロレアを持つ学生は中退する確率が非常に低い。大学システムから出るというリスクも、単に大学内部での進路変更することにおけるリスクも、全学生が同じように共有する特性ではないということだ。再登録を行わない確率は社会的・学歴的に低い学生であればあるほど高まる。この意味で、

大学が保証する機会平等は不完全であるし、むしろ社会的ヒエラルキーを強め、あるいは再生産する傾向にある。

5. おわりに

学生の歩みにおける社会的不平等が存在しそれが持続しているという事実の確認は決して新しいことではない。しかし、ここでは「中退」率の意味にこだわった。ここで示したかったのは、学生が消えていくことは、大学の機能不全としてよりも、高等教育の中で行われているようであるバカロレア所持者たちの要求の調整という作用の成功として分析に現れているということである。これらの「中退」がなす調整は中立的なものではなく、社会的・学歴的「ヒエラルキーの維持」に寄与している。失敗や偶発的出来事ではないこのさまざまな再調整は、上方から下方へ行われるのみならず——大学はつまり学生の選択と願望のモデレーターである——緩やかにそして徐々に、段階的に行われる。分野や専攻という壇の上で「離学者」は上から下へ一気に滑り落ちるのではなく、一歩また一歩とすぐ下へと滑っていく。そしてこの経験は数年続けてまた起こるおそれがあるかもしれないのだが、それは学生の社会的・学歴的特徴が、社会的・文化的地位のヒエラルキーの中で学生の属する分野が占める地位に対していささか差があればあるほど確実に起こる。

（田川　千尋　訳）

第Ⅱ部　中等教育に至るまでの進路決定の形成過程

第6章

学校への道、進路決定を前にした教師、生徒、両親

セヴリーヌ・ショヴェル

1. はじめに

フランスでは1980年代半ばから長期教育が標準化したことで、庶民階層の子どもたちの進路予想の内面化の問題が再び問題となっている。さらに、最近の状況効果研究が促進した理論の再生と学校格差の現象は、学校における社会的支配の問題を新たな光で照らしだしている。これらは、子どもたちの進学傾向は通学する学校によって著しく差があり、彼らの進路が各地域で提供される教育の構成と特異的に関連していることを示している。ブルデューとパスロンの共著『再生産』出版（1970 = 1991年）から50年近くを経た現在でも学校格差が依然なくならない中、学校の大衆化の状況は、生徒とその家族や教師が「正しい」判断を下すための進路指導制度を分析し、それに基づいてこの再生産論を再度検討することを求めている。

フランスでは、大部分の子どもが、期間は異なるものの、中学3年まで就学し、その後は進路指導によって、普通・技術高校と職業高校に振り分けられている。進路指導は、今でも生徒の出自に強く影響され、生徒と両親そしてさまざまな職種の教育職員が行うべきとされるいわゆる「協力」の判断の産物である。中学3年は、進路指導に関する中心的な制度移行の学年となった。生徒の選別は、その大部分は中学の終わりに普通・技術高校に進む生徒と、職業訓練校（職業高校あるいは2012年まではBEP）に進む（あるいは進むように指導する）

生徒の振り分けに基づいて行われている。一方、これらの二つの進路にそれぞれ振り分けられる生徒の比率は、普通・技術高校への進学をできるだけ増やすことを目指す教育省の重要な政策目標となっている。いわゆる「自由選択」の教育政策と結びついた就学期間の延長、数値化された評価の普及などは、能力主義の原則に依拠している。中学の終わりの進路指導という学校での試練に対する教育の専門職の下す判断の役割は、統計学的な視点で、あるいは教師の視点は一様であるという見方に従って検討されたため、どのような制約あるいは資源が教師に特定の行動をさせるのかを分析することができない。

　しかし、中学最終学年での進路指導制度の中心性は、生徒たちの間、生徒と学校との間、そして教師らの間に鋭い緊張関係を生む原因でもある。教師らは、一方では生徒一人ひとりの適性や希望を考慮した、個人化された判断を下すことを目指し、他方では普通コースや技術コースを奨励し、生徒に高校からバカロレア取得まで学業を続けるように後押しするという二つの目標の間で、異なる判定を下す[1]。この目標達成は、1986年では同学年集団で38％であった普通・技術バカロレアの取得率が、1994年には68％に増えた後、停滞しているだけになおさら重要となっている。再び増加が始まるのは最初の職業バカロレア取得者が出るのを待たねばならない。こうして2017年の同一世代の全バカロレア取得者の比率は78.9％で、内訳は普通バカロレアが41.2％、技術バカロレアが15.7％、職業バカロレアが22.7％である（DEPP 2017）。

　法規上は生徒と家族は自身の意思を表明する権利があるとうたっている。自由主義を標榜するこのロジックでは、計画の概念と学校における自己実現・自己開花の理想に基づいて、学業進路は生徒の選択を反映していなければならないとされている。生徒と教師の関係を変えることを目指したこの1989年7月10日教育基本法は、当時の教育大臣の名を取ってジョスパン法と呼ばれ、生徒こそ「自身の進路選択の主人公」の原則を掲げた。生徒は自分自身に関して十分な知識を持たねばならない。その知識こそが、生徒個人の選択と行動の能力に基づいた自己解放の媒体となるからである。このモデルでは、個人は自分

---

1) 1980年代終わりに、進路指導のやり方は、より生徒の個人一人ひとりの希望を聞くという方向に変更された。進路指導は、「保護者、教員、進路指導専門員の支援を受けながら、（略）中学生および高校生個人の職業参入計画の結果であり、本人の期待と能力を基盤にしたものでなければならない」（1990年6月14日付政令）。

の欲求に従って自分の計画を立てることになる。生徒を教育制度の中心に据えたこのジョスパン法は、生徒に新しい責任を負わせた。学校制度に自分が身を置く意味を自ら定義する責任である。

本章は、新しい制度の枠内で格差がいかにして作られるかを検討することを目的としている。より正確にいえば、進路指導の仕組みは、具体的にどのように生徒たちに自主性を持たせ、良識ある選択というかたちで中学以降の勉学の将来を決めさせようとしているのか。パリ郊外の庶民地区にある中学校は、この進路決定過程の分析には特に適した現場である。実際、これらの中学では、生徒たちの置かれた社会的状況のせいで、二つの変化、すなわち進路決定プロセスの画一化と個人化が、教師ら教育のプロに、特別の進路指導努力を求めている。筆者は 2006 年に、これらの学校で民俗誌的調査を開始した。対象者は最終学年の生徒 314 人で、4 分の 1 は親が労働者や無資格者、4 分の 1 が外国生まれで、2 人に 1 人は親が外国生まれである。調査が実施された当時の政治状況では、選択と計画の自由の問題がさかんに議論されていた。生徒たちは、自らの進路選択に責任があるとされ、庶民階層に属する生徒たちは、成績が同程度であっても、他の生徒に比べて普通・技術高校に進学する数が少なかったが、それは彼らが「野心に欠ける」せいにされていた。職業高校進学希望者（約 40%）は、志が低いと見なされ、評価は低かった。職業高校は高等教育にはつながらず、ある職業分野での訓練にとどまってしまうというのだ。調査は、いわゆる「学級委員会」の 2 年間で、30 回の会合で教師が行う通常の活動の観察が重要な部分を占めている。それによって教師の間にある順位づけの種類を調査することができた。教師の聞き取り調査は、繰り返し行われたものを含め 40 回、生徒と母親の聞き取り調査は約 30 回行った。

学校は、質問票や面談などで生徒や家族との対話を行うとともに、学級委員会で生徒のケースを個々に扱うことで生徒や家族の希望を汲みとって考慮する（第 2 節）など、できるだけ協力的な方法で進路決定の手続きがすすめられるように管理している。しかし後でみるように、ときとして生徒と家族はこの進路決定の手続きを回避することがあり、さらには当事者間の平等原則を疑問視することさえある（第 3 節）。最後にこの進路指導手続きにおいて、教師は生徒の選別者であると同時に生徒の代弁者でもなければならないため、二つの役

割の間で板挟みになっている。生徒に自分で計画をたてる自主性を保障するよ
り、むしろ進路指導の仕組みを維持すること自体が目的化してしまうのだ。わ
れわれは、当事者間の平等という理想が、こうして教師の理解の種類の形を変
化させることを示したい（第4節）。

2. 協力的な仕組みで生徒の自主性を保障する

中学の終わり（14歳前後）の進路指導手続きの目的は生徒の自主性と平等と
考えられている各関係者の利益を尊重することにある。生徒は大学進学につな
がる普通・技術高校と、職業につながる職業高校とのいずれかを選択しなけれ
ばならない。まずよく理解しなければならないのは、生徒の進路決定と各高校
への生徒の割り振りが、まったく別々の手続きであることだ。前者は協力的な
仕組みで、希望を明確化し、学級委員会で審議することを目指している。後者
は、入学先を獲得するコンピュータ処理である。中学最終学年の学級委員会で
の教師同士の意見交換は、職業高校進学希望の生徒をめぐって緊張関係がしば
しば具体化することを明らかにした。

この進路指導手続きは家族と学校の二者を象徴する対話票（fiche de dialogue）
に基づいてすすめられている。対話票の目的は学級委員会での意見交換を促進
するとともに各生徒の個別の扱いを容易にすることである。対話票は4ページ
からなり、父親と母親に対する「あなたの息子（あるいは娘）について」の質
問から始まり、学校と両親との間で何回かやりとりされる。「家族」からの要
請で進路指導の手続きが始まり、次いで学級委員会の暫定意見が出され、それ
に対して「家族」が回答する。回答の内容は委員会の意見を家族が「確かに知
らされた」ことを証明する署名である。その数か月後、学校は再び家族に学級
委員会の意見を求めるように促す。家族の要請を受けて学級委員会は次の学期
に提案を行い、それについての家族の最終的な回答を求める。家族が委員会の
意見に反対の場合、家族は対話票の「学校長との対話」という欄に、委員会の
意見に反対する理由を書き込む。その後、最終決定の前の決定を下す権限を持
つ学校長は、決定の受入れあるいは拒否を通告する。根強い意見の違いがある
場合、新たな手続き（異議申し立て）が始まる。対話票の最後の欄はこれにつ

82　第Ⅱ部　中等教育に至るまでの進路決定の形成過程

いての委員会決定であり、両親はもはやこの決定に反対することはできない。この対話票を通してみえてくるのは、両親が対応しなければならない決定権者の序列である。すなわち、まず学級委員会、次に学校長、そして最後に異議申し立て委員会がある[2]。しかしこの決定手続きを通じて、教師や学校長は進路指導の決定を、あたかもたんなる「予想」にすぎないかのようにいう。調査したあるＡ中学校の教頭は、学級委員会の冒頭で次のようにいった。

> 「我々は貴方が来年どうするかを検討することになっています。今夜のところは、予想を立てるだけで、決定を下すわけではありません。私たちは対話をするのですから。しかし3学期になると、そうではなく、決定を下すことになります」。

（Ａ中学校教頭、2007年3月26日学級委員会）

　教頭は中学以降の進路に関する不確実性を強調することで、進路指導を「予想」をする行為だけのように説明している。対話票が協力的な手続きであるとすると、進路指導の過程に不可欠なもう一つの手続きとして学級委員会がある。そこでは対話票に基づいて生徒一人ひとりについての話し合いが行われる。

　学級委員会は年3回、教師、家族、生徒代表、校長および進路指導専門員を集めて開催される。生徒を個別に扱う原則に従って学級委員会が組織され、そこでは各生徒一人ひとりの状況が検討される。教師は生徒の身近にいるので、状況をより深く分析できる立場にいる。特に検討されるのは本人の進路希望が「本心」であるか否かである。最終学年に就学している生徒全体の将来にかかわる決定は、この個別の処理の産物である。それは学年に3回開催され、各学級の関係者を集めた会合である学級委員会の経過にみることができる。学級担任は、そこでは各生徒の選択を代弁し、生徒の自主性の保証人となる。

　教師にとっての重要な課題は、生徒の希望の把握である。教師らとの面談で、彼らの判断においては心理的性格の手がかりが重要であることが明らかになった。彼らの判断基準は、生徒の個性をどれだけ伸ばせるかどうかである。面談

2）異議申し立て委員会は、該当する両校の校長、生徒指導専門員、情報進路指導センターの所長、保護者会代表者3名の出席のもと行われる。

である教師は次のように説明する。

> 「何が何でも普通高校に行かせようとしてはいけない。進路選択には、成績も大事だが、生徒の希望も同じくらい大切だ。私の考えでは、子どもは自分が何をしたいかで進路を決めるべきだ」。

　教師はしばしば子どもの欲求を主張する。しかし、個別扱いと協力という決定方法の目的（対話票、学級委員会）はいくつかの障害にぶつかる。協力的なやり方は、学校の自主性の基準が家族の基準と相反することがあるため、生徒と家族によって、その適切性には差が生じる。

3. 進路決定の仕組みの回避と批判

　生徒が自主的に計画を立てることを目的としたこれらの仕組みは、現場ではどのように具体化されているのだろう。生徒と家族がこれに例外なく参加するわけではないので、協力の原則は危うくなる。自主性の命令はあいまいである。自発性を尊重する指導と拘束された自由との間で、自主性は逆説的に生徒が自分の希望を述べるのを拒否する態度を助長する。生徒は相矛盾する命令の板挟みになっている。

1）矛盾する命令の板挟みになる生徒

　生徒、教師、管理職の間の相互作用を観察することで、いくつかの対話回避の例がみえてくる。以下は教頭室での一場面である。生徒全員が同時に対話票を提出するわけではないし、提出の相手も同じではない。生徒と家族には冷静に、熟慮した上でこの手続きを行うことが期待されているが、まさにこの手続きこそが、彼らを「熱く」し、興奮させる。このとき学校側は両親の要求を学校として受け入れられるものに翻訳しなければならない。この習慣は公式の枠組みからはみ出してしまう。

　生徒との面談で、この命令が矛盾していることが理解できた。たとえば1993年生まれで、男の兄弟たちと専業主婦の母親と暮らすファチマータ・クスー（以

下ではＦ）の場合である。父親は清掃局職員。兄は「自動車製造業」の職業バカロレアコースで学んでいる。そのほかに３人の弟たちがいる。３年生の彼女の平均点は 20 点満点で 12 である。面談の間、彼女は声を震わせ、時には涙を浮かべていた。この面談でのアドバイスに大きな期待を持っていて、面談の初めには質問にそっけなく答えていたが、やがて「本音」を打ち明けた：

> Ｆ：みんな、私に普通高校に行ってほしいと思っていた。でも私は、そんなことできないと思っていた……私は職業高校に行きたかった。でも、職業高校のほうがいいのなら、職業高校に行けばいいだろうっていわれた。
>
> Ｅ（調査者）：誰がそう言ったの？
>
> Ｆ：お兄さん。兄さんは私にお前は普通高校に行けると言った。その後で、お隣の人が、普通高校は難しいよと言った。ともかく、教頭先生（男性）が、私が思ったようにすればいい、やりたいことをやればいいと言ったので、それからはお隣さんの言うことは聞かないようにしてる。担任の女先生は、私に望みは高く持つべきだと言った。母さんは、私がしたいようにすればいい、私に自分で選べと言っている。こんな選択には干渉したくないって。お父さんは、私のやりたいような仕事をあれこれ教えて、助けてくれる。
>
> Ｅ：それでどんな仕事がしたいの？
>
> Ｆ：なりたいのは通訳、会計士、秘書（……）。お母さんは普通高校にしろって言う。長いこと学校に行かなきゃいけないけど、とにかく、長い方が短いよりいいって。担任の先生も、自分で選べ、私の代わりに決めるのはいやだって私にプレッシャーをかける。

（2008 年 5 月 28 日）

　この面談記録の抜粋は、学校、両親、同学年の生徒たちがＦに押しつけようとする相矛盾する基準がＦに何を引き起こすかを示している。ここに見えてくるのは、教師のリスク評価の生徒による解読は、評価が変わるほど、複雑になることである。母親の言葉「とにかく勉強は長い方が短いよりいい」は、

担任（女性）の「望みは高く持つべき」と共鳴しあう。一方、友人や隣人の少女など似た境遇の子どもは、彼女のやる気をくじくようにみえる。しかし、これらの基準はすべて同じかたちで発現しない。母親は示唆しているだけだが、担任は命令調である。生徒は進路指導制度の中心にいるのではなく、異なる命令の中心に置かれている。いくつかの原則が対立するため（生徒の「背中を押す」vs. 現実主義）これらの命令は矛盾することがある。教師や友人は警告で進路決定手続きを管理する。教師にとっての進路指導は、将来の挫折リスクの先取りと考えられている。こうして効率の原則が、自主性や成績に優先することになる。

2）支援を必要とする自主性

ある学級委員会で、担任（男性）が多数の希望調査票が未提出であることを嘆き、会議の始めに生徒の氏名と希望を書いた手書きの表を配布した。26 人のうち 7 人の名前の前には疑問符がついている。家族代表のジネブ・ラマド（以下では Z）が発言した。

> Z：すいません。たとえば私の場合、私の子どもは、よくわからないといって調査票を出していません。私も彼の選択をあれこれいう立場にありません。生徒の中には、もっとアドバイスが必要な子もいるんです。

子どもの授業欠席、調査票未提出、両親の学期末の通知表の受け渡し時の欠席が重なると、それは家庭の怠慢と受け取られるが、何よりも担任の職業的義務の障害となる。この場合学級委員会で下される判断は、新たな選別基準を設定するため、成績評価の重みが倍増する傾向がある。しかし、Z の発言は、推定された「両親の責任放棄」と調査票未提出の間には因果関係がないことを明らかにしている。彼女が「私は彼の選択をあれこれいう立場にない」というのは、手続きが不透明なせいもあるのだ。たとえ選択の自主性を尊重する進路指導の仕組みを作っても、進学先の勉学や学校の価値が不確実であるため当事者間の平等は成立しない。そうなると教師は生徒や家族と非対称の関係になり、彼らは道徳的ジレンマに陥ることになる。

4. 教師の役割の対立

　教育制度の中心に生徒を置いた1989年基本法は、生徒に新たな責任を課した。それは自分が学校に行く意味を自身で定義する責任である。換言すれば、生徒は自分の進路の主役でなければならない。しかしだからといって、その分教師の役割の重要性がなくなるわけではない。進路指導の仕組みの描写は、この仕組みの評価者に有利な非対称性を明らかにしている。実際、将来の留年リスクの先取りの原則に基づいた普通・技術高校に進学する生徒の選別は、生徒の代弁者という教師の役割と矛盾することがある。この緊張は、学級委員会や面談の最中に表面化する道徳的ジレンマを引き起こす。実際、生徒が自分で計画を立てる自主性を育てるより、進路指導の仕組みを「維持」することを優先することがある。こうして教師は、自主性を当初の概念の持っていた意味から逸脱させ、自主性を教育の目標ではなく、選別基準に変えてしまうのである。不確実な状況で他者のために決定するという進路指導の意味そのものが、この逸脱の原因である。それでは評価基準の中心にある自主性の概念は、実際にはどのような内容を持つのか。

1) 留年を先取りして他者に代わって決定する

　学級委員会の間に観察することができた教師の間の意見の不一致は、進路指導のジレンマを浮き彫りにしている。生徒が自分の進路の主人公でなければならないからといって、教師の役割がそれだけ縮小するわけではない。進路指導の仕組みが確立されたいきさつを観察すると、評価者に有利な非対称性がみてとれる。担任は生徒の将来の留年を先取りする。進路選択は制約のある選択であり、貧しい家庭の子どもにとってはなおさらそうである。学級委員会の一場面が、この矛盾を浮き彫りにしている。担任のシモン（以下ではS）は、ナビールという生徒について、学級委員会でこの生徒の希望に真っ向から反対する。

　　S：彼は普通高校を希望していますが、それは無理でしょう（……）言葉
　　　はわるいが言わせてもらえば、留年するために高校に行くようなもので

す。高校に入ったはいいが、すぐ立ち往生するでしょう。それで1年、無駄になる。彼は留年しても何もしないからです。勉強しろと3年前から口を酸っぱくしていっているのに。残念です。能力がない生徒ではない。ナビールが普通高校に行ったら、1学期で投げ出してしまうでしょう。普通高校の条件は厳しいのに、彼はそれを満たしていない。職業高校に行ったほうが学業の成功率は高い。今のところ、いわれているように、普通高校でやっていけるだけの力も知識もない。無駄です。

(A中学校、2008年3月31日)

　ここにみられるのは、自主的な進路選択の責任を負わせることの影響である。留年する生徒は、自分自身を責めるしかない。教師はこのようにして、中学の終わりに普通・技術高校に行く生徒と、職業高校に行く生徒とを区別する選別に加担する。

　学校での競争で上位に立つために生徒が持っていて最も報いられる長所は何か？　教師は中学の終わりの生徒たちを、生徒の行動や家族環境など、厳密に学校の勉強や学年とは無関係な長所へと導くことがある[3]。学校の成績はたくさんある評価要素の一つであるにすぎない。学校での行動や成績にもかかわらず、学級委員会はカリームに普通高校進学を認めた。担任はこっそり、学級委員会の選択の妥当性を説明する。「両親が応援している」のだ。つまりカリームの母親は家族代表者として学級委員会に熱心で、担任教師も彼女が息子が普通バカロレアか技術バカロレアを目指すことを支援しているのを知っている（たとえば家庭教師をつける）。この類の状況では、性別によって異なる傾向を観察することができる。男子は勉強や進路に対する自主性の不足を非難されるのが常だが、選択の自主性をほめられるのは女子である。自分の気持ちに正直に自身の将来を決める、自発的に勉強する、情報を得る努力をする、仲間たちの言いなりにならないなどの長所は、高校の水準そのものよりも、将来、普通・技術高校で失敗するリスクを評価する物差しである。ここでは自主性の二つの定義が重なる。教師と意見が食い違う可能性を自主性と、学校の判断をすすん

3）留年そのほかによる1ないし2年の遅れがある生徒は、より職業高校に進路が進められる。

で受け容れる自主性、言い換えれば教師が下す自分の将来についての判断に合致する判断を自ら下すことのできる能力である[4]。他者への依存や、学校の規則や知識に対するある程度の自由を短所として退けることは、学校の日常だけではなく、生徒個人が未来に投影する自分の将来にも、したがって進路にも影響を及ぼす。こうして教師の期待は、生徒の認識能力以上に、勉強、行動、家庭環境などに対する生徒の態度に影響する。しかし「職業」高校進学の決定は、生徒とまったく無関係な基準、すなわち高校の定員にも左右される。生徒の高校への配分はコンピュータソフト任せになっている。たとえば中学校の校長は、各職業高校の定員の表をみながら、決定を下すのだ。

　教師の実践を観察すると、すべての生徒を各自の意向に合った学校に進学させる難しさがみえる。職業高校と普通・技術高校のコースの分けは、教育政策の一部ではあるが、進学先の学校定員設定の論理と一致させるのは困難である。職業高校進学希望者は、希望の高校に入学できないリスクが他の生徒よりも大きい。両親からの学級委員会決定に対する異議申し立てがほとんどないことが理解できる。普通高校志望は叶えられることが多い。希望する専門コースと実際に振り分けられるコースの差は大きく、多くの生徒は選んだのとは違うコースに振り分けられる。こうして、同じ職業高校内にコースによる上下関係ができ[5]、それが専門コースの選択を決定する。ある中学校校長は、成績が悪いと判断される一人の生徒について、以下のように言っている。

　　「"機械科に行きたい"という希望者は多いが、定員数はあまり多くない。もっと入りやすく、彼が関心のあるBEP（職業教育免状）コースを検討する方がいいのではないだろうか」。　　　　　　　（B中学校、2007年3月22日）

　4）B.ライールという社会学者によれば、学校の自主性の制約は、「学校からわるくみられているのは、集団生活における独立（無秩序な生徒）のような個人間の独立か、学習知からの独立（学校知に対する無視）を指す（Lahire 2001: 158）。
　5）調査が実施されたセーヌ・サン・ドニ県では。2000年後半に最も求められた職業種は、保険社会活動、販売業、事務秘書、会計士である。特に次の分野に偏向していることがわかる。サービス業、機械工、電子工である。他方、手工業、工業はあまり人気がない。あるいは高校の事務職や土木建築関係は回避されている。しかし、職業適格証（CAP）の調理師などは4分の1が希望するように人気が高い。

大学区情報進路指導課（SAIO）の提供した文書は、県内の職業高校が満員であることを示している。この文書で、定員の需要と供給の関係がわかるが、この関係は文書では「生徒を惹きつける率」に翻訳されている。この比率は定員に対する希望者数として計算される。「職業」高校は専門コースがいくつもあるため、職業高校に割り振るのは、普通・技術高校への振り分けよりも複雑である。そのため生徒を職業教育へと進路指導するのは、教師にとって労働時間が長くなるので、より大変な仕事であるように思われる。

5. おわりに

自主性は概念の多義性のせいで、意味が次第に変わるので、まず自主性の意味を特定しなければならない。一方では、本来、協力的であるべき進路決定過程において、評価者に有利な強い非対称性がみられる。他方では、教育の目標である自主性が選択基準になっている。物質的、階層的な制約、および進路指導の強い分業制は、自主性の教育の障害となり、そのことが生徒と家族に平等を虚構として告発させることになる。今日、フランスにおいて中学最終学年の終わりに学校が実施する進路の最初の正式な分化は、二つの相矛盾する作用を凝縮している。それは個人の規格化と解放である。これらの作用はそれぞれ、学校が押しつけた規則を受け容れる能力（自己規律）と自分で自分の規則をつくる能力（自己決定）の二つの正反対の自主性の定義に対応し、実際の進路の平等の問題を棚上げにしてしまう。社会的出自、性別、民族、人種などに結びついた教育格差や教育の地域格差に結びついた不平等な扱いは、進路指導が選択の自由の問題だけに注目することで、隠されてしまうのである。

（園山　大祐 訳）

第7章

学校的要請と庶民階層
―全員就学の状況における進路指導―

ジョアニ・カユエット =ランブリエール

1. はじめに

　フランスでは現在、学校制度の最初の大きな進路の分岐点が第3級［中学第4（最終）学年］の終わりに設けられている。この時点で15歳になる生徒は普通・技術教育課程と、職業教育課程[1]のいずれかを選択しなければならない。進路選択は第3級の学年度中に行われる。生徒が「志望」を表明し、教員はこれを承認するか、拒否しなければならない。教育制度の変遷[2]にもかかわらず、常に変わらぬことが一つある。学業成績が同じ場合、庶民階層出身の生徒は、中間・上流階層出身の生徒と比べて普通・技術教育課程を選択する者が少ないということである（Bourdieu et Passeron 1970 ; Boudon 1973）。

　しかし、「第2次教育爆発」（Poullaouec et Lemêtre 2009）と長期にわたる中等教育への進学の普及に伴って起きた変化がまったく影響を及ぼさなかったというわけではない。私は自分の研究論文において、20世紀後半の学校教育の拡大に由来する多様なプロセスを総括するために、「完全就学（« scolarisation totale »）」という概念を提唱している。ここでいう多様なプロセスとは、学業失敗の帰結の深刻化（Arrighi 2012）、中学における生徒管理方法の変化（Douat

---

1）これらの二つの教育課程にはほかにも相違や序列があるが、本論ではそれには触れない。
2）1985年には同世代の36％がバカロレアを取得していたが、多数の意図的な措置の施行の結果、7年後にはこの比率は60％に達した。

2012)、学校間の競争（Broccolichi *et al.* 2010）、教育実践の変化（Bonnéry 2007）、庶民階層出身の子どもたちの学業における野心の拡大（Poullaouec 2010）、就学期間の長期化、「排除［進路決定］の先延ばし」（Œuvrard 1979）が帯びるさまざまなかたちのことなどである。

　本論では、こうした条件下で、庶民階層の生徒の進路指導がどのように行われるかを検証したい。そのために、本論は、二つの生徒集団が辿った進路を生徒の指導要録をもとに再構築した。

　この調査は 2009 年から 2012 年にかけて行われ、パリ郊外の同じ都市内にある 2 校の中学の第 6 級［中学校の第 1 学年だが、年齢的には日本の小学校第 6 学年に相当］に 2001 年と 2002 年に入学した生徒全員（530 人）を対象としている。我々は指導要録に基づいて、生徒の経歴を再構築した。所属したクラスや出席した授業、学期ごとの成績と所見、選んだ選択科目、進路指導の相談記録、教員と親の連絡帳、居残り通知などを参照した。以上をベースにした上で、他の情報源から得られた情報で補足した。それは主に、CIO（情報・進路指導センター）が作成した資料、中学校修了国家免状、CAP（職業適性証）、BEP（職業教育免状）やバカロレアなどの成績である。これに民族誌的な資料が加わる。調査対象となった生徒たちとの 22 のインタビュー、生徒たちが中学で習った教員たちとの 26 のインタビュー、情報を得るための多数のインタビュー、中学校内での観察記録（特に第 3 級の学級委員会）などである。人名や地名は匿名化した。

　進路指導に関する分析では、生徒とその家族の差異化された「志望」を、進路の不平等を生み出す基本要素とみなすのが慣例となっている。つまり、学校は単に不平等な選択を承認するにすぎないという見方だ。しかし我々は逆に、「志望」の表明にはそれなりのプロセスがあり、進路指導について教員や学校関係者から伝えられる見方と無関係に検討はできないことを確認した。そこで、生徒とその家族の教育選択を検討する前に、学校において教育課程の序列づけがどのように行われているかをまず研究し、教員が生徒の進路選択の構築にいかに関与しているかを把握することにしたい。

2. 二枚舌的な言説

　学校の民主化政策は、本来なら普通・技術教育課程と職業教育課程の序列づけをなくすことを目指しているはずだが、実際には二枚舌的な言説の普及を招いている。教員にインタビューすると、教員は普通・技術教育課程と職業教育課程の間に序列づけがあることを認めたがらない。同じ教員が一方では職業教育課程の「評判のわるさ」を嘆きながら、他方では成績のわるい生徒を職業教育課程に進ませようとすることがある。調査対象の2校のうちの1校の方針ではこうした二枚舌が顕著で、この中学では普通・技術教育課程への「進学率」（暗黙のうちに成功率と同一視されている）を維持することを目指すと同時に、「職業教育課程への積極的な進路指導」が課題とされている。教員は、成績はよくないが、学歴の重要性はわかっている生徒に職業教育課程への進学を納得させなければならず、それだけに、職業教育課程が、選別的な教育課程を別途に温存しつつ、生徒全員に学校教育を続けさせることを役割としていることを素直に認めることができない。そのため教員は、言葉でも実際の態度でも、普通・技術教育課程の優越性を否定しながら、同時にそれを認めてしまっている。

　こうした二枚舌に直面した庶民階層の生徒は、序列づけがあることを知ると同時に、それを表立っては口にできないことも学ぶ。たとえば、マチルダは、父親が配達員、母親が自治体雇用保育学校職員（ATSEM）で、第3級のスポーツ教育課程にいるが、友達の大多数が苦労なく進学する普通・技術教育課程を「通常のコース」であり、「誰もが行く」コースとみなしている。マチルダと母親は学校に圧力をかけて普通・技術教育課程への進学指導を獲得することに成功するものの、第2級［高校1年］に入ってからマチルダは大きな困難に遭遇し、留年して、やむなく進路を変更した。マチルダは現在、職業バカロレアを取得しているが、彼女の言説には二重性がある。彼女が「普通教育課程を外れて職業バカロレア・コースに行ったのはやはり残念です」というとき、教育課程の序列づけを行っている。しかし同時に、彼女は正しいとされる言説を引用して、「『職業バカロレアを取得するのは全然恥ずかしいことではないし、（普通教育課程と）同じようによいことだよ。その後の就職がむしろ簡単なこと

すらある。』という先生たちもいました」といい、自分でもそれを信じたがっている。成績が平均以下の生徒の進路指導は、一種の騙し合いゲームになるが、実は誰も本当には騙されておらず、教員は、普通教育課程の基準に照らし合わせて不可避だと判断される職業教育課程への進学指導の正当性を生徒に説得しようと試みることになる。

3. 序列づけ作業：生徒の「志望」の背景事情を探る

1) 進路指導：予想される失敗のリスクは？

　中学の教員は、自分自身の学歴のせいもあって、職業教育に伴う困難を考慮しようとしない傾向がある。生徒が「志望」を表明する前に進路を指導する際や、生徒の進路「志望」を学級委員会で判断する際に、教員がまず予測するのは、生徒が普通・技術教育課程で失敗するリスクである。

　こうしたリスク予測のせいで、第3級の終わりでの進路指導はまず生徒の学業成績に左右される。ところが、成績は確かに失敗のリスクの適切な指標ではあるものの、それだけではリスクの予測には不十分だ。そこで教員は他の指標も利用する。生徒の態度と「勉強における自主性」、学業成績には現れにくい能力、「報いられるべき」努力、あるいは、周囲からの手助けや支援をあてにできるかどうかを判断するための家族的・社会的境遇などである。たとえば、父親がビルの管理人、母親が秘書の男子生徒オマールの場合、普通・技術教育課程に進みたいのだが、学級委員会は成績が不確かだと判断していた。しかし、進路指導専門員はオマールに関する指導要録に「姉が大学の文学部に在籍。手助けが可能」という情報を記入しており、そのおかげで、学級委員会はオマールが希望の進路に進むことを許可した。ただし実際には、こうした指標の多くは、庶民階層の生徒の普通・技術教育課程への進学には不利に働くことが多い。

2) 「君は職業教育課程へ行けば成功するよ」

　こうした予測作業で見落とされているのは、職業教育課程で失敗するリスクである。逆に、職業教育課程に進みさえすれば生徒が立ち直ることが前提とされている。実際には職業教育課程のほうが放棄や失敗の頻度が高いのだが、そ

れにもかかわらず、中学校教員は職業教育課程における学業困難についてはまったくといっていいほど語ろうとしない。

たとえば、ある進路指導専門員は「普通教育課程の厳しさ」を生徒らに強調し、「困難な状況にある」生徒に対して、職業教育課程に進むように促すが、それは職業教育課程でなら生徒が立ち直れるとみなされているからだ。この女性進路指導専門員がいうには「平均点が［20 点満点中］7 点で、授業にまったくついていけない生徒に対してでも、『職業教育課程に行けば、やり直しがきくわよ』ということができます」とのことだ。この進路指導専門員も、多くの教員と同じく、具体的な職業教育のほうが、普通・技術教育課程の抽象的な教育よりも、単純で分かりやすいと最初から想定し、そこから、職業教育課程なら成績の悪い生徒の「レベル」にも必ず「適している」と推定しているように思われる。

実際には、教員はこのような「レベル」のロジックとこうした想定に頼るほかにほとんど選択の余地がない。生徒全員の進路指導を行わなければならず、普通教育課程では確実に失敗すると考えられる生徒に関しては職業教育課程が残された唯一の可能性だからだ。

3) 庶民階層生徒の教育選択

進路「志望」において根強く残る不平等を説明するために、フランスの社会学者はさまざまな社会階層が教育制度に関して持っている知識の格差を挙げたり (Caille 2005)、あるいは、より頻繁に、選好の違いや、教育アスピレーションの水準の違いや、効果的な戦略を展開する能力の違いなどを引き合いに出した (Bourdieu et Passeron 1970 ; Boudon 1973 ; Duru-Bellat et Mingat 1988b)。より最近では、民族誌的調査において、こうした野心の差が、異なる社会集団の内在的状態としてではなく、生徒とその家族の経験の産物として読み替えられた (Pasquali 2014)。たとえば、庶民階層の生徒が第 3 級で 20 点満点中の 10 点から 12 点をとっている場合、恵まれた階層の生徒と比べて普通・技術教育課程に進学する割合が低いが、それは、庶民階層の生徒が、特に自分に関連する社会環境の経験を通して、自分の成績が「不十分」だと判断するからだ、と解釈するわけだ。このような民族誌的分析により、庶民階層生徒の「過剰な慎重

さ」と格下げの甘受を説明できると同時に、移民を中心とする、庶民階層の一部の小集団がより「エリート的な」進路「志望」を表明することも理解可能になる（Beaud et Pialoux 1999）。

4）期待を可能性に合わせて調整する

しかし、生徒の「志望」をその家族の事情のみを考慮して説明するだけでは不十分だ。中学がこうした進路決定に関する作業を引き受けていることは上記でみた通りである。社会的に規定されているこうした進路選択の意思表示の川上（事前の段階）でも、川下（事後の段階）でも、教員の思考のカテゴリーが実践に反映されるのである。

川上においては、教員は早くも第5級の段階で生徒に「進路について自問する」ように促し、「進路指導への準備教育」を施す。こうして中学在学期間を通じて、生徒は、進路とその序列づけ、序列づけの暗黙性などに触れることになる。学校が下す評価と並行して、さまざまな職業に関するファイルや、自らの職業計画に関する訓練などが、生徒の頭脳に社会的秩序を書き込み（Bourdieu 1979）、多くの生徒に、普通・技術教育課程と職業教育課程を区別する、序列化された空間における自分の場所を納得させることに貢献する。第3級での進路は、最終的には「自然に」決まり、「（成績の）よい」生徒は普通・技術教育課程に進学し、「平均的な」生徒や「困難に陥っている」生徒は文句をいわずに職業教育課程に進学する。生徒とその家族の「志望」が教員の提案と合致する場合には、進路指導は効果的に準備されたと判断される。そのため、生徒とその家族の「志望」表明が自由で自主的なのは実は見かけだけであり、庶民階層の生徒の普通・技術教育課程への進学が少ないのは、家族的な性向によるものか、学校側の働きかけによるものかを区別することは不可能である。

次に川下においても、生徒と家族の「志望」が学級委員会の見解と一致しない場合に、教員の見方が作用する。調査対象の中学においては、進路に関する生徒側の要望が見直されるのは、常に一方方向にだけである。通知表には、学級委員会の見解に反して、生徒またはその家族から職業教育課程への進学を要望する明確な意思表示があったという記載は一切ない。その一方で、第2学期の通知表の7％には、「第2級での普通・技術教育課程への進学は不確か」と

か「第2級での普通・技術教育課程への進学は考えられない」などという書き込みがある。教員が川下で介入するのは、生徒が「非現実的な」選択をしているように思われる場合に限られ、その場合は、さまざまなかたちでの説得方法を駆使する（普通・技術教育課程に後から復帰できる進路変更の可能性に言及したり、普通・技術教育課程に進学して第2級で失敗した生徒の通知表をみせる、等々）。

4. 進路指導の格差（グロス値）から最初の説明モデルへ

「志望」と学級委員会の公式的な回答しか考慮しないことによって統計的アプローチが通常陥りがちな欠点を避けるためには、上記で展開した分析を組み入れる必要がある。教員が進路指導に関して自分のビジョンを構築する際の観点（そして死角）や、公式の手順の川上と川下で教員が演じる役割を考慮に入れる必要がある。また、庶民階層の生徒が、成績が同じ場合に、中間・上流階層の生徒と比べて、自分で自分をふるい落とすように仕向ける要素が、関連する社会的環境内にあることも考慮しなければならない。

まず、社会階層により、進路指導の比率（グロス値）［図7-1を参照］が異なることを確認しよう。上流階層ではほぼすべての生徒が第2級の普通・技術教育課程へと進学を指導されるが、最も恵まれない階層では半数未満しか第2級の普通・技術教育課程への進学を指導されない。以下にみるように、社会的地位に関する比較的精密な指標を動員することで、分析はいっそう精緻なものになる。

ここで用いた分類基準は、生徒の指導要録に記入されているさまざまな変数に基づいて構築された九つの社会的形態（変数の組み合わせ）を区別している（Cayouette-Remblière 2015）。変数としては、第6級に入学した際の両親の職業、両親の雇用セクター、両親の職業の安定性、家族状況、兄弟姉妹の数、名前の文化的出自、奨学生かどうか、居住地区、住居のタイプがある。これら12種類の変数の関係を、特別な多重コレスポンデンス分析で研究することで見いだされる空間の内部で、階層的昇順分類法（Ascending Hierarchical Classification）を用いて九つのカテゴリーを特定した。これらのカテゴリーのうちの五つが庶

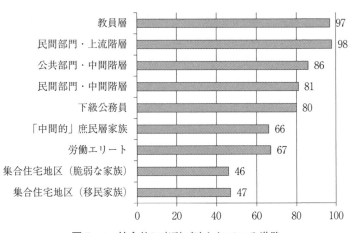

図7-1 社会的に序列づけられている進路

社会的地位の形態ごとの第2級普通・技術教育課程進学率
対象範囲：進路決定がわかっている生徒全員（472人）

民階層に対応する。我々は「社会的地位の形態」という表現を提案したい。これはカテゴリーの不均質性について考え、個人の社会的特徴を説明するだけでなく、社会的特徴がどのように関連しあっているかも説明するためである。

資本の総量が最も小さい社会的形態は適正家賃住宅からなる集合住宅地区に住む移民家族により代表される。インタビューを通じて、この社会的形態が伝統的な大衆文化と結びついていることがわかるが、この伝統的大衆文化を特徴づけているのは、「我々」の共同体と「他者」の世界の対立、子どもに認められる自由の大きさ、居住地区への実践的・象徴的な投資の大きさ、学歴に関する現実主義、両親の伝統的な役割分担である（Hoggart 1970）。

調査対象となった都市のこうした集合住宅地区には、外国出自の頻度はより低いが、家族的・職業的には脆弱化した家族も住んでいる。父親はいないか、いても長期にわたり失業しているか無職である。経済的な負担は母親が引き受けているが、資格がなくとも就ける不安定な賃労働雇用がほとんどで、娘たちが非常に早くから家族の世話や家事の責任を引き受けていることもある。男子は外部空間を占めるが、その外出の時間や場所を大人が定期的に監督することはない。この社会的形態の子どもたちは学業成績が最もわるい。

集合住宅地区に住む3番目のグループは、労働者階層の「上層」に対応する。

父親は有資格労働者、職長、技術者、職人などで、母親は働いていない。こうした家族の特徴はまず父親の仕事の手作業的な側面であり、そこから労働者階層に典型的な社会的性向（女性は無職のことが多く、カップルは安定的で、兄弟姉妹が多い）が生じるが、同時に、内部昇進、独立的地位の獲得、集合住宅地区の外への転居、あるいは住宅の所有などにより、現在の条件から脱却することを前提としていることも特徴である。このような二重の特徴に対応して、これらの家族では子どもの教育方法に潜在的な緊張がある。つまり、子どもに「学校の勉強以外に救いはない」と繰り返す一方で、子どもの娯楽にはほとんど教育的な要素がないし、就寝や外出の時間も監視されず、宿題の手伝いも限られている。

4番目の社会的形態は、いわば「中間的」な庶民層家族に対応する。これらの家族は不安定な状況にあるのだが（失業の時期や、カップルの関係の脆弱性）、同時に社会的上昇の動きの中にある（職業上の昇進、住宅の所有など）。こうした家族は女性の職業活動や学校教育に投資する。子どもに関しては、制度化された娯楽活動（近所をぶらついて無為に時間を過ごさないために）を重視し、しばしば自宅で勉強を手伝うが、親がついていける範囲に限定され、それは第6級か第5級までのことが多い。

「下級公務員」の社会的形態は中間階層と庶民階層の境界に位置する。ここでは、両親のうちの少なくともどちらかが下級公務員であり（自治体雇用保育学校職員、市役所守衛、公立病院職員、保育助手など）、子どもは最低限の学歴資本がなければ、親の社会的地位を再生産できない。そのため学校教育への投資を必要とみなしている。

庶民階層の中での異なる小集団の成功に違いがあることを説明するために、モデル化を行うことができる。一般的なモデルでは、普通・技術教育課程への進学を指導される確率を、社会的地位と性別の組み合わせ、第3級での平常点の総合平均点、および、第3級でのフランス語と数学の平常点を使用して計算する。次に、このモデルの複数のバリアントを検討した。これらのバリアントでは中学校修了国家免状の標準テストの成績、「教員の講評のトーン」に関する変数、あるいは、もっと以前の成績などを使用する。

このモデルのすべてのバリアントにおいて、学業成績が主要な決定要因とな

表 7-1 「第 3 級末での進路指導の主要な決定要因」モデル

変数	組み合わせの形	可能性比率	有意水準
社会的地位の形態と性別	中間・上流階層の男子と女子	基準	基準
	下級公務員家族の女子	0.33 [3.03]	n.s.
	下級公務員家族の男子	1.06	n.s.
	「中間的」庶民家族の女子	**0.23** [**4.39**]	*
	「中間的」庶民家族の男子	0.37 [2.72]	n.s.
	労働エリート家族の女子	**0.12** [**8.13**]	**
	労働エリート家族の男子	0.66 [1.53]	n.s.
	集合住宅地区の女子（脆弱な家族）	0.45 [2.22]	n.s.
	集合住宅地区の男子（脆弱な家族）	**0.13** [**7.81**]	**
	集合住宅地区の女子（移民家族）	**0.13** [**7.87**]	**
	集合住宅地区の男子（移民家族）	**0.11** [**9.43**]	**
学業成績	数学の平常点	1.21	n.s.
	フランス語の平常点	**1.69**	****
	平常点の総合平均点	**1.07**	**

社会的地位の形態と性別、および、平常点による、第 2 級普通・技術教育課程への進学を指導される確率のロジスティック回帰分析。

対象範囲：中等教育修了資格証書試験の成績がわかっている第 3 級普通課程の生徒全員（434 人）

決定係数：r^2=0.49

記号説明：****：<1000 分の 1、***：<100 分の 1、**：<100 分の 5、*：<10 分の 1、n.s.：非有意

解読：下級公務員家族の女子は、中間・上流階層の男子と女子と比べると、平常点が同じ場合に、第 2 級普通・技術教育課程に進学する可能性が 3 分の 1 である。しかしこの差異は有意ではない。[ ] 内の数値は、可能性比率を逆転させたもので、理解を容易にすることが狙い。

る。学業成績だけで分散の46%を説明できる。つまり進路指導はなによりも学業成績に関連しており、成功の社会的不平等の重要性を際立たせる。また最も影響が大きいのは、標準テストの成績ではなく平常点である。平常点に関する変数を標準テストの成績に関する変数で置き換えると、説明できる分散の割合は37%に落ちる。このことで想起されるのは、第2級普通・技術教育課程での失敗のリスクに関する予想は、生徒の（主に学業成績に基づく）学校的価値に関する観点からなされ、これは中学の社会的・学校的状況にも左右されるということである（Duru-Bellat et Mingat 1988b）。

　学業成績に次いで、第2級普通・技術教育課程への進学を指導される確率を説明できる要因は性別と組み合わされた社会的地位である（分散の16%を説明）。学業成績が同じ場合、庶民階層の生徒は第2級普通・技術教育課程への進路指導を得る頻度が相対的に低いが、彼らの中でも大きな相違が存在する。集合住宅地区の移民家族出身の男子生徒は、中間・上流階層の生徒と比べると、9分の1しか、第2級普通・技術教育課程への進路指導を得られない。逆に、庶民階層の生徒でも一部のグループは中間・上流階層と大差がない。

　庶民階層の内部での進路の相違を理解するには、各々の社会的形態の特性と、社会的形態が学校と保っている関係に立ち返った上で、第3級の終わりでの進路指導を生徒のそれまでの学校での経歴の中に置き直してみなければならない。

1)「変則的な」基準状況

　進路の不平等に関する多くの分析と同様に、上記のモデルでは庶民階層の生徒は、中間・上流階層の生徒の状況にほかならない一般的状況と比較されており、中間・上流階層の生徒は、比較的成績がわるい場合でも、大多数は普通・技術教育課程への進学を指導されている。庶民階層の「慎重さ」というのは、中間・上流階層の生徒の状況に照らし合わせていえることである。ヤンは父親が大手企業の地域責任者、母親が保育助手の男子生徒で、こうした状況を体現している。ヤンは第6級では優等生だったが、その後勉強に身が入らなくなり、教員の意見によると、「本来の能力」以下に成績が低下した。それにもかかわらず、第3級で、学級委員会は「第2級普通・技術教育課程への進学は検討可能」と判断した。ヤンの状況は彼自身の社会階層においては「変則的」だ。ヤ

第7章　学校的要請と庶民階層　　*101*

ンの成績が同じ階層出身の生徒の平均的成績を下回るという意味でもそうだが、「できない」生徒なのに第2級普通・技術教育課程への進学を指導されているという意味でも「変則的」である。ところが、ロジスティック回帰分析のせいで、庶民階層の生徒の状況は、このようなタイプの生徒と比較されてしまうのである。一部の人々は、庶民階層の生徒を「野心が足りない」と形容することで、さらに一歩を踏み越え、統計的な基準状況を社会的基準にしてしまうのである。

2)「非現実的な」選択

ヤンの進路は決して「非現実的」とはみなされないのに、成績が同程度なら普通・技術教育課程への進学を指導される確率では中間・上流階層と有意の差がない庶民階層小集団の男子生徒の「志望」は、常に「非現実的」と形容される。「中間的」な庶民階層家族の男子生徒は、普通・技術教育課程への進路指導の比率が60％近いが、このような状況に置かれている。この比率は、第3級の学級委員会の意見に抗して、生徒と家族が普通・技術教育課程に進学するために行使した圧力の結果である。実際、生徒と教員の間で不一致がある場合は、留年により第3級をやり直すか、校長と個別に面談して圧力を及ぼすか、不服申立て委員会に訴えることができる。この社会的形態から第2級の普通・技術教育課程に進学した23人の生徒のうち、9人がこれらの手段のうちの少なくとも一つを用いた。これらの生徒の中学での経歴の特性は、他の社会的カテゴリーの生徒以上に、第4級と第3級で成績が悪化することである。たとえば、スティーヴンは、父親が電気技師、母親が飲食業のグループチーフで、中学に入学した時点では成績もよく、教員からの講評でも激励されるが、時間が経つにつれて学業困難に陥り、挽回の可能性がますます薄れた。成績の悪化と普通・技術教育課程への進路指導の確率の関係性は、第3級よりもむしろ第6級の成績をモデルに導入すると、統計的に確認できる。「中間的」な庶民階層家族の男子生徒は、圧力を及ぼす手段があるにもかかわらず、中間・上流階層の生徒と比べて、普通・技術教育課程への進学を指導される頻度が低いことがわかる。

第6級での学校的価値との関連性でみた際に、「中間的」な庶民階層家族の

男子生徒が、中間・上流階層の生徒と比べて、普通・技術教育課程への進学を指導される頻度が低いのは、ある意味では、「中間的」な庶民階層家族の男子生徒の成績が中学の時期を通じてより大きく低下し、進路決定が第3級の成績を基準に行われるからである。それと*同時*に、これらの男子生徒は、その出身階層が低いにもかかわらず、その第3級での成績との関連で検討すると、基準状況に近づくことが理解できる。それは彼らの成績の最近の悪化が期待のヒステリシス効果を生み出すためだ。第6級の段階で既に成績が悪かった生徒と比べると、第2級の普通・技術教育課程への進学を指導された「中間的」庶民階層家族の男子生徒は、中学入学時には自分のことを優等生だと考えていた。彼らの最近の成績低下は、しばしば学習への比較的限定的な投資に付随して起きるのだが、野心を断念することを納得させるには不十分なのだ。スティーヴンが、警告を受けてもなお、第2級で普通・技術教育課程以外に進学することを考えられないのは、第6級と第5級のときの成績が脳裏にあるからだ。教員からは「非現実的」な願望とみえることも、スティーヴンの経歴全体を考慮すれば理解できる。庶民のカテゴリーからの脱出口とみなされる進路を断念するように生徒とその家族を説得するためには学校側が多数の厳しい評価を下す必要がある状況において、「中間的」な庶民階層家族の男子生徒の「夢想性」は、野心のヒステリシス効果にほかならない。

　多くの点で、労働エリート階層の男子生徒の状況も似ている。彼らの場合も、普通・技術教育課程への進学を指導される割合は60％弱であり、普通・技術教育課程に進学するために強い圧力を及ぼしたケースはもっと多い。しかし、彼らの場合は、かつての優等生ではない。むしろ不熱心な生徒であり、その普段の学業への投資と比べて、野心が不釣り合いなほど高すぎると教員からは判断されている。こうした生徒の一例が、父親が肉屋、母親は家政婦のサリムで、宿題をすべてはきちんとやらず、採点される練習問題や自分が興味のあることをやるだけで満足している。サリムは、進路指導や中学校修了国家免状のように、明確なやりがいがみえる場合でないと、努力しない。労働エリート階層の男子生徒は、毎日こつこつと、辛抱強く努力することができないが、優れた短距離走者であるように思われる。彼らは成功を望んではいるが、その家族的な社会化のせいで、規則正しく物事を行う性向に乏しい。彼らの逆説的な状況は、

第7章　学校的要請と庶民階層　　*103*

平常点（比較的わるい）と中学校修了国家免状の標準テストの成績（比較的よい）のズレとなって現れる。彼らが第2級普通・技術教育課程への進学を指導される確率を、中学校修了国家免状標準テストの成績との関係でみると、強い圧力を及ぼすにもかかわらず、中間・上流階層の生徒よりも*比率は低い*。労働エリート階層の男子生徒が「志望」を表明する際には、平常点だけでなく、重要な試験が近づいたときに集中的に努力できる自分の能力も考慮に入れている可能性はある。実際にも、普通・技術教育課程に進学したこの社会的形態の*男子生徒全員*が、リセ（高校）での成績は今ひとつだったにもかかわらず、バカロレアを取得しており、2回目の受験で合格した1人を除いて他の生徒は初回で合格した。

3) 学校に対して従順な女子生徒の進路指導方針

　庶民階層の脆弱化した小集団出身の女子生徒は、中間・上流階層の生徒の状況に対応する基準状況と有意の差がない第3のケースを構成する。ポーリーヌがその一例だ。ポーリーヌは集合住宅地区に1人の姉妹および母親と一緒に住んでいる。母親は、ポーリーヌが第6級に入学した際には、校長のアシスタントとして公的補助がある労働契約を得ていた。ポーリーヌは中学では真面目な態度を評価されるが、教員によると、努力しているにもかかわらず、筆記の困難をなかなか克服できないでいた。第3級では、総合平均点も、フランス語と数学の成績も低下した（第3学期の点数は順に8.9、8.1、5.7）。学級委員会が通常要求する成績を下回っていたにもかかわらず、教員は、ポーリーヌの進路指導を変更する可能性があると警告することは一度もなく、彼女は第2級の普通・技術教育課程にすんなり進学した。このケースは、労働エリート階層の男子生徒の場合と極めて対照的だが、特別なケースというわけではない。同じ社会的形態に属す29人の女子生徒のうち、20人が類似の状況にあるからだ。これらの女子生徒の特性は、成績はよくないが、真面目に学業に打ち込んでいることである。彼女らの通知表には、「従順」で、「意欲」はあるが、成果が出ないと書かれている。彼女らは教員と非常によい関係を保ち、教員から激励されていることが多い。母親が負担を一身に担う家庭で育った彼女らは、早くから生活の困難に直面して真面目な態度を要求され、学校制度が重視する社会的性向や

時間的性向を備えていないにもかかわらず、よりよい将来を望めるよう、学校を信頼して頼っている。彼女らが第2級で普通・技術教育課程を選択するのは、おそらく、「若者に可能な限りエリート的な志望を表明させる」(Landrier et Nakhili 2010) ように促す「進路指導システムの機能の暗黙の規範」と序列を彼女らが内面化したことの結果だろう。こうした事態は、それが教員との対立関係に発展しない限り続き、教員の側ではこうした進学意欲に対して反対する理由がまったくない。したがってこれらの女子生徒らは、真面目さと真剣な努力のおかげで、職業教育課程への進路指導から守られているように思われる。教員は彼女らに対して「寛容」な態度を示すことで、自らの民主的な任務を少なくとも部分的に果たせると考えているので、彼女らは教員に圧力を及ぼす必要はない。

4) 排除と自己排除が出会うとき

庶民階層の一部の小集団による「野心的な」教育選択にもかかわらず、庶民階層の（自己）排除が学校の大衆化以後も存続していることを見逃してはならない。このことは、研究対象の生徒においても、集合住宅地区の移民家族出身の生徒や（第2級普通・技術教育課程への進路指導の割合は男子で38%、女子で54%）、脆弱化した家族出身の男子生徒（第2級普通・技術教育課程への進路指導の割合は21%）をみるとわかる。集合住宅地区の移民家族出身の男子生徒は、モデルのすべてのバリアントにおいて、職業教育課程への進学を指導される割合が最も高い。彼らと、中間・上流階層の生徒の間にある格差は、どの変数を使用しても説明できない。しかし、この社会的形態の複数の生徒が普通・技術教育課程への進学を要望したのに拒否され、普通・技術教育課程に進学した20人のうちの4人は学級委員会の躊躇に直面した。確かにこれらの生徒は他の生徒と比べると普通・技術教育課程への進学を要望する頻度が低いのだが、要望した場合にも、それを得られる頻度も低い。ソニアとラジの例を通じて、この逆説を理解することができる。

ソニアは、父親が大型トラックの運転手、母親が無職の女子生徒で、第6級から既に成績は平凡であり、教員からは勉強が足りないと批判されていた。しかし他の一部の生徒とは異なり、ソニアは完全に諦めたことはない。第3級で

は平常点は 10 点前後にとどまっており、最終学期に教員は職業教育課程への進学を指導した上で、それはソニア自身の選択でもあるとした。平常点の平均が 10 点でも、普通・技術教育課程への進学を要望したり、獲得したりする生徒は多いのだが、教員はソニアの「能力」が「限られており」、学業への投資が不規則だと判断した。また彼女の社会的・家族的状況では、リセの普通・技術教育課程での就学期間中に学習支援を受けられる可能性もほとんどないと予想された。ソニアのほうでも、自分の「ありそうな将来」を先取りし、学校側のネガティブな評価がずっと前から彼女に予見させてきたこの進路を、自分でも「希望した」ように思われる。このケースでは教員と生徒の予想が一致しているわけである。しかし、類似の状況にある生徒が普通・技術教育課程への進学指導を強く要望する場合でも、他の生徒と比べると、それを獲得できる頻度は低い。ラジの場合がそれだ。ラジは父親が夜警、母親が無職の男子生徒で、第 6 級では成績はわるいが、頑張り屋だと評価されていた。彼の学業への投資は第 5 級から低下し、学校を欠席しはじめる。点数は 10 点前後で「まずまず」の成績だと形容されたが、行動が問題視され続けた。第 3 級ではクラスの規律を乱す行動をとったために、授業から排除され、第 2 学期には教員から、「進路指導で満足を得たいなら、態度を改める」ように求められた。教員はここで、彼のやる気を誘うために、進路指導に関する威嚇を利用しているわけだが（Prost 1985）、そのことによって、教育課程の間に事実上の序列を維持しているわけだ。ラジの成績は安定していたが、最終学期に希望通りの進路指導を得ることはできなかった。

　ソニアとラジは、集合住宅地区に住む生徒を特徴づける自己排除と排除の出会いを例示している。集合住宅地区に住む生徒は、自己排除と排除のせいで、学業成績が同等の場合に、学歴として最も価値づけが高い進路へと指導される確率が最も低いのである。ただし、排除と自己排除の背後には、より複雑な仕組みがある。教員がこうしたタイプの生徒をほとんど支援しないのは、生徒の社会的・学業的な特徴に基づいて、学校の成績が「平均的」な場合でも、将来的な失敗のリスクがより高いと教員が予測するためである。集合住宅地区に住む生徒の側でも、自分と関連する社会的環境においては、学業成績が自分と同等で高校の普通・技術教育課程で失敗した生徒が大多数であるために、自己排

除する頻度がほかの生徒よりも高い。彼らの（自己）排除はまた、中学時代における学習の困難や（自己）排除の論理的帰結だとも考えられる。

5. おわりに

結論として、以上の分析は学校における不平等の包括的分析における進路指導の役割を問い直したものである。最近発表されたいくつかの研究論文は、学校における不平等を一次的効果（ある時点での学校的価値の不平等）と二次的効果（同じ学校的価値に対する進路指導の不平等）に分割できると主張し続けている。さらに、こうした研究論文では、進路選択を生徒の「志望」を起点として捉えることで、教育の不平等のこの部分は庶民階層家族の「野心の欠如」に原因があると主張し続けている。こうした主張は「進路選択における自己検閲を減らし、生徒の野心を高めさせる」公共政策にもつながっている。しかし本論で展開した結果は、こうした見方に二つの限界があることを示している。

第一に、このような見方は、進路指導を「準備」するために、教員がその川上で行う作業、つまり、生徒の期待を教員が予期する可能性に合わせて調整する作業を完全に見逃している。そのため、異なる「志望」の形成における学校制度の役割を軽視し、家族の役割を過大評価している。

二番目の限界は、こうした異なる「志望」を説明するための理由にある。まず、学業成績が同等の場合でも、教員は中間・上流階層の生徒と比べて、庶民階層の生徒に普通・技術教育課程への進学を指導する頻度が低いが、それは教員が庶民階層の生徒の「能力」が足りないと判断したり、勉強方法に問題があると評価したり、あるいは、家族から学習支援を得られる可能性が低いと予想するからである。他方で、庶民階層の生徒自身も、自分と関連する社会環境にいる人々の経験に照らし合わせて、中間・上流階層の生徒よりも自分のほうが第2級の普通・技術教育課程で失敗するリスクが高いと予測する。ところが、進路指導の不平等と、将来的な失敗のリスクに関する予測の間につながりがあるために、一次的効果と二次的効果を理論的に分割することは難しくなる。進路指導の不平等は実際には将来的な失敗のリスクの先取りにほかならず、そのため、成功の社会的不平等と切り離すことはできないからだ。確かに階層内の

様々な小集団により異なるとはいえ、いわゆる二次的効果は、将来的な一次的効果の産物にほかならないのだ。

　したがって、教育の不平等を解消するための課題は、庶民階層家族の野心を高めさせることではない。むしろ逆で、進路指導の過程の川上と川下の両方において、成功の社会的不平等を解消しなければならないのだ。

【付記】

　本論のより長いバージョンが以下に発表されている。

Cayouette-Remblière J., « Les classes populaires face à l'impératif scolaire », *Actes de la recherche en sciences sociales*, 2014, no 205, pp. 58-71.

（渡辺　一敏　訳）

第8章

学校と庶民
—庶民階層における教育的軌道と学業に対する関係—

ユーゴ・パレタ

1. はじめに

　フランスの教育制度は過去 30 年に大掛かりな変化をこうむった。特に 1980 年代半ばの改革による変化が大きかったが、「2000 年に同年齢のクラスの 80% をバカロレアの水準に到達させる」ことを目指したこの改革は、いわゆる「第 2 次教育爆発」(Chauvel 1998a) を招いた。

　この改革は、教育制度の被支配領域、特に職業教育に影響を及ぼさざるを得なかった。したがって、職業教育で多数派を占める庶民階層の子どもの就学条件にも影響を及ぼした。既に 1971 年にクロード・グリニョンは『L'ordre des choses (物事の順序)』で、職業教育が、教育制度において客観的に被支配的な地位を占める特別な教育の領域を構成することを示していた[1]。しかし、教育の大衆化と大量失業を背景に、庶民階層の特に低学歴の若者層でとりわけ失業率が高い状況で、職業教育を対象とする支配のかたちと強さも変化した。

　2000 年代初めには、コホートのほぼ 40% を職業教育が、35% を普通教育課程が、17% を技術教育課程が、それぞれ受け入れていた（そして、その後もこの割合は大きくは変わっていない）。これはフランスの教育制度における職業教育の持続的な重要性を示している。少なくとも庶民階層にとっては重要である。

1）Grignon 1971 を参照。L'ordre des choses は C'est dans l'ordre des choses. という慣用句で用いられ、「当然の理」とか「避けられないこと」という意味もある。

というのも、社会的序列の反対側に位置する階層では職業教育を受ける子ども
は非常に少ないからだ（恵まれた階層出身の生徒のわずか 12.5％しか職業教育を受
けない）。

　ところが、こうした数の上での重要性にもかかわらず、職業教育[2]をはじめ
とする学校空間の非支配領域を扱った研究が少なすぎることは明白である。ジ
ル・モロー（Gilles Moreau）は 1960 年以来フランスで審査された博士論文を
集計し、「見習い・訓練と教育に関する論文のうち、高等教育に関するものは
27％に上るのに、職業高校に関するものは 5％未満でしかない」ことを確認で
きた。いまさら証明の必要はないかもしれないが、社会学的対象への尊厳や関
心は、研究主題の社会的位置づけの高さに由来することが多いことが再確認さ
れたわけだ。社会学者が職業教育という対象をあまり研究しなかったのは、単
に職業教育を受ける人々の社会的地位によるだけではなく、おそらく、1980
年代以降、労働者集団の象徴的な格下げが起きたことによるところが大きい。

　この価値下落は、周知の通り、庶民階層の不可視化を招き、それは、特に庶
民階層を対象とする支配の形に対する注意の低下というかたちをとったが、こ
うした支配の形に対する庶民階層の個人的あるいは集団的な抵抗の不可視化も
招いた。職業教育の社会学的な不可視化は、最近に起きたことではないが、こ
れによっておそらく強まった。しかし、少なくともボーとピアルー（Beaud et
Pialoux 1999）の『労働者の条件への回帰（*Retour sur la condition ouvrière*)』以
後は、生産労働者と（度合いは少ないが）事務労働者の労働条件の問題に対する
関心の回復がみられ、特に雇用の不安定化と大量失業を背景とする労働条件の
変化に対する関心が強まっている。

　我々は本論で、職業教育の研究を通じて、「大衆化学校」と呼ぶことができ
る学校の社会学的研究を提示することを目指している。とりわけ、この「大衆

　2）ここでいう「職業教育」とはレベルⅤの職業課程（職業適性証 CAP、職業教育免状 BEP）とレ
　　ベルⅣの職業課程（職業バカロレア、職業免状 BP）のことで、つまり後期中等教育の職業教育課
　　程である。後期中等教育の職業教育課程では通常、第 3 級の後で、短期の職業教育（2〜4 年）を
　　行い、速やかな就職を準備する。このようなシステムは、社会職業的な意味合いでの生産労働者や
　　事務労働者のようなワーカーを養成することを、多かれ少なかれ明らかな役割として担っている。
　　もう一つ説明が必要な点は、職業教育には、通常は「見習い・訓練」として賃金労働者の資格で行
　　う訓練と、職業高校の枠内で行われる生徒の訓練の両方が含まれるが、それはこうした訓練が同水
　　準の免状を準備するものであり、労働の世界ではほぼ同じ地位に至るからだということである。

110　　第Ⅱ部　中等教育に至るまでの進路決定の形成過程

化学校」と庶民階層の関係が研究対象となる。事務労働者、生産労働者および無職者の子どもは職業教育を受ける生徒の71％を占めているだけでなく、職業教育は庶民階層出身の若者にとり、最頻的な教育的進路となっている。2000年代の初め、庶民階層出身の子どもは、第6級［中等教育の最低学年だが、年齢的には日本の小学校第6学年に相当］に入学した数年後には、55％が職業教育課程に進んでいた。普通課程に進学するものは19％、技術課程は17％だった。逆に、普通課程科学系コース（現在のフランスの高校においては最良のコースとみなされている）に進学するものの割合は、庶民階層出身の若者では8％未満であり、最も恵まれた階層出身の若者では50％以上だった。

　そこで我々としては、ポール・ウィリスが『ハマータウンの野郎ども』（Willis 1977=2011）の初めで提示していた重要な問題を、あらためて問い直してみる必要がある。その問題とは「ブルジョワの子どもたちがなぜブルジョワの仕事を得るのかを説明しようとする際に難しいのは、なぜほかの者たちが彼らのするがままにさせるかを理解することだ。労働者階層の子どもたちがなぜ労働者階層の仕事を得るのかを説明しようとする際に難しいのは、なぜ彼らがされるるままになるのかを理解することだ」というものである。しかし、そのためには、極めて重要な一連の社会的変化を真剣に受け止めなければならない。すなわち、産業の空洞化、大量失業の定着、庶民階層の生活不安定化、学校の大衆化（これにより、長期教育を受ける庶民階層の子どもの割合は大幅に増えたが、学校における社会的不平等は解消されたとは程遠い）などである。

【方法論に関するコラム】

　この研究を支える調査方法では、統計的方法と民族誌的研究を組み合わせようと試みた。特に、国民教育省（MEN）の評価・予測・成果局（DEPP）が実施した一連の縦断的研究を利用した。これらの調査は、1980年、1989年および1995年に第6級［中学1年］に入学した生徒のコホートの学校における進路の多様性、留年の影響、第3級［中学4年］の終わりでの進路指導、等々を、生徒の正確な社会的特性を考慮しつつ、把握することを可能にしている。

　それと対立するわけではまったくないが、他方では、職業教育を行う施設（職業高校や職業見習い訓練所）で複数の民族誌的調査を実施した。これにより、特に授業中に、長時間にわたる連続的な直接的観察の機会が得られたほか、多数の（およそ200回ほど）インタビューを行うことができた。インタビューは主に若

者が相手だが、教師や、それよりは少ないが、施設の運営関係者とのインタビューも行った。主な目的な、若者自身にとって職業教育にどういう意味があるのかを把握する手段を得ることにあった。

　そのためには、被支配者の象徴的な自律性を真剣に受け止めることが前提となり、次の点に注意する必要がある。庶民階層の学校に対する独特の関係は、庶民階層家庭の文化資本が乏しいことに部分的に由来しており、学習困難の原因となるが、それだけではない。この関係はまた、学校が下すネガティブな評価を中和して、全体として受け入れ可能な社会的アイデンティティを維持または構築する一定の「能力」の源ともなるのである。社会的アイデンティティは、学業の失敗だけに限定されるわけではなく、学校が下す判断（つまり、被支配者に対する制度側の視点）のみに限定されることを拒否するからこそ、受け入れ可能になるのである。学校というゲームに参加することの困難が、学校の判断に抵抗する性向や能力として機能する可能性があるわけである。

2. 教育の大衆化と教育課程の序列化

　1970 年代末以後に生まれた庶民階層の世代は、いわゆる「第 2 次教育爆発」によって大きく変わった教育制度で教育を受けた。「第 2 次教育爆発」は、1985 年から 1992 年にかけて、同一年齢層に占めるバカロレア取得者の割合を 2 倍に増やすという結果を招いた（これに伴い、高等教育にアクセスできる可能性も大幅に拡大した）。しかし、庶民階層の子どもにとって、教育的・社会的条件が根本的に変わったとはいえず、ましてや、そのような変化によって社会的序列の教育における再生産が揺らいだとはいえない。

　その原因は今では（特にピエール・メルル（Merle 2017）の研究により）よく知られている通りで、今日のバカロレア取得者の数は過去最高に達しているものの（2012 年には同一年齢層のほぼ77％が取得）、バカロレアの差異化と序列化もかつてないほど進んでいるためである。近年は特に職業バカロレアの取得が目立って増えており、こうした傾向にさらに拍車がかかった。2012 年には同一年齢層の 24％近くが職業バカロレアを取得したと推定されるが、2008 年には12％にすぎなかった。同時期に、技術バカロレア取得者の比率は低下し、普通バカロレア取得者の比率は 3.5 ポイント増加したにすぎない。その結果、バカロレアの歴史で初めて、2012 年に職業・技術バカロレア取得者の比率が普通

バカロレア取得者の比率を上回った（同一年齢層の40%近くに対して37%）。

このデータを所属社会階層別に分類してみると、普通教育課程への進学に関する支配階層の子どもと庶民階層の子どもの格差は非常に安定的なままだった。1995年に第6級に入学した生徒のうち、上級管理職の子どもと有資格労働者の子どもの格差は48.5ポイントで、「第2次教育爆発」以前の1980年に第6級に入学した生徒の場合と全く同水準だった。管理職の子どもと無資格労働者の子どもを比較すると、その格差は52ポイントから55ポイントへとむしろ拡大した。同様に、普通教育課程の花形で、社会的に最も評価の高い科学系コースを基準にとると、支配階層の子どもと被支配階層の子どもの格差はどちらかといえば拡大する傾向がみられた。

つまり大衆化は、特に中間階層の子どもが普通教育課程と科学系コースに進学する新たな可能性を開く効果を及ぼしたわけだ。それにもかかわらず、バカロレアの取得には評価の低いコース（技術バカロレアや、特に職業バカロレア）からたどり着いたにせよ、庶民階層の子どもが高等教育を受ける可能性は以前よりも増した。これは、庶民階層の子どもが自分たちの教育的・社会的な運命をどのように考えるかにも影響せざるをえない。そこに、庶民階層の子どもの学校および学業に対する関係の変化を検討する意味合いがある。

ただし教育の大衆化と教育課程の序列化の切り離し難い動きを真剣に受け止めるなら、庶民階層に固有の教育性向の問題を、長期教育を受ける（あるいは、自分の子どもに長期教育を受けさせたい）アスピレーションの有無という二項対立的な観点からではなく、別の角度から検討する必要があるように思われる。

3. 中学による分割

学校という制度は実際、隔絶された持続的な境界を（再）生産し、正統化する傾向がある。1998年に教育制度を出てから10年目の時点では、職業教育課程（免状diplômeの有無を問わず）で学んだ後に1998年に訓練システムを出た若者の3分の2以上は生産労働者か事務労働者だった。また14.8%は無職だった。

おそらくさらに重要なことだが、「管理職および上級知的職業」のカテゴリ

ーに分類されていたのは1.3％のみで、11.4％は「中間的職業」に就いていた。反対に、高等教育の修了者全体のうちでは、23.4％が生産労働者か事務労働者、6.5％が無職者、27％が「管理職および上級知的職業」、40％が「中間的職業」だった。生産労働者の割合は、職業教育の出身者では40.5％なのに、高等教育修了者ではわずか5.5％という大差があった。

　社会階層の学校における再生産は、個人の集合に対して、本人たちがまったく同意できない進路決定を無理やりに押しつけるような、機械的あるいは権威主義的なかたちで行われるわけではない。もし本人たちの同意がなければ、恒常的な反抗を招いて、やがては教育制度全体を脅かす結果になるだろう。しかし、それならば、大部分が庶民階層出身で、職業教育に追いやられる若者たちはどうして、自分の損になりそうな進路指導に同意するのだろう。二つの理由を挙げられるように思われる。

　まず、こうした進路決定に先立って、一連の評価や手続きがあり、それが小学校または中学の段階から生徒に対して自分の学校での進路を自明のものとして内面化させる準備が進められる。そこでは、「自然な」無能力とされるものを理由に、(学校的な基準では) 最も低劣とされ、(労働市場の基準では) 最も不利益な教育課程への進路指導が行われるのである。

　一例として留年をとりあげてみよう。庶民階層出身の若者は、(成績が同程度の場合でも) 留年の対象となる可能性が高いだけでなく、留年した場合に、それが将来の進路指導に及ぼすネガティブな影響も明らかに大きいのである。たとえば、1995年に第6級に入学して、中学で留年した生徒のうち、恵まれた階層出身の生徒の60％は第2級［高校1年］で普通課程に進んだが、庶民階層出身の生徒の場合、この割合は26.1％にすぎない (表8-1参照)。

　より一般的に、中学の終わりでの進路選択自体が階層の論理によって組織されているのである。たとえば、成績が同等の場合、1995年に第6級に入学した庶民階層出身の生徒が職業教育課程への進路指導を要請する可能性は、恵まれた階層出身の生徒と比べて、ほぼ8倍も大きい。社会階層によって教育アスピレーションが異なるのは事実だが、それ以上に、学校によるネガティブな評価の連続に抵抗する能力が異なるのではないだろうか。庶民階層に属す子どもの多くは学校教育を通じてこうしたネガティブな評価を受け続けることが多い。

表8-1 出身社会階層別にみた「（留年せずに）順調に進級できた」生徒の割合

	第6級	第5級	第4級	第3級	第2級 普通課程	第1級 普通課程
恵まれた	97.2%	95%	91.9%	88.5%	81.9%	69%
恵まれた／ 中間	94.9%	91.8%	86.8%	82.5%	74.4%	58.3%
恵まれた／ 庶民	90.9%	84.6%	78.6%	73.7%	62.4%	44.4%
中間	89.8%	85.1%	78%	73%	60.7%	42.3%
中間／庶民	81.4%	73.8%	65.1%	59.4%	46%	27.7%
庶民	67.2%	58%	47.8%	42.6%	28.8%	14.7%

出典：1995年に第6級に入学した中等教育生徒のパネル - フランス本国-1995-2002（MEN-DPD）

　恵まれた階層では、留年しても挽回の可能性があると受けとめられるのに、庶民階層では逆に非常に深い挫折感を生むのは、このような抵抗力の差で説明できる。こうして学校は、個人の見かけ上は自由で自主的な性向や「選択」を拠り所にして、目に見えないかたちで、庶民階層出身の子どもを振り落としているのである。

　このようにして、極めて不平等な教育的・社会的な運命が生み出されてしまうのだが、学校の大衆化政策により、こうした不平等の生産過程がますます長期にわたって続けられ、学校の判断の表向きの中立性と自発的な自明性の裏に隠されてしまうため（Œuvrard 1979）、不平等な運命の決まり方もいっそうみえにくいものとなっている。上でみた通り、留年ほど社会的に非中立的なものはなく、進路指導に関する要望が自明であるかのようにみえるのは、（生徒とその親および教師の）認識と評価のカテゴリーに階層関係が及ぼす知られざる影響のせいにほかならない。

　庶民階層の若者（コホートのほぼ50％を占める）を、「ノーマル」とされる教育課程、つまり普通教育課程から段階的に排除して行くプロセスを明確に観察することができる。

第8章　学校と庶民　　*115*

4. 学校と学業に対する庶民階層の本質的なアンビバレンス

　庶民階層の学校と学業に対する関係で特徴的なのは、その本質的なアンビバレンスである（Grignon et Passeron 1989）。ここでは文化の社会学と教育の社会学を比較しつつ、正統的文化への正式なアクセスが民主化するにつれて、また、たとえば音楽ジャンルの境界のように、文化的実践の観点から階層の区別が曖昧になるにつれて、階層区別の永続性を把握するためには、実践の正確なタイプ、実践の具体的形態、実践に対する関係に注意を払うことがますます重要になることを指摘できる。

　同様に教育に関しても、学業を続ける意志の有無を把握することの重要性はますます低下し、継続したい学業のタイプ、学業継続の具体的形態、学業継続に対する関係を把握することが重要になる。階層区別が作用し、社会階層間の不平等が再生産されるのは、こうした点においてだからである。

　実際に、庶民階層のメンバーに固有の教育アスピレーションと中間階層に固有の教育アスピレーションの間に非常に明らかな違いを見つけることは経験的に可能であり、ましてや、支配階層に固有の教育アスピレーションとの間であればなおさらである。一例として、第3級の終わりでの進路指導をとりあげよう。たとえばトリスタン・プーラウエック（Poullaouec 2010）が主張するように、もしも、庶民階層が大挙して長期教育モデルに転向したとするならば、第3級の終わりでの進路指導で、成績が同程度でも、庶民階層の生徒のほうが恵まれた階層の生徒の*8倍近く*も、職業教育課程を志望する可能性があることの理由をどうやって説明できるのだろう。

　その理由の一つは、上で言及したように、学校のネガティブな評価に対して庶民階層の抵抗力が弱いということだが、それだけではない。より一般的に、中間階層や恵まれた階層のようには、庶民階層は長期教育モデルに*転向*していないことこそが理由である。中間階層や恵まれた階層では、子どもがCAP（職業適性証）や職業バカロレアのほうに進学指導されることは通常は考えられないからだ。

　換言すれば、庶民家庭は、確かに学校を、自らの世界ビジョンにおける絶対

に不可避の与件として認めたが（それは、免状が就職、特に安定的で妥当な報酬を伴う雇用へのアクセスにとって、十分条件ではなくても、ますます必要な条件となったためだが）、多くの場合は、学校制度を（自分と無縁の束縛、あるいは、自分に敵対する束縛とまではいわないまでも）外部からの束縛という形で捉え続けている。逆に中間階層の場合には学校をわが家のように感じており、恵まれた階層ではなおさらそうだが、それは、学校文化の大部分が家庭文化の延長上にあるからだ（Bourdieu et Passeron 1964）。

　逆に、庶民階層の一部の親、特に移民家庭の親は、子どもの教育について強い野心を示すことがあり（Caille et O'Prey 2003）、時には学校制度を神聖視して、社会的劣位の再生産を回避するための唯一の手段とみなすこともあるが、その場合でも「私たち」と学校の間に深い断絶があるという感情には変わりはない（Sayad 2014）。

　そのため、学校のネガティブな評価は、庶民階層に属する生徒の将来的な進路選択に対してはるかに強くかつ持続的な影響を及ぼす。たとえば留年は、庶民階層においては、学業に対する根本的な無能力の明らかな証拠とみなされる可能性が非常に高い。反対に、庶民階層の子どもが本当に学校文化を自分のものとし、学校制度に固有の規範、目標、理想などを吸収して、「学校というゲーム」に多かれ少なかれ完全に「転向する」に至るためには、学校からポジティブな評価を特別に受け続ける必要がある。

　庶民出身の若者をして、最も威信が高く客観的にも雇用市場で最も有利な教育課程から「自分で自分を排除し」、特に（成績は同程度でも）より野心の低い進路志望を表明するように促しているメカニズムがなぜ永続するのかは、以上のような枠組みにおいて理解する必要がある。ただし、このような自己排除のロジックとその影響とは、現在の教育制度（つまり大衆化した学校）においては、生徒がたどる学校教育の道筋に沿って従来よりも希釈されたかたちで現れ、教育制度のより高い段階に延期されて現れることも多い。

　たとえばソフィー・オランジュは第2級［高校1年］の終わりでの技術教育課程への進路指導が、この教育課程に進学する生徒の教育アスピレーションを長期にわたって限定する強い効果を及ぼすことを示したが、この効果は特に庶民階層に属す子どもに対して強く作用する（Orange 2013）。これらの「技術バ

カロレア取得者」にとっては、BTS（上級技術者免状）取得コースが、高等教育に繋がる、唯一とはいわずとも、主な進路となるし、「職業バカロレア取得者」にはいっそうそれが当てはまる。これは穏当かつ妥当で、アクセス可能な進路であり、グランゼコール準備級（庶民家庭はその存在を知らないことも多い）と対立するだけでなく、特に大学に対立する進路となっている。大学は本物の教育アスピレーションをかき立て続けているが、それは親から受け継いだ文化資本にもっと恵まれている若者の場合や、庶民出身の若者でも、上で触れたように、学校でポジティブな評価を受け続けた者の場合であり、そうでなければ、学校的知識の前で非常に無力で、一種の「教育幻想」を共有していたり、あるいは単にBTSコースに入れなかった若者の場合である。

　庶民の学校に対する関係に話を戻すと、第3級［中学4年］の終わりと最終級［高校3年］の終わりの進路指導での志望表明でこのような階層的不平等が見られる根本的理由は、庶民階層の大部分において、長期の普通教育というゲームは自分たちを抜きに行われるものだという確信、あるいは、自分たちが学校のゲームで負けた場合に、他の階層よりも失うものが大きいという確信が（いずれも社会的には妥当な確信だが）維持されているからである。それは、庶民階層の子どもは、恵まれた階層の子どもが享受できる（度合いは低いが中間階層の子どもも享受できる）各種の支援、救済、安全網を得ることができず、また、高等教育に進学する際の象徴的コストは支配階層から庶民階層へと行くにつれて嵩むからである。

　子どもを職業教育のいわゆる「手職」の専門分野（電気、左官・石工、理美容師、肉屋など）に進学させる際に、庶民階層ではしばしば聞かれるが、庶民階層以外では聞かれない「少なくとも手に職がある」という表現があるが、それは上記のような事情に由来している。

　一般的に、庶民階層の就学、仕事、生活、そして最後に再生産に関する条件に影響を及ぼした大きな変化は、庶民階層を構造化する文化的要素を消去したわけではまったくない。このような文化的要素としては、「点数稼ぎ」と「いい奴」を区別しようとする気持ち、経験的学習と理論的知識の対立（そして、少なくとも「わたしらには」、経験的学習のほうが理論的知識よりも価値があるという感情）、男子における男らしさの誇示（文字文化の女性性に対立し、したがって、

学校の女性性に対立する）、免状に対するある種の懐疑的態度、等々がある。こうした性向は消えてなくなりはしないが、新たな状況と新たな制約に適応し、特に、教育制度の他のレベルで別のかたちでの表現を探すのである。

5. 職業教育課程の空間と庶民階層の差異化

しかし、庶民階層の内部での差異化、より正確には、庶民階層に属す生徒の学校と学業に対する関係にみられる多様性を考慮に入れないと、完全な全体像は把握できない。また庶民階層内部の差異化を考慮することで、誰が命じたわけでもないのに、なぜ職業教育が階層構造の再生産を成就してしまうのかを理解することもできる。

職業教育が階層的秩序の再生産に貢献するのは、基本的には、アポステリオリな正統化の言説（「君が今の立場にいて、工員になるのは、ちゃんと勉強をしなかったからだ」）の普及によってではなく、生徒（少なくとも生徒の大半）から最低限の同意を得ることによってであるが、そのために、庶民階層内部の差異化と、職業教育を構成する教育コースの差異化とが接続されているのである。

教育コースという観点からは、職業教育を構造化する差異化の三つの原則がある。教育方法（学校で学ぶか、見習い訓練か）、免状（現行制度ではCAPか職業バカロレアかという違い、旧制度ではCAPかBEPという違い）、そして職業的専門性（特に、男子が圧倒的に多い鉱工業コースや建設業コースと、女子が圧倒的に多い対人ケア、行政サービス、保健・社会サービスなどの対立、あるいは、職業コース内の序列において、多かれ少なかれ威信が高く上位に位置する電子技術と下位に位置する左官・石工技術の対立）である。

職業教育を受ける生徒についても、均質ではなく、これは主に、（上でみたように、生徒の大部分を供給している）庶民階層自体が、安定した部分集団と不安定な部分集団の分裂によってのみでなく、より根本的に、性別関係や人種関係によって貫かれ、構造化されているためである。これに、特定の地域への所属がもたらす差異や不平等も加わる。

学業に対する関係という観点からは特に、職業教育の内部で、平均よりも教育アスピレーションが高く、普通教育課程の亡霊により強くとらわれた教育的

な期待の地平を特徴とする三つのグループを区別できる。それは、女子、（アブデルマレク・サヤードの表現を借りると）「植民地出身の」若者、そして、パリをはじめとする大都市の住民である。一例を挙げると、パリに住み、庶民階層に属す親の60％は、子どもが第6級に入学した2年後に質問された際に、20歳またはそれを超える年齢まで子どもが学業を続けてくれることを希望していると回答した。農村部に住む庶民階層の親の場合には、同じ回答をしたのは38％にすぎなかった。

　ここでは複数の要因が作用している。女子と移民の子どもの場合には、労働市場における女子と非白人の待遇のせいで、下級の地位を逃れるためにはより高い免状が必要になるという認識が、不明瞭なかたちにせよ働いている。これは、学歴の社会職業的な収益性に関して実際に観察される不平等を考慮すれば、妥当な考え方である。女子と非白人は、こうした不平等を生み出す仕組みを先取りし、高等教育の卒業資格取得を目指すことで、予防措置を講じているかのように振る舞っている。

　それに加えて、ポストコロニアルな移民出身の若い男子の一部は、生産労働者の身分に対して特殊な（特別に敵対的な）関係にある。これは自分たちの父親が経験したか、今も経験している非常に劣悪で不名誉な労働者身分が原因だが、この身分は客観的に特殊である。また、大都市（特にパリ）に住む若者の場合は、複数の大学が近くにあり、地理的に集中している場合に、大学生のイメージが及ぼす魅惑だけでなく、大都市が提供する特殊な職業機会も挙げることができる。農村部と比べて、大都市は第3次産業でより多くの職を提供するが、こうした職に就くにはより高い学歴が必要になる。

　職業教育に話を戻すと、庶民の若者層の内部にある構造と差異化に、構造的相同性によって対応しつつ、構造化され、差異化された空間として職業教育を考えることが重要である。こうした観点からみると、大都市周辺の貧困化した地区に住むポストコロニアルな移民出身の若者が、農村部の生産労働者や職人の子どもに対立するのと同様に、職業高校の販売部門や事務管理系部門の職業バカロレア課程は、石工・左官や理美容師の見習い・訓練やCAPレベルの訓練に対立している。

6. 職業教育への投資（あるいは非投資）のかたちを理解する

　教育課程の構造と庶民階層の構造の間にあるこうした相同性を考慮すると、職業教育への進路指導に対する「同意」の問題を、強制か教化かという二項対立ではなく、別のかたちで扱うことが可能になる。職業訓練への投資の特殊なかたちを考えるだけではなく、訓練に対する投資の拒否も考えることが可能になる。

　こうした同意と、投資あるいは非投資のかたちは、経済的な制約の重み（職を見つける必要性）だけで説明がつくわけでない。職業教育は均質なひとかたまりではなく、十分に多様な可能性を提供するからこそ、若者のかなりの部分が、自分が進もうとする、あるいは、進むよう指導された個々の職業訓練が提供する可能性や展望に、（学業、仕事、将来に関する）自らの性向を合わせるのである。

　したがって、職業教育への同意は一般的に親和性に根ざしている。たとえば、見習い・訓練の身分はしばしば、学校から排除され、親方には搾取される存在として、一様に悲惨主義的に描かれるし、事実そうであるに違いないが、実は見習い・訓練のかなりの部分は学校から出ることで、「窮地を脱出」し、一種の自由を回復できるとすら感じている。これには二つの意味合いがあり、一つは自分で何らかの専門職業分野の親方を見つける選択をするからだ。二つ目は、学校の世界、その規範、試験と評価などから解放され、学校にいる限りはついて回る「劣等生」というノンステータス（あるいはアンチステータス）から解放されると感じるからである。

　これらの若い見習い・訓練は、真っ先に学校制度が下すネガティブな評価の対象となり、最も早い時期に学習の困難に直面し、留年による足踏みを強いられ、普通教育課程から遠ざけられたため、自分で自分を学校から排除する傾向が強い。職業高校の生徒と比べて、見習い・訓練が小学校から留年を経験した頻度が多いとしても驚くに値しない。見習い・訓練を（職業高校よりも）選択することは、しばしば文字文化から最も遠い専門職業を選ぶことに通じるが、これは学校制度が自分たちを捉える視点に自分が限定されてしまうことの拒否

であり、学業失敗者のステータスに限定されてしまうことの拒否であるように思われる。

それにより見習い・訓練が、時として、「知的」な仕事と「手の」仕事、あるいは「ペン」と「鏝（こて）」の伝統的な序列を逆転させるということも起きる。たとえば、ある左官見習いは、インタビューの中で、「鏝よりもペンのことを考えているような人では仕事にならない。自分は一日中ペンを持って過ごすよりも鏝を手に過ごすほうが好きだ」と語った。また別の見習いは、「手仕事ができないなら、授業に出たほうがいいし、インテリでいたほうがいい」という。こうした発言は、学校制度の代表者、「インテリ」、つまり「手仕事ができない」人、鏝よりもペンが好きな人だとみえないはずがない調査者に向かって発された言葉であるだけに、意味深い。

したがって、ある教育課程に進む生徒の投資、あるいは、逆に投資の拒否は、その教育課程の教育的または職業的な特徴によっては説明できない。進路指導と訓練に対する若者の関係を理解するには、生徒の特性や経歴と結びついた性向と、それぞれの教育課程で要求される性向の関係を押さえなければならない。そうすることではじめて、同じ教育課程に進路指導をしても、人によって、早すぎた格下げと感じるか遅すぎた自由と感じるか、排除と感じるか解放と感じるか、「車庫入り（将来性のない仕事）」と感じるか最後のチャンスと感じるという違いがあることを説明できる。

6. 被支配者のジレンマ

現代社会においては、教育制度が、各人のメリットや徳性を評価する主要な株式市場となり、ブルデュー（Bourdieu 2012）が国家についていった「象徴資本の中央銀行」になっているが、そのような社会では、一般に庶民階層出身の、学業成績がわるいか平凡な生徒は次のような二つの選択の間でジレンマに直面する。

○選択肢の一つは、学校教育の理想である長期教育と、それに（想像上であれ）結びついた社会的役割を諦めること。これは、就職につながる可能性

はあっても、確実に下級職や、特に建設業や鉱工業、あるいは、パン屋・肉屋・魚屋など（辛く、肉体労働で、汚れる、等々の理由で）象徴的に格下とされる職業につながる訓練コースに入ることを意味する。

○他方の選択肢は、学校のゲームを演じ続けることだが、教育制度の奥舞台で、普通教育課程の影に隠れて演じ続けることになる。これにより、不完全な形であれ、学校の判断に強く依存するアイデンティティを維持できるが、その教育内容が提供する就職の可能性は低く、不明瞭であり、普通教育課程の卒業生との競争もより厳しい（特に第３次産業の事務系職種や商業部門）。

ただし、これは「*紙の上だけの*」、つまり、社会学者によりアポステリオリに再構築されたジレンマであることを付け加えておかなければならない。なぜなら、このようなジレンマは一般的に、職業教育を受ける生徒とその家族にとっては、ジレンマとは感じられないからだ。多くの場合、学業、仕事、将来との関係により、どの訓練コースがほかのコースよりもより受け入れやすく、より相応しいかは、ほとんど自発的に決まり、その*自明性*の中でジレンマが乗り越えられてしまうのである。

インタビューを通じて観察したところによると、ジレンマの乗り越え方に二つの種類を区別できる。職業訓練に対する関係の二つの極を構成する二つの「答え」である。

○一つは「反学校的文化」の極である。まさしくウィリスが研究した反学校的文化であり、建設業見習い、自動車整備工、一部の鉱工業部門、食品部門、理美容師、等々で特にみられる。この場合、反学校的行動は職人仕事や手仕事の価値を重視する労働者文化への暗黙の賛同を示しており、それによって学校的判断の正統性の拒否を正当化することが可能になる。あるいは、少なくとも、自分のアイデンティティが学校的評価、つまり学校システムからの被排除者または落伍者としての身分に限定されることの拒否を正当化することが可能になる。こうした行動は、一部の男子では、仕事の厳しさや汚さ、肉体の酷使や激しい疲労の称賛へと、あるいはそこまで

いかずとも、単に手仕事や労働者の仕事の尊厳の言明へと発展することがある。

○他方は、反対に、親の社会的身分を拒否する極（より正確には、下級身分を拒否する極）であり、「社会的な親殺し」（これはステファン・ボーとミシェル・ピアルーが、ソショー・モンベリアールの工業地域の職業高校の若者たちについて用いた表現を借りたもので、これらの若者は、生産労働者である父親のようになることを激しく拒否することで、象徴的に父親を殺す傾向がみられた）という劇的なかたちを取ることもある。この性向のもう一つの側面は、学校の価値のしばしば抽象的な重視であり、時として学校の神聖化というかたちを取る。これにより学校的なものに対する（再）投資が可能になるが、学校文化が要求するものに対してこれらの若者が一般に無力であることに変わりはない。こうした理由から、これらの生徒は販売や簿記のコースに進むことが多い。これらのコースは一部の男子にとっては鉱工業関連職の訓練コースに対立するものだが、普通教育課程との関係ではネガティブに捉えられたり、陰に位置づけられたりしている。

　ただし、上の区別は流動的なものであり、二元論的なロジックで考えてはならないことを指摘しておこう。この二つの理念型のいずれかに厳密には属さない特別な状況がいくつかあるからだ。それに加えて、労働者身分の拒否と、それにほぼ常に伴う強い教育的・社会的アスピレーションは、学校の教室内では、ウィリスが『ハマータウンの野郎ども――学校への反抗・労働への順応』で記述したのに近い反抗的な行動と共存することが十分にありうる。ウィリスの「野郎ども（lads）」においては反学校的言説と反抗の実践の間に強い一貫性があるが、我々の研究でははるかに曖昧な状況を観察することができた。こうした状況はおそらく学校制度と免状の影響力が増していることと関係がある。「野郎ども」ができたようには、学校制度と免状を全面的に拒絶することができなくなっているせいだろう。

124　第Ⅱ部　中等教育に至るまでの進路決定の形成過程

8. 経済的必然性と象徴的必然性

多くのケースにおいて、反学校的文化か、その逆の労働者身分の拒否は、進路と訓練の選択に即座に自発的な正当化を提供する。進路と訓練の選択は経済的必然性（のみ）から生じるものではなく、象徴的必然性からも生じている。象徴的必然性の重要性を示すために、見習いや訓練に払われる賃金を例に取ることができる。賃金額は訓練の初期には 450 ユーロ弱で、年齢に応じて最高で 600 ユーロかそれを少し超える程度にまで上がる。

見習い・訓練の賃金に対する見方は、若者の認識カテゴリーの違いにより正反対になる。より正確には、学業、仕事、将来に関する性向の違いによるというべきだ。建設業の見習いが自分たちの報酬を非常に高く評価する（「どんな仕事も報酬に値する」という庶民的諺の通り）のに対して、私がインタビューした職業教育免状（BEP）の簿記コースの生徒らは、この賃金に、排除とまではいわないでも、価値切り下げの印をみる傾向がある。私の調査対象者の一人は、中学修了後に見習いをする可能性を考えたかと質問されて、次のように答えた。

> 「ああ、見習いですか。いえ、興味ないです。［……］塗装工の見習いをしている連中をいっぱい知ってます。いつも金がない連中ですよ。**あいつら金に飢えているんです。**［……］でも、**あれは考えなしの人たちなんです！**［……］自分としては、勉強を続けられるなら、そのほうがましです。いますぐに 600 ユーロもらって、2 年後に 1,000 ユーロもらうより、あと 5 年か 6 年勉強で苦労するほうがまだいい。6 年後なら初任給が 3,000 ユーロです。1,000 ユーロでスタートするよりも、**3000 ユーロでスタートするほうがいい。最初が 1,000 ユーロだと 10 年後でも 500 ユーロ上がるだけです。**それに、まだ外で働き続けなければならない。壁を磨いたり、壁紙を貼ったりしているんですよ。俺、そんなの興味ないですよ！」
>
> （BEP、簿記）

BEP（そして、今日では職業バカロレア）は確かに職業免状ではあるが、しば

しば、すぐに仕事の世界に入って、最終的と思しい職業選択を行うことに対する代替的な選択とみなされていた。一部の若者はこうしてBEPを待機用の免状に変え、見習いや訓練を拒否し、上記の被調査者の言葉を借りれば「すぐに金を稼ぐ」ことを拒否した。私の調査の別の被調査者の場合には、（本人の言葉を借りれば）「よい学歴」を得たいという意志は、自分の父親の社会的職業的カテゴリーと、父親が学業について下す乱暴な判断とに根ざしている。

> 「父は僕に特にこんなことを繰り返し言っていました。『お前は自分の将来を自分で描かなければだめだ。俺の将来はもう決まっている。お前が今ちゃんと勉強しなければ、自分自身のせいで、わるい方向に進路指導されることになるぞ。しっかり勉強しておけば、いい進路指導を受けられるだろう。**成績がわるいと、普通の給料を稼ぐのにも頑張って働かなければならなくなるが、成績がよければ、ほとんど何もしなくても、いい給料を稼げるぞ。選ぶのはお前だ。**』」

> (BEP、コンピュータ支援機械生産関連職)

　この被調査者（BEPの2年目）を私がインタビューしている時点で、彼が育んできた教育的・社会的アスピレーション（おそらく、それ以上に、彼の両親が彼のために育んできたアスピレーション）が、彼の学校での経歴とは矛盾することが、本人により自覚されつつあった。教育の長期化をよしとする学校の方針が非常に強いため、この自覚を前向きに乗り越えるには、一種の*反転向*が必要と考えられ、それだけに、この自覚の象徴的コストは大きい。若者は、学校にとってかわるようなポジティブな同一化の媒体（ポール・ウィリスが本を書いた時期には、工場文化、そしてより一般的には労働者文化がこのような代替的媒体となり得た）を支えにすることがなかなかできないため、こうした反転向は非常に困難になる。
　職業高校で観察されるある種の行動、特に暴力行為は、少なくとも部分的には、この反転向の表現の一つであるように私には思われる。反転向は必要でありながら同時に不可能でもあり、一部の若者では象徴的な窒息のかたちをとることがあるためだ。

126　　第Ⅱ部　中等教育に至るまでの進路決定の形成過程

このような緊張（そして、しばしばそれに伴うものとして、上で述べた「社会的親殺し」の誘惑）は特に、第3次産業（秘書、簿記、販売）のコースを選んだ男子に見られ、（サヤードの表現を借りると）「植民地出身の」若者で顕著である。「植民地出身の」若者は、とりわけ学歴に関する野心の高さと、学業成績の間に乖離があることが多いのが特徴である[3]。

　こうした理由から、植民地出身の若者は、学校で成功を収め、特に高等教育資格を取得する（「大学に行く」）意志を強調する傾向が強い。学校がこうした期待を実現するための手段をほとんど与えてくれず、自分たちの社会的モビリティ志向の部分的な原因でもある社会的不平等をむしろ強化する傾向すらあることを（自分の親に課された条件に関する、しばしば明確で、時には屈辱的と感じられる認識を通じて）徐々に発見することで、植民地出身の若者は場合によっては、極めて暴力的なかたちでの教育の拒否に傾くこともあるが、多くの場合には、学業努力を拒否して内向する静かで婉曲的な態度に傾き、資格なしに学校を終えることになりがちである。

（渡辺　一敏　訳）

3）学歴に関するこの野心は少なくとも二つのロジックから生じる。まず社会上昇移動への強い志向で、これは移民の経歴の延長と考えることができ、その必然的帰結は、価値が低いと評価され、烙印を押された親の社会的身分に対するしばしば強固な拒絶である。次に、人種差別を先取りする意志で、これらの生徒は当然、身の回りに（家族や居住地区でだけでなく、自分たちが研修先を探したり、研修を行ったりした時の体験からも）数多くの例をみているためだ。こうした人種差別の例は、同じ社会的地位を得るために、彼らがより大きな学歴資本を持たなければならないことを示しており、他の生徒の場合なら、特定部門での職業訓練と結びつく可能性もある適度な希望を非現実的なものにしてしまう。

第9章

家族支援のパラドックス

トリスタン・プーラウエック

1. はじめに

　労働者の子どもの間には学歴の不平等がある。知識とのかかわりにも不平等がある。これら二つの不平等はその大部分が小学校での学習の不平等にまでさかのぼる（Poullaouec 2010, 第2章[1]）。その原因をつきとめようとすると、まず家庭に目を向けるのが一般的傾向である（「弱者の武器としての学歴」）。それから生じる論争は常に厳しいものになる。いわく、庶民は子どもの勉強をもっと注意深く監督すべきだ。いや、そもそも、そんなことが彼らにできるのか。筆者はこれとは逆に、学業達成のためにいかに労働者の家族が子どもを支援しているかを強調したい。労働者の家族は無力なのではなく、子どもの教育支援の特別なかたちがあるのだ。また、筆者は家族による支援のパラドックスも示す。家族が支援する傾向は強くなっているが、それはほとんど知られていない。家族の支援は、高学歴の家庭と比べると、労働者の家庭の子どもたちにとっての方が学業達成に不可欠であるが、家族間の文化的資源には不平等があるため、高学歴家庭よりその効果は少ない。

1）本章は、Poullaouec 2010 における第3章の加筆修正版となる。したがってここでいう第2章とは、上掲書の第2章「労働者家庭の子どもの三つの進路」（Les trois destins scolaires des enfants d'ouvriers）を表す。

128　第Ⅱ部　中等教育に至るまでの進路決定の形成過程

2. 家族支援の高まり

1) 両親は責任放棄していない！

　貧しい家庭では、子どもの教育困難に直面すると、両親のほとんどが責任放棄してしまうという考え方が広く受け入れられていて、その傾向は特に教師の間で強い。教師たちの話を注意深く聞いてみると、生徒の親は子どもの教育に責任を持とうとしない、あるいは子どもに学業を保障する役割を果たしていないし、時にはまったく無関心である場合もあるという。しかし、社会学的分析は、決まってこのような考えとは反対の結論に至っている。実際、社会学的分析は、経験を根拠に、「両親の責任放棄の神話」を解体している。本章では、労働者の家庭の進学行動のいくつかの歴史的変化を記述することにする。しかし、その前に、このような見方の具体的根拠が何かを予め理解しておく必要がある。教師の視点も、また一つの特定の視点であることに変わりない。彼らの見方は、彼らが仕事において許されている両親との相互作用が希少であることに照らせば、理解しやすい。

　責任放棄の診断が下されるのは、一般に学習上の困難が最も大きな子どものいる庶民階層の両親に対してである。両親は「責任放棄」を非難されるか、さもなければ「困難を抱えている」ことで免罪される。いずれの場合も、推論される原因は同じだ。家族のかかわりや支援が足りないという確信は、学業の達成度の低さを説明するには都合がよい考え方である。また、このような感情は、家族と会うことが難しいという教師の実感によっても裏付けられるようである。実際、中学生の親のうち、教師と子どもの学業について話し合うことが最も少ないのは労働者の親である。労働者の親は、たとえ教師と面談することがあっても、それが親側からの要請である場合は、管理職の親の場合よりも少ない。また、新学期の集まり、PTA 会議、学級委員会などへの参加も少ない。これらの要素すべてが、労働者の家庭は教育に無関心という型にはまった考えを裏付けているようにみえる。

　しかしながら、これは重大な錯覚である。このような見方は、しばしば、労働者の家庭の生活条件や、学校とのかかわりの特殊性をほぼすべて無視してい

る。労働者は時間的な制約を受ける上、他の両親同様に、過去の自分の学校の記憶と経験をもとに自分の子どもの学校を考えることをまず指摘する必要がある。彼らの学校の記憶はつらいものであることが多く、必ずしもよい思い出は残っていない。そのため、彼らは決まって学校側の期待に対し、途方に暮れるか、無力感を感じてしまう。学校についてのフラストレーションから、彼らはしばしば自分の願望を子どもに転嫁する（Poullaouec 2010, 第 1 章）。しかし、このフラストレーションは、彼らが教師との会談で感じる不快感の原因でもある。労働者の家族は、学校の教職員に多くを頼っている。彼らにすれば、学校教職員だけが知識の継承を担当すべき人間であり、両親の任務は価値観を教え込むことである。このような役割分担は、学校との関係において依然として根強い。しかし学校の制約は、数十年前からかつてなかったようなかたちで労働者の家庭に作用するようになった。

2) 家族支援の発展

　両親は責任放棄していない。この責任放棄という根強い先入観は、労働者の家庭に対する学校の期待の高まりの現れでもある。逆に、数世代を通じて起きているのは、労働者の両親の学校への関与の急速な拡大である。宿題など子どもの勉強への両親のかかわり度の指標はすべて高くなる傾向にある。これは「家庭による継承」調査の結果にも表れている。この調査は、対象者に、彼らが 8 歳から 10 歳の小学生のときに両親から得た支援を尋ねた調査である。このように過去を振り返る設問は、記憶による選択的変形を受ける、と意義を申し立てられるかもしれない。その上、ここでは子どもが両親の習慣を間接的に報告するかたちになっている。私は、これらの潜在的バイアスを念頭に置きつつ、観察できた大きな傾向を書き出してみたい。これらの傾向は、質問紙調査や参与観察などに基づいた同じテーマの他の研究の蓄積された結果とも合致している。

　世代を経るごとに、両親の支援度は高まっているのだ。労働者の家庭だけでなく、他の社会階層の家庭でも、両親が子どもの学校での学習を点検し、家庭での学習を支援し、宿題をするよう促す傾向は強まっている。特に時間や注意を最も多く要するようなかかわりかたが飛躍的に増えた。1960 年代以降に生

まれた世代では、子どもに書き取り、復習その他の学習活動をさせる労働者の両親は1920年代以前の世代と比べて2倍になった。同様に、今世紀初めには、労働者の子どもの36％が両親にわからないとことを説明してもらっていたが、今やそのような支援を受けている子どもは61％もいる。労働者の両親が子どもに抱くと明言する期待は、単に言葉上のものではなくなっている。労働者の家庭は、言葉を行動に変え、期待されているように、具体的な学校の任務を請け負っているのだ。

　こうして家庭での学習に対する労働者の親の態度は、管理職の親の態度に近づく傾向にある。労働者の家庭では、親が子どもの宿題を手伝う時間は、今や管理職の親のそれとほぼ同じ程度になっている（Insee 2003）。*社会階層にかか*わらず、親は子ども1人、労働1日につき約1時間を費やすと答えている。このように学校は家庭生活にまで侵入した。『家庭による継承』アンケートによれば、1966年から1975年までに生まれた労働者の子どもの85％が、学校について親と話をしている。その話し合いは時には混乱することもある。親と子の間に緊張関係があるとき、それは学校をめぐるものであることが多い。1976年から1995年までに生まれた、子どものいる両親が挙げる親子の争いの原因としては、学校が他の原因をはるかに凌いで多く、子どもと深刻な争いが一度でもあった労働者の53％が、その原因は学校や勉強であったと認めている[2]。このように労働者の家庭は子どもの学校の成績に無関心になったわけではない。反対に、多数の家庭が今日子どもたちの学業を懸念しているのである。

3）庶民の両親による学業支援の形態

　いうまでもなく、支援が全体に広がっているとはいえ、それは社会階層に関係なく均一であることを意味するものではない。すべての親が、「生徒の親のプロ」としてロジェ・エスタブレ（Establet 1987）が描いた、「自宅の一部を中学校の一部」に変えてしまう上級管理職の家庭の母親に似ているわけではない[3]。労働者家庭の教育戦略は、子どもの支援のために使用できる資源の量と

2）そのほかの回答としては、政治または宗教、衣服と身体、お金、外出、交友関係と交際相手、職業選択に関するものであった（Poullaouec 2004）。

3）この研究の先駆者であるシャンボルドンとプレヴォは、「教育学的仕事の完璧な専門化」と呼んだ（Chamboredon et Prévot 1973）。

質によって厳しく制限される。しかし、学業達成のために家庭が使える資源の不平等の問題を扱う前に、労働者そして庶民階層の親の多くに特徴的な、子どもの進学に寄り添う方法を検討する必要がある。なぜなら資源の不平等とは、時として「貧しい」家庭の描写の一部が思わせるように、資源が全くないため、支援が必然的に「無力」[4]となることを意味しないからである。

　そうすることで私は学校、分野、クラスなどの選択戦略の問題を意図的に無視することにする。かなり以前からこれらの選択戦略は、自由業や教師だけに限定される特性ではなくなっている。しかし、これらの選択は、教育制度の奥義を熟知していることを必要とすると同時に、地域的な就学可能性によって大きく制約を受ける。労働者の受ける学校教育の期間が短いこと、都市中心にあるブルジョア地域から追放されたことが、彼らが学校への投資にあまり参加しない原因である。さらに、子どもの進路を決定するのは何よりもまずその子どもの成績であり、その逆ではない。進路に関して最も決定的な家族の支援は、家庭内で、親子関係の中で、そしてきょうだいその他の家族との関係の中で決定される。実際、そこには労働者階層に固有の学業支援の構造がある。中間層や支配層の子どもより頻繁に、労働者の子どもは親からの支援だけではなく、他の家族の補足的支援を受けている。

　無資格労働者の家庭の44％がこれに相当する[5]。最も多いのは、労働者の家庭内で学業達成のための助け合いに姉がかかわっているケースである。このような家族主義は、特に労働者世帯で顕著な両親の間の性別に基づく役割分担においても発現する。母親は父親に比べ、2倍の時間を子どもの勉強をみてやるために割いている。その上、たとえ自分では力が及ばない、あるいは必要な知識が足りないと感じても、父親ほど簡単にあきらめない（Héran 1994）。一方、母親より当事者感に乏しく、一時的にしか介入しない父親は、すぐにあきらめてしまう。学校以外で物を書く作業も、労働者の家庭では女性が受け持っていることが非常に多い。家計簿をつける、買い物リストを作る、手紙を書く、電話でメモをとる、料理のレシピを書き留めるなど、何でもないことのように見えても、家庭内での書く作業は、子ども、特に庶民階層の少女の留年を防いで

4）ボー（Stéphane Beaud）が以下の文献から引用したものである（Baudelot et Establet 2000）。
5）管理職層では24％である（Insee et Ined 1992）。

132　　第Ⅱ部　中等教育に至るまでの進路決定の形成過程

いる（Lahire 2008）。

　しかし、このような家族支援の強度や様式にみられる変動は、両親が利用できる手段に不平等が生じる原因として考慮されなければならない。この中心的な問題に取りかかる前に、補完的研究をする一つの手がかりを提案しよう。これは両親による支援の差の間接的原因としての、子どもの成績の不平等に注目した研究である。実際、学校での好成績は、一部の両親には、自分の子どもは自分たちよりも、一人で進路を切り開いていく力があると確信させるが、別の両親には、反対に、この好成績を維持するよう注意してやろうと思わせる。逆に、わるい成績が続くと、心配した両親が過剰に支援を強めるようになったり、子どもの学業に絶望するような結果につながる。しかし、一つ確実なことがある。親の努力が機械的に成果を生まないのは、子ども自身の勉強への取り組みに親がとって代わることができないからである。この問題は最終節で扱う。

3. 資源の不平等

1）文化遺産の相続：ハンデ、それとも距離？

　1960年代以降、学校教育におけるさまざまな不平等に関する研究は、進学経路の変化、家庭の教育戦略策定、その他生徒の一部において観察される多くの行動変化を検討したものが多かった。子どもの学業を支援するために両親が利用できる資源の変遷に研究者が関心を持つことは、ずっと稀だった。彼らの多くにとって、問題は了解済みであったのであろう。学業達成にかかわる親たちの間の最も決定的な不平等は、何よりも家族内の継承を差別化する文化遺産によって生じる。40年以上前に証明され、その後何度も検証され直したこの結果は、今でも有効であり、したがって今さら、見直す必要はない。しかし、文化遺産の相続については、考え方を刷新するべき三つの理由が挙げられる。それはしばしばみられる文化遺産と社会的文化的ハンディキャップとの混同、労働者の家庭における両親の間の学歴の新たな分布、経済学者が再び始めた教育不平等の最大の原因としての家庭の所得の重要性の論争である。

　まず、文化遺産の相続という概念が教育論争の関係をどのようにシフトさせたかを短く述べておこう。学校の第一次爆発的増加と中等教育改革の真っただ

第9章　家族支援のパラドックス　　*133*

中に、ピエール・ブルデューとジャン＝クロード・パスロン（Bourdieu et Passeron 1964）が練り上げたこの概念は、社会階層間で大きな学歴格差が維持されている原因を説明することを目的としている。ブルデューとパスロンは、形式的に平等であるにすぎない教育制度の中心に、不平等な仕組みが組み込まれていると主張する。彼らの論文は「暗黙の教授法」の支配、「貴族的な」内容の学校文化、および庶民階層出身の生徒を不利にする学校の掲げる「差異の無視」を非難している。もし特権階級の「相続人たち」が優遇されているとすれば、それは何よりも彼らが学校の要求を習熟していること、特に彼らの持つ教育用の言語能力の要素である「話したり、書いたりする巧みさ」が理由である。したがって、文化遺産の相続とは、学校側の期待と家庭に不平等に継承されている「知識、ノウハウ、とりわけ話術総体」との間の近さを指している。

　ブルデューとパスロンは、こうしてフランス新教育グループと哲学者リュシアン・セーヴ（Lucien Sève）が告発する「*天賦の才の思想（l'idéologie des dons）*」の批判に加わる。一部の子どもは生まれたときから知的能力に恵まれ、ほかの子どもは留年することを説明すると考えられた、生物学的に決定され、遺伝する、不平等な認識能力の存在という一般的な信仰に対し、セーヴは知能・理解力とは個人がそれぞれ異なる質と量を持って生まれてくる物質ではないことを証明する。知的能力とは自然に与えられるものであるには程遠く、社会的活動の産物であり、人類的文化遺産の獲得にかかわる人間一人ひとりの個別の歴史全体をつうじて変化する可能性を持っている。人はよいあるいはわるい*生徒*として生まれてくるのではなく、よいあるいはわるい*生徒*になるのだ。たとえ人間の脳の生理学的特徴が知的活動を条件づけているとしても、ブルデューとパスロン（*ibid.*: 103）は「遺伝の偶然が異なる社会階級の間に不均一な才能を公平に配分しない理由はない」と主張する。

　天賦の才信仰は、自然発生的原因の視野から完全に消えてしまったわけではないが、少しずついわゆる社会的文化的ハンディキャップ理論にとって代わられている。統一学校（Ecole unique）の出現と同時期に生まれたこの考え方は、庶民階層出身の生徒たちの致命的に制限されている知的資源を突き止めることは可能だと考えていた。このいわゆる認識能力の不足、欠乏あるいは貧しさは、学校の外で、社会が庶民階層の子どもたちに用意した生活条件の中に根をはっ

ているというのである。この視点は文化遺産の不平等の社会学的議論としばしば同一視されるが、それとは根本的に異なっている。まず、この視点はあらかじめ学校制度には学校における不平等の形成の責任は一切ないとする。ブルデュー（Bourdieu 1966）の意見は違う。「一部の人だけが家庭環境の中で学んでいるものを、系統的な教育によって全員に与えることを怠ることで、学校は、学校だけが削減することができる不平等を承認している」と彼は既に1966年に書いている。

　さらに文化遺産の考え方は、庶民の子どもの大量の留年を説明するのではなく、まず、出自別の学業成績の不平等を分析しようとした。しかし、ジャン＝ピエール・テライユ（Terrail 2009）が指摘しているように「不平等と失敗は別なものである」。庶民階層出身の生徒たちが「相続者たち」よりも資源が少ないからといって、失敗することなく、文字文化に普通に入っていくことができないわけではない。「*一方の遺産相続は他方の失敗を正当化しない*」[6]。したがって、庶民階層出身の生徒の家庭の文化の中にある、取り返しのつかない停滞や克服不可能な学業達成の障がいを特定するために、「学校にとって採算の合うような言語資本の不平等な分布」（Bourdieu et Passeron 1970）を引き合いに出すことはできない。文化遺産の不平等とは、異なる階級文化には、学校文化との間に異なる距離があることを意味する。この距離を直ちに生徒の大多数の抱えるハンディキャップと混同してしまって、どうして学校はこの距離を縮めることができるのか。また、この距離は今の方が過去より大きかったかどうかはまったく明らかではない。

　ブルデューとパスロンがそのことを証明してみせたのは、文化遺産の最も重要な要素は、両親の教育レベルによって見分けることができることであった。それでは、この二人の著者が最初の著作を書いたときと、その40年後に観察できた労働者の学歴分布を比べてみよう。1964年、労働者の3分の2以上が初等教育修了証書以上の資格を取得していなかった。なんとかCAP（職業適格証）を取得したのは4分の1強であった。当時、バカロレアに合格した労働者は一人もいなかった。2003年の学歴分布は大きく変わった。労働者として就

6）本書からは、社会文化的な障がいに関するイデオロギーについて体系的で経験的な批判だけではなく、口承文化の知的資源の普遍性に関する論証を見いだすことができるだろう。

労している人の16％は何の免状もなく、41％は普通科で前期中等教育後［2年間で］得られる CAP あるいは BEP（職業教育免状）を取得していた。特記すべきは、今日では*労働者の3分の1以上がバカロレア取得者である*。これほど大きな変化が、労働者家庭の文化資本の性格や拡がりに影響を及ぼさずにいることはない。母親の取得した免状を考慮すると、この特徴はさらに強くなる。女子の方が成績がよい傾向は庶民階層で特に顕著だからである。

2）両親の貧困、子どもの学業失敗？

両親の勉学期間が延びたことの文化的結果が、両親の学校とのかかわりに及ぼす影響は、まだあまり探求されてない研究分野である。そこで子どもの進路決定における家庭の金銭的資源の役割の議論に話をすすめよう。この議論は最近、ドミニク・グーとエリック・モラン（D.Goux et E.Maurin）が INSEE（フランス国立統計経済研究所）の実施した「雇用」調査に基づく研究によって再燃した（Goux et Maurin 2000; Maurin 2002）。最も豊かな家庭の子どもと、最も貧しい家庭の子どもの勉強の遅れにおける不平等を、この2種類の家庭を両親の学歴で分類し、比較した二人の経済学者は、学業格差の大部分は、両親の免状取得とは関係なく、彼らの所得格差にその原因があると考えている。その論旨をたどると、原因の大半は世帯の生活水準によって強く決定される住宅の質に帰する。彼らの視点からみれば、そもそも最も貧しい家庭では、家に子どもが静かに勉強する場所がないので、子どもたちの成績がはかばかしくないのである[7]。

彼らに続いて、他の計量経済学的分析によって、学校でよい成績を収める上で子どもが自分の部屋を持つ重要性、隣人の社会構成が子どもの学業失敗に及ぼす影響、長期失業が子どもの成績に与える悪影響などを証明しようという研究がされてきた（Gouyon 2006; Duée 2006; Maurin 2004）。家庭の経済的資源の影響に注目したこれら研究の視点は、1960年代からすすめられてきた学校人口統計および教育社会学研究の主要な成果の再検討を求めている（Clerc 1964a）。INED（国立人口学研究所）では、それ以前にポール・クレルクが収入

7）「今日青少年の3分の1は、一部屋当たり一人以上の割り当ての住居に暮らす。こうした青少年は、一部屋当たり一人以下の住居に暮らす青少年に比べて留年率が倍増する。」（Maurin 2004）。

136　第Ⅱ部　中等教育に至るまでの進路決定の形成過程

と学歴がそれぞれ生徒の成績に及ぼす影響の分離を試みたことがある。すべての困難は、これら収入と学歴という二つの次元の間には密接な関係があることから生じている。両親の学歴が高いほど、その収入も高くなる。したがって同じ学歴での収入の変動に基づいた推論が必要となる。この変動は優秀な生徒の比率の有意な変動をもたらすのか？　彼の分析の結論は驚くべきものであった「(……) *収入は学業達成に固有の影響を及ぼさない*（……）*同学歴では、収入は子どもの学業達成には影響しない。*」

　クレルクの作成した統計表は、ブルデューとパスロンによって、文化資本の自律性理論の裏付けとして広く活用されることになる。実際、同じデータは、逆に収入が同じであれば、父親が資格を持たないか、バカロレア取得者であるかによって、優秀な生徒の比率には非常に顕著な差が生じることを示している。クレルクが示唆しているように、「*家庭環境が学業達成に及ぼす作用は、ほぼ全て文化的作用である*（……）*こうして*（……）*両親は自分たちの文化レベルの一部を子どもに伝えるのである*」。ではなぜ今になってグーとモラン（Goux et Maurin 2000）は逆の結果を出すに至ったのか？　これは学校の民主化政策の目的とツールについて明白な影響があるだけに、重要な問題である。家庭への経済支援の社会政策を優先する必要があるのか。学校制度や教育実践の望ましい変革についての考察は今でも適切なのか。学術的議論については、使用された方法論や求めた統計データに関して長い解明が必要かもしれない。

　ここでは国民教育省のデータに照らして、住宅条件が死活的に重要な役割を果たすという仮説の正しさを検討するにとどめよう。1989年に6年生［中学1年生］に入学した生徒の追跡調査は、留年することなく高校の普通科あるいは技術科に進む確率を、一連の家庭の特徴の比重を調整するための統計的推論に従って、モデル化することを可能にする（Poullaouec 2005）。両親の学歴と社会的職業的な分類に加えて、経済的資源と子どもの数の関数である奨学金の割当てを通して、最も貧しい家庭を見つけ出すこともできる。この家庭の収入の最初の指標は不完全なので、同居人の数と部屋数の比率などで補完することができる。子どもの個室がないことは、それほど露骨に両親の収入を反映するものなのか。最後に、無論、家庭の子どもの数も考慮する必要がある。同程度の収入では、大家族ほど、一人っ子の家族よりも生活は楽ではない。

これらのデータ分析が、家族の物質的な生活条件と子どもの成績との間には弱い相関関係しかないことを確かに裏付けているとしても、それは経済的要因の優位性の証明を可能にするものではない。奨学金をもらっている子どもたちと人員過密の住宅に住む子どもたちは、特に両親の学歴で調整した後では、留年せずに中学に進学する可能性がやや低い。しかし、他の条件がすべて同じである場合、子どもが個室を持っていることは、その学業達成と有意な関係があるようにはみえない。これは、親の収入が学業達成に影響があるとすれば、それは親の収入が、子どもの勉強を条件づけている住宅の質を決定するからである、というグーとモランの主たる主張に深刻な疑問を投げかけるものである。彼らの直観は非常に部分的にしか証明されていない。個室を持たない子ども、過密状態の住宅に住む子ども、あるいは大家族の子どもは、そうでない子どもと比べて宿題にかける時間はやや少ない。しかし、この差異は微々たるものである。そして状況が同程度の場合、差異はもはや有意でなくなってしまう。

　これらの弱い差異が、学業達成の大きな差異を引き起こすかをさらに検討する必要があるだろう。最終的には両親の収入は、それほど学業達成の理由を「説明する」ものではなく、むしろ学習活動、特に学校が家庭に任せている学習活動に子どもがどれだけ力を注ぐかが学業達成の理由なのである。確かに、大家族で過密状態の家に住むと、子どもの勉強は容易ではない。しかし、広い住宅と一人ひとりの部屋があることで、その分、子どもの学業に注ぐ努力が強くなったり、宿題をやる子どもに対する両親の支援が適切になったりすることはない。それに、これらの次元が、どうやって両親の収入から機械的に派生してくるのか理解しにくい。統計学的調査のもう一つの大きな教訓は文化遺産の仮説を確認している。家族の物質的生活条件を同じに調整すれば、*子どもの学業達成に最も強い影響を及ぼすのは、たとえば子どもの数などではなく、両親の学歴である*。とりわけ、母親の学歴は子どもが留年せずに中学に進学する可能性の予測には最も有力である。

　この検証は、「さまざまな種類の『貧困（経済、文化、言語、愛情など）』の等価性の仮定に多少なりとも明示的に依拠した表象と、貧しい家庭の子どもは哀れな子どもにしかならないという単純化しすぎた等式から考えられる」（Rochex 1997）、社会的文化的ハンディキャップとしての学業困難の原因とも矛盾する。

この検証は、労働者の家族を含め、両親の学歴から子どもが得られる学校のメリットを示している。したがって文化遺産の継承は、依然として教育不平等を解釈する主要な手掛かりの一つである。「系統的な努力やはっきりとした行動を伴わない浸透的な」(Bourdieu 1966) 文化継承に比べて、家族による社会化は、学業達成にそれと同じくらい決定的な影響を及ぼす真の校外教育になりつつある。

　この極めて重要な点を明らかにし、これらの家族の相互作用を中心とした分析を、筆者が分析した第2章 (Poullaouec 2010) の小学校における、学業達成の果たす最も重要な役割に関する結論に結びつけるには、労働者の子どもの学習への取り組みに目を向けるのがおそらく最も効果的だろう。シルヴァン・ブロッコリシ (Broccolichi 2000) は学校教育の生み出した深刻な学業失敗者に関する研究の中で、「学業失敗者ほぼ全員が、周囲に満足のいく学習の指導をしてくれる人（それによって彼らの抱える困難に対処してくれる）がいなかったことを証明した」。一方、庶民階層の学業達成に関する研究は、両親の支援がしばしば決定的役割を果たしていることを強調した (Terrail 1984; Zéroulou 1988; Laurens 1992; Laacher 2005)。この両親の意図的な支援の性格について少しみてみよう。中学で時間の使い方について生徒に尋ねると、80%が宿題は家の人に手伝ってもらうと答えた (Caille 1993)。これについては、社会階層の間の差は非常に小さかった。より重要なのは、両親による支援の内容が、90%以上のケースで、*理解しにくい点の説明*であったことだ。

　学校が生徒の抱える知的困難に向かい合い、克服する努力がされない場合、生徒たちは自ら両親に頼ることになる。一方で学校も、家庭内でそのような教育が行われることを多少なりとも暗黙に奨励している。しかし家での学習に直面する両親の間の文化的不平等は無視できない。管理職の親は、自分も長期間の学校教育を経験しているため、一般的に知識や学校の要求を理解し、説明することができる。それに対して労働者の家族は、きょうだいの間の助け合いや、子ども自身の頑張りしかあてにできないことが多い。労働者は家での学習支援の重要性を自分の中でよく理解している。自分はその任務にふさわしくない、という恐れが時として彼らを心理的に抑制している。ダニエル・タン (D.Thin 2009) が調査した父親はこう言った。「でも、私のせいで娘が間違ってしまう

かもしれない」。これは労働者の家族の支援のパラドックスをよく物語る事例だ。子どもが学業達成するには、親の支援は中間階層や支配階層よりも庶民階層において、より必要である。

4. おわりに

しかし、庶民の親の支援は不十分で、効果も少ないことが明らかになった。それはまさに、両親に備えがないからである。家族の支援は子どもの学業達成を保障するには、十分であるには程遠い。また両親も学校の期待に十分に慣れていないため、自分で生徒の学習困難を助けてやることができない。このような結果は、科学的な視線を就学の仕組みや教育実践の方に向けて、労働者の子どもの大量の留年の根本原因の理解を深めることを求めている[8]。労働者の子どもたちの困難の大部分は小学校で作られ、彼らの将来の学習の動機づけに重要な影響を及ぼす（Poullaouec 2010, 第2章）。労働者の子どもの学習への取り組みは、一つの結果であるだけではなく、彼らの学業達成の一つの条件である。

（園山　大祐 訳）

8）近年取り入れられている初等教育における実践法（cf. Bonnéry 2007）が知られている。ほかに中等教育に対して（cf. Deauvieau 2009）、あるいは教育制度全体に対するものがある（cf. Bautier et Rayou 2009; Terrail 2016）。

第10章

成績がすべてではない
―SEGPA への進路変更が示していること―

ジョエル・ザフラン

1. はじめに

　移行とは、変更に対する役目や将来展望における強弱はあるが、人生を変更
する可能性の伝記の一時点を表す。学校の文脈に置き換えると、二つの研究方
法を提示する。第1に、学校の経路にみる将来予測について記述的な方法であ
る。つまり、初等段階から、中等段階へそして高等教育段階という学歴研究が
ある。第2は、未来学的に、次の進学先を予測するために必要な要素に関する
研究である。この二つの方法を関連づけながら、教育社会学研究の伝統的な方
法論は学校制度を批判し、社会的出自が進学に強く影響することを証明した。
この定説はいまでも機能し、1995年に中学に入学した、教師の親を持つ生徒の
90％が7年後にバカロレアを取得するのに対し、未熟練労働者の子どもは41％
である（DEPP 2010）。2015年度では労働者の生徒の34％が普通バカロレア取
得者であり、22％が技術バカロレア取得者であり、44％が職業バカロレア取得
者である。同年度の管理職では順に77％、14％、9％である[1]。社会的出自は、
普通、技術、職業高校への進路に今現在なお影響を与えていることがわかる。
　本章の目的は、学校の進路決定過程に社会的出自がどのように影響を与える
かというより、より正確には普通課程から特殊課程への進路変更について焦点

1）訳注：2015年のデータの出典は、DEPP 2016b: 69をもとにしている。

が当てられる。事実、フランスの就学には、二つ課程があり、普通課程という
メインストリームのほかに、学習困難な生徒のための特殊課程がある。特殊課
程には、普通職業適応教育科（la Section d'Enseignement Général et Profession-
nel Adapté、以下 SEGPA と略す。）という、深刻な学業困難な生徒を対象とす
る教育課程が用意されている（1998 年 6 月 19 日付事務通知 98-128 号）。留年な
どの処置では対応できないような、「基礎教育課程の終了時において求められ
るコンピテンシーを獲得できない生徒」[2]を受け入れる。学業に限定した困難
に限られた場合に、普通課程から特殊課程に進路変更することは驚きではない。
かれらの学習障がいに対応するための教育的処置である。問題となるのは、同
じ学習困難な生徒に対し、異なる進路が選択されている場合である。つまり、
なぜ一部の生徒が特殊な教育課程に進路を変更しなければならないか。ここで
証明したいのは、学業成績と同じくらい社会的出自が進路決定の要因となって
いることにある。中等教育段階のこうした特殊課程が社会的不平等を拡張して
いるのである。このため、我々は 1995 年に中学に入学した生徒のパネル（追
跡）調査を元にしている。つまり、17,830 名の入学者のうち、450 名（2.5%）の
SEGPA の生徒を対象とする。本調査では、家族構成や、初等教育の進路課程、
中学 1 年の全国学力調査の成績（フランス語と算数）に関するデータも参照す
る。

2. 1-SEGPA の生徒：普通学級の中学 1 年生に近い学力

　公教育において、19 世紀末より 6 歳から 13 歳までの男女に対して教育は義
務とされ、当時から「知能の遅れた子ども « arriérés »」、「異常児 « anor-
maux »」と「情緒不安 « instables »」についても言及されていた。1909 年から
は 14 歳までの児童を初等学校に併合された養護学級（classes de perfectionne-
ment）に在籍していた。この特殊課程（養護学級）は、設立当初よりメインス
トリームの学校制度改革とは別個に扱われてきた。ベルトワン改革（1959 年 1

---

2 ）以下の通達より引用：La circulaire N° 2009/060 du 24/04/2009 sur les Enseignements Généraux
　　et Professionnels Adaptés（EGPA），qui recouvrent les SEGPA et les Établissements Régionaux
　　d'Enseignement Adapté（EREA）．

142　　第 II 部　中等教育に至るまでの進路決定の形成過程

月6日付政令）は、義務教育を14歳から16歳に延長する。そのときに、見習いセンターを技術コレージュに、高等初等学校補習科を普通教育コレージュに改革する。その後の1965年9月21日付通達[3]によって、適応できない生徒のための機関（4校の中学校）を用意する。600人以上の中学に対し90名までの定員の受入機関を設置できるようにする。1967年12月27日付通達によって特殊教育科（SES）という名称となり、「軽度知的障がい」に対応した中等教育内部の組織として誕生する。

　SESに継続するものとしてSEGPAは深刻な学業困難な生徒を受け入れる組織となる。今日、約3.4%（約28,000人）の中学1年生を占める。しかし、同時に非富裕層出身者が多い学級という特徴も顕在する。2008年度のSEGPAの生徒の世帯主は、71%が労働者、失業者あるいは一度も働いたことがない（DEPP 2009）。男子生徒、大家族、そして非富裕層の家庭が多い。また多くが小学校（半分は小学校一年時）で留年を経験している。また中学校最終学年前に退学（58%）、あるいは無資格で止めるか、残りは、職業適格証（CAP）を取得し、より少ないが一部は職業バカロレアを取得している（Gasq et Pirus 2017）。1989年のパネル調査によれば、中学入学5年後の無資格者は、SEGPAの生徒で2.7%おり、世帯主が無職の生徒では11.4%なのに対し管理職・教師の生徒では0.4%にすぎない（Broccolicchi et Larguèze 1996）。[同じくフランス語と数学の学力低位10分の1の層で比較すると、無職の生徒では20.3%が無資格なのに対して、管理職・教師の生徒では2.8%に抑えられている。]

　ほとんどのSEGPAの生徒の成績は平均以下（フランス語（48点）と数学（53点））である。ただ、グループを4分位に分けると明らかとなる。たとえばフランス語では、SEGPAの97%（334名）が4分位の最下位層にまとまり、その逆に中学1年生（普通課程）では26%（4,299名）に止まる。数学においてもほぼ同じで、SEGPAの生徒が98%（343名）に対し、中学1年生は23.5%（3,907名）である。そしてSEGPAの生徒の2.8%（10名）しか第2下位層にいない（図10-1参照）。

　もし、中学1年生のフランス語と数学の平均点で考えた場合、SEGPAの生

3）Petit（1972）：第2巻に1972年までの特殊教育に関する文書が収められている。

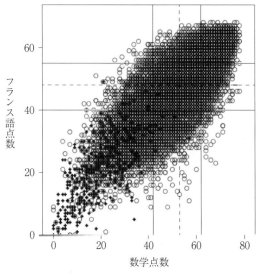

図10-1 中学（普通課程）とSEGPAの1年生のフランス語と数学の学力調査結果

徒のほとんどがこの平均点を超えることはない。ごくわずか（2.8%）しか第2下位層に属す生徒はいない。これらは、生徒の学力のみが進路を決めていることを意味しない。特殊課程への進路決定には社会的出自が影響を与えていることを意味する。そのためブロッコリシとラルゲーズ（Broccolichi et Larguèze 1996: 83）同様に、本章の目的である学業困難な生徒の進路というのは、SEGPA内部に固有なのではなく、多かれ少なかれ中学1年生内にもみられる。

3. 社会的違いがより濃く現れ、進路は対照的

以上のように、学力調査における最下位層の中学1年生とSEGPAの生徒のサンプルは、もし初等段階の学習困難に起因するとすれば、社会的出自も同じである。したがって、フランス語あるいは数学の点数が1点上昇するたびにSEGPAへの進路のリスクは減ることになる[4]。これ以外にも、留年数はSEGPAへの進路の決め手となっている。小学校で一度留年した生徒は、留年を経験していない生徒の5.3倍の確率でSEGPAへの進路を決定づける。また、小学校

において、困難に陥った生徒のための特別支援ネットワーク（RASED）の世話
になっている生徒はやはり SEGPA に進路を決める要因となる。同一学力成績
における生徒で、RASED の支援を受けた生徒は 8 倍の確率で SEGPA に進学
している。家族環境については、片親家庭より、両親がいる（複合家族も含む）
家庭の生徒は、SEGPA への進学を軽減している。そして、職人、管理職、中
間職、従業員の親を持つ生徒は、2.5 倍労働者層の家庭より SEGPA に進学す
る確率は低い。これら社会的要素は、他の進路決定と SEGPA への進路決定要
因が変わらないことを意味している。

　1995 年のパネル調査は、SEGPA に入学した 73.8％の生徒は職業適格証
（CAP）に到達し、残りはこれ以下となる。より詳細には、男子生徒は女子生
徒より高い確率で SEGPA から CAP のような職業教育などの進学をあきらめ
ている。SEGPA の入学時の数学の点数は、その点数が高いほど高校 2 年生ま
でに取得できる職業訓練の資格第 V 水準（本書 110 頁、注 2）参照）を取得する
確率を上げる。社会環境および家族構成は、進路決定に影響を与える。世帯主
が無業あるいは片親の家庭の生徒は、CAP の課程に進学する確率が下がる。

4．SEGPA あるいは「特殊課程」への進路決定要因

　SEGPA に関する 2009 年 4 月 24 日付通達（2009-060 号）における忠告では、
もしその生徒の欠陥の修復に複数年を要し、なおかつ能力に関する診断が十分
に行われた上、SEGPA で適切な教育が施される場合に受け入れるとしている。
個別診断の結果に対応した教育は、進路の罠に陥らないようにしなければなら
ない。進路の決定過程は、まずは両親と小学校の複数の担当教師と慎重に行う
こと。進路決定は生徒抜きに、また両親の了解なしに決定してはならない。中
学校における進路決定のように教師によって決定されるのとは異なる（Calicchio
et Mabilon-Bonfils 2004）。その次に、SEGPA 担当者と家族の協議によって決定
が下される。それは、既に深刻で長期にわたる学習困難が発見された場合に、

　4）この二つの変数の信憑性には課題もある。なぜなら、SEGPA における試験では、規定はあるも
　　のの時間延長の配慮や、問題説明における教師の介入には一定の柔軟さがあるためである。また教
　　師には「評価文化」が浸透しているため、その証左として生徒は試験において無回答率が高くなる。
　　数学では 100 名（22%）が、そしてフランス語では 95 名（21%）が回答していない。

小学校 4 年生の終わりから協議が始まる。担任教師が小学校の修了時までに問題が克服できないと判断した場合に、校長は保護者と協議した上で SEGPA の担当者に連絡をとる。書類の作成は翌年の 5 年生［最終学年］時に作成し、職員会議の了承を経て申請される[5]。進路決定は、学校の決定に服従するというものではなく、保護者との協議の結果として小学校から SEGPA への移行を要請するものである。

この進路決定過程は、これまでの社会学者（Thélot 2004; Duru-Bellat et van Zanten［1992］2012）によって明らかにされてきた選抜の問題を回避するために考えられた。ゆえに、SEGPA の生徒の学力は似通っているものの、その社会的出自については普通科の生徒とは同じとはいえなくとも多様でなければならない。残念なことに、結果はそうではない。フランス語と数学の学力試験の結果においても普通科とそれほど大きくは違わない状況がみられる。中学校 1 年生（普通課程）のフランス語と数学の点数が最下位 5 ％の生徒と SEGPA の生徒の点数は同じである。時には SEGPA の生徒のほうが基礎学力を普通課程の生徒より習得できている場合もあるくらいである（Vugdalic 1997; Goigoux 2000）。つまり、SEGPA への進路決定には、成績には還元できない要因がみられる。

5. おわりに

SEGPA の進路決定に注目すると、1995 年のパネル調査の二次分析から、小学校の終わりに、学業に限定されない進路決定のメカニズムが存在することに気がつく。つまり、この場合進路決定において行政がコントロールできない要因によって決められていることになる。学力に還元できない要素が進路の決定過程に寄与していることになる。このようにして、学校における生徒の序列づけに加えて社会的な序列による再生産が作り出されていることが明らかとなる。その結果、教師における SEGPA の生徒のイメージは気ままな正当性を確固た

5）時には家族より進路変更の希望が出されるが、必ず教師に伝える必要がある。または県障がい者センター（MDPH）の権利自律委員会（CDA）に申し出て、専門家の評価を受けて個別就学計画（PPS）の作成によって申請することもできる。

146　第Ⅱ部　中等教育に至るまでの進路決定の形成過程

るものにする。教師たちは、生徒の知的あるいは認知的な困難さに行動の問題を付け加える。彼らは、生徒が受動的ないし暴力的と映り、彼らの問題の根源は「精神的な問題」あるいは「社会化の問題」と捉えている（Nafti-Malherbe 2006）。それにもかかわらず、生徒の社会的出自とこれら推測されている能力は、進路決定に影響力を与えている。教師は、同時に心理学の領域で得た知識を支えに、時には、心理学的な概念を当てはめて生徒を描写することに誇りを覚えたりする（Morel 2012）。

　こうした心理学化は、学業失敗の見方を文脈あるいは構造的な問題から目をそらし、個人に帰結させる。失敗と進路結果は、生徒の責任に転嫁される（Lecigne 1998）。こうした「錬金術」がSEGPAへの進路決定を導き出し、そのことがもたらす卒業後の進路も想像できる。したがって、小学校からSEGPAへの移行の社会正義には慎重になる必要がある。なぜなら、こうした特殊課程への進学は、普通科とは異なる集団とみなされ、選抜という仕組みによって作られ、特別な課程に追いやられ、将来展望も保証されていないからである。こうした学力に還元されないメカニズムは、SEGPA同様に中学校にもいえ、成績がすべてではない。普通課程の生徒とSEGPAの生徒の両者に、我々が許されていることは、平等な対応である。

（園山　大祐　訳）

［補足］

○「国立養護学校」1954年1月4日付政令 Décret n° 54-45 du 4 janvier 1954 fixant les règles d'administration des écoles nationales de perfectionnement（ENP）.

○ SEGPAは1989年2月6日付通達（Circulaire d'orientation n° 89-036 du 6 février 1989）により、職業教育の担い手となり、資格水準のVレベル（CAP）の取得に向けた準備機関とされ、18-19歳までを対象とする。

○ 1996年度よりSESからSEGPAへ名称変更（Circulaire n° 96-167 du 20 juin 1996）。2006年通達で修正（la circulaire n° 2006-139 du 29 août 2006）。

○ 2016年9月より現行制度に改正（Arrêté du 21 octobre 2015 et la circulaire n°

2015-176 du 28 octobre 2015)。

[最新状況]

　2007 年に中学に入学した生徒の 3.4％（28,100 人）が SEGPA に登録されている。うち約 6 割が男子生徒である。両親と暮らす生徒が 57.4％で、片親家庭が 26.9％である。4 人以上のきょうだい数が 47.3％を占める。国際結婚家庭が 5.1％で、移民家庭が 17.4％である。83.5％の生徒が小学校にて留年を経験している。そのうちの半数は小学校 1 年次に留年をしている。28,100 人のうち、10,478 人（37％）が中学入学後 8 年で資格を取得している。そのほとんどが CAP を取得する。わずか 3％未満が職業バカロレアを取得している。逆に 16,287 人（58％）が無資格で退学している（Gasq et Pirus 2017）。

　2015 年度フランス全体には、88,786 人の SEGPA 在籍者がいる。1995 年と比べると 3 万人ほどの生徒数の減少がみられる。男子生徒は全体の 6 割を占めている。中学校 4 年の SEGPA の生徒の 64％が高校 1 年の CAP に進学している（DEPP 2016a）。そうした資格取得に向けた進路指導を評価する一方で、図 10 - 2 にみられるように、SEGPA 在籍率は大学区によって異なる（リールの 1.0％からレンヌの 4.0％まで）といった課題がみられる（図 10 - 2）。この分布の偏りは、社会的出自の分布の偏りや、教育行政に影響を受けているともいわれていて、本章のザフランが述べているように、進路決定過程において教師や進路指導専門員の無意図的な偏見がないか疑問を呈する。

（園山　大祐）

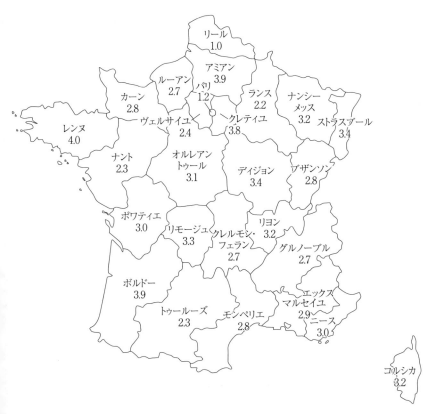

図 10-2 フランス大学区別 SEGPA 就学率（2014 年度：中学校入学者）、%
出典：DEPP（2014）より作成。
（http://cache.media.education.gouv.fr/file/2014/96/7/DEPP-RERS-2014-4.19-eleves-segpa_344967.xls）。地図上のイル・ド・フランス地域圏は、パリ（1.2%）、ヴェルサイユ（2.4%）、クレティユ（3.8%）のとおり。

第11章

なぜ、離学者たちは復学先に留まるのか？
―学業中断状態の若者達が復学する理由―

ジョエル・ザフラン

1. はじめに

　離学の原因は知られているが、復学の理由についてはさほどではない。本章は、離学者達が復学支援機関を頼る理由と、復学先での彼らのコミットに注目する。このプロセスは二つの角度から分析される。まず、時間の持つ意義と復学機関に通うことで得られる社会的認知から分析し、次に、復学先でのコミットに伴う主観的あるいは集団的な試練を理解していく。そして本章の結論として、復学先に留まることは、若者たちが、自分が期待することを復学機関が定める目標に合わせ、徐々に相互的に調整することにほかならないことを示したい。フランスまたはその他の国での「離学」の現状を確認することで、その理由を捉えることができる[1]。「離学者」たちは、どちらかといえば男子で、過去において一度以上留年している。父親は労働者で家庭内の子どもの数は3人以上である（Janosz et al. 2000; Fortin et Picard 1999）。そして、これらの要因が学校という場で「離学」リスクに及ぼすインパクトはさまざまで（Esterle-Hedibel 2007; Douat 2012; Blaya 2010）、増幅されることを予見させる（Rumberger 1995）。これらの統計を考慮すれば、*他の条件は同じ*とした上で、「離学」についての

---

1) 本章では、批判の余地がある用語ではあるが、「離学」および「離学者」を用いる。これらの用語に対する社会学的な批判を考慮すれば使うべきではないだろう。しかし、実際のところ、批判は義務教育期間中の生徒に対して使う場合に向けられ、それ以降に学校を離れた若者に対しての使用は想定されていない。

150　第Ⅱ部　中等教育に至るまでの進路決定の形成過程

ある種の分析は可能なわけだが、そのほかにも、生徒側に注目し起因となる社会的メカニズムを無視している「離学」を批判的に読むことを提唱する研究もある（Glasman et Œuvrard 2004=2011）。そして、苦悩・屈辱・生徒という仕事への誤解に連なる若者たちの学校体験を扱う多くの調査が、この現象に学校自体が加担していることを指摘している（Bloch et Gerde 1998; Bonnéry 2011）。「離学」の主観的側面が導く問題点は、離学状態にある若者たちの学校体験と、彼らが、まず離学対策措置にすがり、さらに修了まで通い続ける背景にある行動論理である。それが本章の趣旨であり三部構成で展開する。第2節では、フランスにおける離学にかかわる現場を紹介する。資格も免状もない若者たちのための復学機関について詳しく述べたい。学業を中断した若者たちがどのように復学機関と関係を結んでいくかが、私たちの問いであるから、*学校様式*（forme scolaire）についても触れる。第3節では、若者が離学状態克服のための復学機関に向かう背景にある認知という狙いを明確にする。復学を決意する背景には、難儀な生活と幻滅の体験がある。第4節では、復学先での履修継続を扱う。復学後の履修継続を助け持続させる組織・運営的または主観的要因に着目する。本章は、離学・復学・履修継続を分析することで、学位を持たぬ若者たちが復学していく行程における複数のシークエンスを捉える。

2. 離学対策の現場

　離学対策措置の特徴は、国とヨーロッパ委員会という異なるスケールが絡んでいることである。国のスケールでは、無資格では労働市場に参入できないことから「離学」を社会参画への障害と見なし、その公的支出に与えるコストを算出する（Zaffran 2015）。ヨーロッパ委員会のスケールでは、EU教育政策策定に当たり、「知識社会」におけるテクノロジー・科学・経済のイノベーションの加速を前提にしている（Commission Européenne 2001: 4）。「知識社会」のリズムが加速すればするほど、離学対策も強化されることになる。それ故「離学」状態克服のための機関は、常に学ぶ場所という意図を持つ。復学機関の中には、資格取得を目的とせず、スキルアップための職業訓練再開や迅速な就職を目的としたものもあるが、その場合も同様である。学業復帰機関（SRE）として、

たとえばミクロ・リセ（Microlycée）は、義務教育以降の無資格な若者たちを受け入れ支援する[2]。E2C（セカンド・チャンス・スクール）や EPIDE（雇用・都市・防衛省職業参入公立教育機関）は、それぞれ固有の方法で、若者たちが職業計画を立てられるようにフォローし、土台となる基礎知識の取得の手助けをする。離学者の職業訓練や就職支援のための機関の現場は広く、参入するアクターはさまざまであるが、すべてが「学校様式」で運営されている（Vincent 1994）。教室に戻ることは避けられない。復学機関を頼ることで、若者たちは大人の権威に直面する。大人は演習を課し、学習計画を与え、教える知識をコード化し、教育的シークエンスで時間を区切る（Maulini et Perrenoud 2005）。「学校様式」に戻ることで、若者たちは、学習のための知的・身体的規律を思い出し、再び成長や失敗を評価されることになる。

　離学対策措置において「学校様式」が存在し、ひいては強く意識されることは、一方で、離学者たちが関係悪化で離学した後で「学校様式」に戻る理由について、また一方で、一度は拒否した学校的な性格を受け入れる理由に影響を与える。故に、復学先の履修継続に与える影響の主観的なねらいを私たちの問題提起の柱としたい。私たちは理解型アプローチを取り、資格を持たずに、学校色の強い学業復帰機関や職業訓練が目的の E2C または EPIDE に復学した若者たちと指導者を対象に多くの面談を重ねた。若者たちとの面談の枠では、各自がたどった学校に始まり復学機関入学に至るまでの学校歴の主観的または客観的側面に話が及んだ。面談は三段階で構成された。第一段階は過去の学校体験にかかわり、学校や勉強をどう認識しているか、「離学」の理由に触れてもらった。第二段階は「ポスト離学」の状況について、第三段階では、復学先の選択と実際の訓練体験について語ってもらった。本章では、学校歴とシークエンスのいくつかの側面のみを扱う。

3. 復学機関に頼る：争点は承認

　若者たちは、離学後数か月間または数年が経過する間、大半のケースで社会

2）フランスの義務教育期間は 16 歳まで。この年齢前には、実験中学校、復帰準備中継学級や復帰準備措置などの別の復学機関がある。

152 第Ⅱ部　中等教育に至るまでの進路決定の形成過程

のマージナルな場所で自由気ままに過ごしながら暮らすことになる。その間の社会化の母体は、主に同じ境遇にある仲間たちである。復学機関の種類を問わず、そこに入ることはルーティーンと決別することが求められる。一方で、復学先が提案する社会的職業的スキルと学業の両方またはどちらか一方を習得するためには、若者たちは、自らが持つ社会と自分自身に関する表象を再構築する必要に迫られる。このプロセスにおいては、学校システムの特徴が復学機関に移し換えられないことが求められる。若者たちが学校で体験したことを繰り返さないためである。取材した若者たちが早々と離学する理由は学業継続が困難であったからだが、その原因には理解力不足や学習への無関心ばかりでなく、大人や他の生徒たち（両方または一方）との対立がある。彼らが学業に向ける視線はネガティブで、離学する時点では復学するつもりはまったくない。その後の離学中には、一切の学業や制約を課す活動は意図的に避けているのが特徴である。この期間の彼らの日常の主な活動は二つ——寝ることと飲んで遊ぶことである。無為に過ごすことを見直すのもゆっくりした経過をたどる。彼らには、毎日飲んで遊んではいないにしても、気ままに暮らすための財源はない。家族からのプレッシャーを受けることも多い。そもそも離学のきっかけとなった自由時間が欲しいという理由も受け入れ難くなる。自由を謳歌し自らの存在を自分が掌握しているという感覚は、退屈と日常の閉塞感に取って代わられる。陶酔した自由時間が、終いには取り払うべき重荷になっていく。

　若者たちは、自ら身を投じた年中自由という状態を終わりにして、価値のある社会的役割を果たしたいと希望するようになる。そして就活を始める。しかし、ここで労働市場の制約に直面することになる。仕事を見つけたくても、アピールできる職歴も資格もなくては容易いことではない。彼らは、それを身に染みて知ることになる。最悪の場合は落胆が続き、最善の場合でも不安定な雇用に甘んじるだけである。雇用に当たっての契約形態もある種のものに限られ（それも雇用が申告されればの話）、メリットは少なく、僅かな賃金は仕事のきつさに見合わない。このような評価の低い職業経験を繰り返すことで大いなる幻滅が生じる。自らの脆弱性に疑問を持ちそこから抜け出す方法を見つけようとしはじめる。しかし、こういった体験だけでは軌道修正には至らない。時間経過で生じる成熟によって、若者たちが現状を客観的に捉え、離学がもたらす社

会的・個人的なインパクトを測れるようになることが必要になる。体験と時間経過の両方によって、自らの脆弱性を包括的に把握できるようになる。現状に合わせて、それまでの行程をもう一度見直すことで、再びそれを自らのものにすることができるのだ。下した決定を擁護しながら、行程に新たな一貫性が与えられることが重要である。それまでの歩みに新たな方向性を与えるという意志の現れがあってこそ、復学機関への登録に至るわけだ。中には、断絶の意志を持って臨む若者もいる。彼らは、そうすることで救われると信じているからだ。

4. 復学：主観的で集団的な試練

　若者たちは、復学機関に入学する前に計画を策定することは共通しているが、それは職業的というよりは主観的なものである。人生計画の類いのもので大人になるためのいくつかの入り口——働く・家を持つ・結婚する・子どもを持つといったことを目標にする。しかし、不安定な状況は、若者たちの財政的自律を危うくし、望ましい規範的な将来から彼らを遠ざけることになる。この人生計画は規約上の課題になっているため、若者が復学先に期待することは、その計画の遂行を可能にし、同時に、彼らの人生の軌跡が社会的に評価される地位に重なっていくように指導してくれることである。この場合、彼らの人生計画は、特定の仕事に就きたいという単純な希望より広範である。ただし、この広範性は履修継続を可能にする大きな原動力になる。なぜなら、彼らは自分の日常を変えたいが、どうしていいかがわからない状況にあるからだ。この点においては、彼らの姿勢は先験的には復学に適している。後は、復学機関が、その役割と「学校様式」の中での相互の活動を通して、若者たちのコミットを支えていくことが求められる。

　復学に適した姿勢だけでは、若者を復学機関につなぎとめることはできない。これが、維持され、ひいては強化されなければならない。それを可能にするのが、復学機関と若者の間の機能的な調整で、これが両者を内面的につなぐことになる。復学に向かわせた若者たちの意向があった上で、それを日々更新するように復学機関が機能しなければ履修継続は不確かである。結局、復学機関だ

けでは若者をつなぎとめることはできない。そうはいっても、若者たちが、復学先から支給される手当てが、たとえわずかで一時的なものであっても人生の数か月を費やすに値すると考えているならば別の話だが[3]。このように手段としての意図はあるにしても、両者間の調整は、復学先での関係の中心に置かれる。さて、若者たちの社会化を図る活動、つまり彼らを変身させる活動を運営するための原則が担保されるためには、若者たちが、自分の選択は正しかったという確信を持って社会参入を促す関係を築くことが土台として不可欠である。それ故、指導者には、従来型の教育習慣や「規範的」な教授法とは一線を画す能力が要求される。それなくして、復学機関が若者に合わせる方向での調整はできない。若者たちが復学機関に通い続けようとしても、挫折・屈辱・不当に彩られた学校体験の記憶が蘇れば、抵抗するのは困難だからだ。

　取材した若者たちの大半にとって、指導者との個人的な関係は、復学先でのコミットの主要な梃子となっている。関係に配慮するのは、過去の学校体験において、教師たちとの対立が多かったことを思えば理解できる。対立は、時には学習困難とは関係なく、家庭や個人的な事情が原因だったが、彼らによれば、教師たちはまったく聞く耳を持たなかったという。大人に認めてもらえないことで、学校をネガティブに捉えてしまった若者の一部は、「システム」や教師に対する反抗的な行為を繰り返すようになるのだ。また、若者たちは、屈辱的な体験を教師陣が指揮した降格儀式であり、また公開の場での貶めだったと認識していて（Merle 2005）、その痕跡は深い。望ましくない生徒という一つの型に嵌められたという記憶は、まだ生々しく、薄らぐことはない。屈辱を受けた背景には、学習困難以外にも、社会的出自や身体的特徴が絡んでいたからだ。彼らは、皆の前で、学習困難を指摘され、社会的出自や親近者を引き合いに出されて学校のシステムとは相容れないといわれたことで、貶められたと感じている。若者たちは、自分の居場所は学校の外にしかないとはっきりわかったのだ。彼らは学校にとって、または道徳にとっての脅威だと認識されていたのだから当然だろう。こうした侵害は、教師たちとしばしば暴力的な対立を起こし、学校で受けた傷は塞がることはなかった。　同様に、復学機関に入学したから

3）復学機関の中には、「セカンド・チャンス・スクール」のように、若者たちに職業訓練生という地位を与え、彼らに小額を支給する機関もある。

第11章　なぜ、離学者たちは復学先に留まるのか？　　*155*

といって、学校や教師への恨みが消えたわけではない。復学先で気にかけてもらい、学習が困難でもわるいと決めつけられることもなく、それを言葉で伝えることができることなどが、象徴的で実践的な資質になり、個人的な行程でどんなハプニングが生じても復学機関に留まるための支えになる。

　復学機関がどこであれ、若者たちと教師陣の距離が近いことが、彼らの学校に対する確執を軽減する。復学先の大人たちが寛大な態度を示すことは、若者が学校で体験した人間味のない関係との違いを際立たせ、決定的な選択となる。復学機関三種類のどこでも、若者たちは指導者からパーソナルな支援を受けることができる。指導者は、E2C では担当官（référent）、EPIDE ではモニター（moniteur）、ミクロ・リセではチューター（tuteur）と呼ばれる。支援のかたちは、個人的な交流や集団的な交流があるが、多少の差はあれ形式化している。この交流は、単なる計画のフォローにとどまらず、若者たちへの感情のこもったフォローと支援を担保している。大人と若者という立場上の違いが作るバリアを取り払い、学習が困難である若者たち側から指導者の役割が定義され、復学先の教室内には不可欠な交流の場が確保された上で、それらの相互作用がもたらす自然の流れで、若者たちは復学先に留まることになる。相互関係は、「学校様式」のいくつかの側面を解体する。教師と教育者（éducateur）、または生徒と若者を区別しないからだ。たとえば、ある若者が緊急に研修先に向かわなければならなくなったとき、彼の指導者は、移動時間短縮のために自分の車を貸そうと申し出た。また、別の若者は、暇な時間に指導者の自転車の修理をかってでた。日課の終わりに、大人が歩きの若者を家まで車で送ったり、時間が遅く移動に不安があると判断した場合に車を出すことは稀ではない。言い換えれば、若者たちは単なる生徒という役割に還元されることはなく、「離学者」という立場に還元されることはさらにない。若者たちには、個人として、大人に助けられながらも、独りで、過去の学校体験やこれまでの人生で隠してきた出来事（不幸で時には悲劇的なこと）と、これから成就しようとする計画との間でバランスをとるという難しい仕事が課せられているのだ。

　世話をし支援することで学校内の空気は平穏になるが、大人の正当性が損なわれることはない。必要なときに頼れる、話を聞いてくれる、若者たちの計画に加担し成功に導いてくれる大人たちを、若者たちは「支え（支柱）」と呼び、

中には「守護天使」と呼ぶ者もいる。その上、両者の関係が紡がれることで、復学機関の使命（学歴・優れた職業訓練・仕事）に関連した目標を立てたり、入学時に立てた目標を実現することができる。若者たちは、大人は支援者であるという認識を持つが、大人は、最終的には*意味ある他者*という役割を果たすことになり、支援者という役割は更に強化される。それは同時に、離学状態にある仲間たちや居住区から離れ、感情的にも疎遠になった状態を埋めていく。学校の外では、変わりたいという意欲が揺らぐことがあっても、学校に来れば計画の有効性を確認できる。計画はアイデンティティにも作用する。この意味で、大人は、若者たちとの関係を統括する教育上のポジティブなアプリオリ（先験的認識）によって、若者たちが築こうとしているアイデンティティの部分を有効と認めてくれる「教育者」であるといえよう。

　若者を学習上のハンディやこれまでの人生における出来事の重圧にもかかわらず、成功の可能性を秘めた個人として扱うことで、指導者たちは、彼らがポジティブな自己イメージを（再）構築する手助けをすることになり、復学機関を履修期間終了前に辞めるという誘惑を可能な限り遠ざけることになる。教育がパーソナル化すれば、学校で得る知識の実用性に対する認識が変わる。若者たちは、学校で教えることは「*一般的で理論的過ぎる*」から役に立たないと非難していたが、教育の内容を各自の計画に適用させることで、彼らの学習意欲をかき立てる。習得すべき知識は、かつてのような理論的で抽象的で自分には取得不可能なものではなくなる。就職、職業訓練の再開、もっと一般的には自活の前提となるものとして提示され認識されるわけだから、若者たちは教育に関心を示し教育上の契約に参画する。さらに、実施されている評価方法も履修継続に作用する。難しくても深刻にならずに指導官やほかの若者たちから判定されることがないことを保障してくれる。全復学機関において、課題は共通している——未取得の知識を指摘するより既得の知識を評価する。それによって、若者たちに貼られた「バカ」や「*能無し*」というレッテルが外される。レッテルが消えれば消えるほど、若者たちは自信を取り戻していく。

5. おわりに

　離学の理由については知られているが、復学後の履修継続の原動力について
は知られていない。私たちが復学に関心を持ったことで明らかになったのは、
離学者が復学支援機関にすがる要因とそこに留まる要因である。面談を通して
わかったことは、復学先での履修継続は個人的な経験であり、それは過去の学
校体験と未来の展望から、今を評価する要素を汲み上げることである。復学を
決意し復学先に実際にコミットする前に、若者たちは、それに先立ち、社会へ
の参入願望を示す。離学と復学先での履修継続というシークエンスの間に、若
者たちは労働市場に参入しようと動いていた。同時に友達との付き合い方も変
えていた。進路を変更しよう、つまり変わろうという意志に基づき、シフトに
成功するための諸条件を揃えている。自ら、復学機関の中と外に利用できる複
数の橋をかけ、過去のシガラミを断ち切ろうと懸命に動いていた。一方で橋を
かけ、一方では縁を切ることで「離学者（おちこぼれ）」というアイデンティ
ティを払いのけ、自ら想定する役割を果たすための準備をする。この個人的な作
業が前提となり、復学機関が彼らにもたらした変化も伴って、若者たちは復学
先に期待することを調整していく。

　履修継続者のすべては、復学の経験を持つが、すべての復学者が履修継続が
できるとは限らない。復学機関は、中途退学を阻止することはできない。とな
れば、行動の一貫性のなさが生む結果への恐れだけでは、履修継続を理解する
ことはできない。なぜなら、履修継続の可・不可は、復学機関側の運営方法、
または学校様式を再編成できる能力に部分的ではあるがかかっているからだ。
過去に教師たちと対立的な関係を持った若者たちや就学中に頼れる人がいなか
ったと感じている若者たちにとっては、教師陣との関係が履修継続の説明の前
面に出てくる。理解力に問題があった若者たちは、それより、学習のパーソナ
ルな側面や点数で評価されないことを指摘する。就学中に孤立していたり、離
学の原因は「悪い仲間」のせいだと考えている若者たちは、復学先でのグルー
プが継続の支えとなる。このような履修継続のレシピに絡んでくるのが大人た
ちの力量である。離学者を生徒という立場から脱却させ、教室の壁を越えてさ

らには学校の壁を越えて教育という仕事を遂行する、つまり違った教え方をする力だ。時には復学先の運営方法を揶揄したり批判する若者もいるが、あからさまに異論を唱えるものはいない。なぜなら、彼らにとって、それが別の人生、「普通」で安定した人生を歩むための約束だからだ。

　フランスにおける現象のいくつかの側面を紹介したが、最後に、日本における離学という問題、または復学支援機関について比較対照となる要素について問うてみたい。たとえば大阪の秋桜高校におけるプロセスは紹介したものと同じだろうか？　運営方法は違っていても（特に、秋桜高校［大阪の通信制私立高校］で課される出席時間はフランスのミクロ・リセに比べるとかなり少ない）、日本の若者が考える復学の意味は、フランスの若者のそれと同じであろうか？　社会学では、比較するということは、違う文脈に置かれた、同じ対象が示す差異を分析することである。その差異で国同士の文化的隔たりを測ることができる。学校運営に関しても、社会構造に関しても、日本とフランスの隔たりは大きい。ただし、比較というやり方は、コスモポリタニズムやグローバリゼーションにもかかわらず存続している違いを指摘することだけに矮小化されるわけではない。一致点をみつけ現象の横断的な側面を明らかにすることでもある。こういった側面が国境を越えて繰り返して表れるとき、この現象は理解しやすくなる。すると、現象の根本にある原因を捉えることができ、その力学をより理解しやすくなる。

　フランスと日本における離学という現象の一致点として、一つ挙げられるのは学業のプレッシャーとその社会的な反映だ。フランスでは、このプレッシャーは生徒・保護者・学校にかかわるアクターへの取材で感じられる。学校における高い選抜性に合わせて、保護者が学校を選び、子どもたちの趣味や習い事にも、成績アップにつながる採算性を求めた作戦を練る（Zaffran 2000）。それが、不登校や学校嫌いを引き起こす。こういった病的な現象の原因は数多いが、その一端は学校運営の方法にある。特に、硬直した教育法、評価システム、個人の才能開花を阻む知識偏重に表れるエリート主義的側面にある。さて、日本においてもエリート主義は尊重され、結果として、フランスと同比率の生徒がストレスを抱えている。特に数学に対して著しい。経済協力開発機構の国際学習到達度調査（PISA）によれば、数学にストレスを感じている生徒率が一番

高い国々の中に、フランスと日本が入っている。違う点は、フランスでは、年少のうちから、硬直化した「学校様式」に直面した生徒たちが、かなり早い段階で重圧を感じているのに対し、日本では 12 歳前（小学校の間）は、学校側は自由と創造性を重んじ、励ましてやる気を喚起することが教授法の基本になっている（Sabouret et Sonoyama 2008）。12 歳以降はフランスの教育システムに収斂していく。快適さより学業成果のほうが重要になってくるからだ。映画『あん』の中で、河瀬直美監督が描くある数秒のシーンは、学校について重要なことを物語っている。三人の女子高生が学校帰りにどら焼きを食べている。彼女たちは伝統的な和菓子を食べながら数学の授業についておしゃべりしているのだ。三人は口を揃えて数学の授業で教わっている因数分解（授業のテーマ）が役に立たないという。その授業が何の役に立つのかわからない、だいたい学校の授業そのものが何の役に立つのかわからないというのだ。ただし、自由時間には限りがあり、おしゃべりも数秒で終わってしまう。餡子が美味しいかどうかを延々と議論する間もなく塾に遅れないようにそそくさと立ち上がる。塾で教わるのは、まさに先の因数分解なのだ。学校が終わってもまた勉強で、高校生には休む暇はほとんどない。

　日本では、「不登校」、さらに広範にいえば離学を精神病の範疇から出すことができる。こうして、引きこもりは、厚生省からは「社会心理学的現象であり精神疾患状態ではない」（Figueiredo 2014: 75）と見なされているが、両親が考えている方向に進むことへの拒否、または学校が想定するように自律性を習得することのへ拒否の表れである。このような拒否は診断可能な病気には起因していない。フランスにおいても日本においても、学業のプレッシャーの表れ方は数多く、学校離れの要因は、学業と社会の両レベルで語られる。いずれにしても、離学という現象は両国においてより顕著になっている。本章においては、離学状態にある若者たちの復学後の履修継続にみられる主要な側面に言及した。日本において、若者たちを離脱した場所に戻すために、フランス同様またはそれより優れた方法が、今あるならどんなものなのか、将来的にはどうなのか知りたいところである。

【付記】

本章は 2016 年に *Éducation & Formation* 誌（90 号）に掲載された論文 « Comment faire pour refaire ? Les décrocheurs scolaires qui s'accrochent », pp. 113-128 を再編成した。同論文の共同著者であるジュリエット・ヴォレ（J. Vollet）との協働に負う所が大きい。

（園山　大祐 訳）

第 12 章

新任教員の始まり

ジェローム・ドゥヴィオー

1. はじめに

　本章の目的は中等教育教員の職務の開始について分析することである。教員の養成は 1990 年代の初め以来、IUFM（大学附設教員養成大学院）で行われてきた。本論は主に、中等教育の新任教員の教え方を記述し、その決定要因を理解することを目的として、2000 年代前半に行われた調査に基づいている（Deauvieau 2009）。ここでは分析対象を、新任の教員がクラス担任になるという特殊な時期に限定する。これは教員として就任してから最初の 2 年ないし 3 年の時期に相当する。新任教員の大多数がキャリアの開始時に直面する最大の難関と考えているクラス運営の問題から始めたい。この困難の意味合いを追求することで、新方式の教員養成が実施されつつある中で、今日の中等教育教員がどのように養成されているのかを理解するのが、本章の目的となる。

2. 授業中のワイワイガヤガヤ声と学習

　IUFM を卒業し、正教員の資格を得た新任教員は、すぐさま「クラス担任」として教職を開始することになる。教員にとりこの局面がいかに困難な体験となるかは周知の事実で、特に、経験が浅く、問題の多い学校に配属される可能性が強い若手教員ではそれが顕著である。次の調査事例から、新任教員が直面

162　　第Ⅱ部　中等教育に至るまでの進路決定の形成過程

する困難の内容がうかがわれる。パリ首都圏南部のリセの正教員になったアルノーは、運営が極めて難しいと感じられる1クラスを担任している。1年間を通じて、我々はしばしば、この高校3年のクラスとアルノー自身の「おぞましい」関係について話し合った。

　時期は3月で、私は初めてアルノーがクラスで授業をするところを参観した。アルノーは授業の最初に「この2時間目の授業では君たちにもっと静かにしてもらいたい。これは君たちのためにいうのだぞ。私語をしていたのでは授業は進まないからだ」と生徒に指示した。私がみたところ、この指示は1時間の授業を通じてほとんど効果がなかった。クラスの大部分は騒がしく私語をしており、教員の質問に答えないし、一部の生徒は教員に注意されても口答えする。私語が止まないことに苛立ったアルノーは、半時間後に、2人の生徒を教室外に退去させた。アルノーは、授業に参加し、質問に答えるよう生徒に要求することに長い時間を費やした。23人の生徒のうち、要求に応じて、ときどき質問に答えるのは5人にすぎない。授業の後でアルノーは自分の心情を、「この第3学年のクラスはもはや耐えられない。授業は市販教材のプリントに沿って行っている。このクラスのために自分で授業の準備をする気持ちが失せてしまったからだ。自分でも、視学官[1]にわかったら厳しく注意されると思っている」と私に語った。正午になったので、私たちは最終学年の授業の構成法、アルノーが感じる困難、彼が採用する資料の選択などについて話し合った。その際に、アルノーは私に「第3学年の授業でバカロレア試験の過去問集を使うべきではなかった。それでは物足りない……」と語った。

　3週間後に私はまた、この同じ第3学年のクラスを参観した。このとき

1）訳注：視学官（Inspecteur）：フランスの教育行政は教育専門家によって管理・運営されている。フランス本土および海外県を含めた30の大学区（1808年創設の教育行政単位）があり、そこに大学区総長（Recteur）を置き、101の県には大学区国民教育事務局長を置いて、学校や教職員の管理を行っている。視学官には三つの地位がある。中央レベルの教育行政を担う1802年創設の国民教育大臣所轄の国民教育行政研究総視学官（IGAEN）と、中等教育を管轄する大学区（地方）レベルを担う大学区視学官——地方教育視学官（IA-IPR）と、初等教育を管轄する県レベルを担う国民教育視学官（IEN）がいる。（園山（2014）「教育の専門家によるコントロールと利益代表制の諮問機関」『季刊　教育法』第180号、pp.42-45）

第12章　新任教員の始まり　　*163*

は宿題の添削の時間だった。アルノーは授業の始めに、ドアを開け、「出ていきたい者は出ていい。そうでないなら静かにしてほしい」と告げた。最初の1時間は、静かなときと騒がしいときが交互に繰り返し、教員はしばしば私語をしている生徒を注意した。休憩時間に我々は、終わったばかりの1時間について話し合った。アルノーはこのとき、生徒を教室の外に締め出すのは気が引けると私に明かした。その理由は、クラスがうるさいのは自分にも部分的に責任があり、授業をしっかり準備していないせいで自分が「空回りしている」のを一部の生徒が感じていると思われるからだという。

以上の観察記録について、いくつかコメントしたい。アルノーとクラスの関係が良好でないことは明白だ。一部の生徒のひっきりなしの私語と「学習意欲の欠如」が授業の進行を阻害している。これに呼応して、アルノーのほうもこのクラスを耐え難く感じ、授業の準備を疎かにしている。ここで注意すべきなのは、生徒と教員の気持ちの表現のレベルを超えて、対立の多くが、学校における相互作用の本来の意味での認知的問題をめぐって起きていることである。生徒は授業への参加を拒み、アルノーは多分授業の準備を手抜きしており、生徒を罰する意味で、授業のスピードを「少し速めすぎ」ている。ここでは、教員と生徒の相互作用における関係性の領域（個人対個人の関係）と本来的な認知の領域を区別することは難しいといわざるをえない。確かに、ここで問題となっている生徒たちは第3学年におり、バカロレアが近づいているので授業内容に無関心ではいられないはずだし、また授業中のワイワイガヤガヤの一部が教員と1人または数人の生徒の、あるいは、生徒同士の、個人的対決にしか帰結していないことは明らかだ。しかし、この観察記録抜粋には、教員と生徒の相互作用には必ず二つの領域があり、一方は個人間関係（少年または青年のグループに対する成人）に、他方は教育と学習の本来的な認知問題にかかわっているが、このケースでは双方の領域がいわば相互的に相手を悪化させているということに注意を促すメリットがある。

したがって、教員と生徒の相互作用におけるワイワイガヤガヤと学習の結びつきをより正確に見きわめる必要がある。教員・生徒の相互作用のダイナミッ

クスを正確に観察すると、相互作用の悪化は、教員・生徒関係の特に認知的な
領域に原因があり、授業を妨害する生徒の行動はこの相互作用の関係的領域だ
けにエネルギーを注いでいるわけではないことがわかってくる。つまり、学校
での相互作用の対立性は、最初にとまではいわないが、認知的次元の検証から
も把握しなければならない。私の意図は、どのようなワイワイガヤガヤにも教
育・学習プロセスの悪化が必ず直接的に反映されていると主張することではな
い。私としては単に、学校でのワイワイガヤガヤとクラス内での本来的な認知
的問題の相互関係を強調したいだけである。

　この問題に関して常に引用される先駆的研究の一つは、まさしく、クラスに
おけるワイワイガヤガヤの変化を招くのは学業困難であることを指摘している。
ジャック・テスタニエールは 1967 年に、「伝統的な」騒ぎ、つまり儀式化して
おり、実は学校の秩序を強化しているワイワイガヤガヤが、授業を妨害し、学
校の秩序を乱す「アノミー的な」ワイワイガヤガヤに変化したのは、学校の大
衆化の一環として、学業困難の増大を招いた生徒層の変化を抜きにしては考え
られないことを指摘した（Testanière 1967）。ところが、学校の大衆化および学
業困難の増大と、学校における相互作用の不安定化の間にあるこの関係は、過
去 50 年間のクラスの雰囲気の変化に関する歴史的説明としては広く認められ
てきたのに、学校における相互作用で発生するワイワイガヤガヤを具体的に研
究する場合には、この関係がとたんに忘れられてしまったかのような事態がみ
られる。その一因はおそらく、学校における相互作用の研究にかかわる学術研
究部門の役割分担にある。つまり、学校における「逸脱」行動の観察と記述は
社会学者が、相互作業の認知的側面の研究は教育学者が行うという役割分担の
ことである。社会学者は主として、学校で静かに座っていられない「少年」を
対象とし、教育学者は、ある教科の学習においてなんらかの認識論的な障がい
に直面している「生徒」を対象としている。しかし、ほとんど誰も、授業の妨
害者を「生徒」として観察しようとはしない。だが、相互作用の本来的な認知
的ダイナミックスを分析に含めなければ、教員、クラス、授業のテーマなどに
よってワイワイガヤガヤの現れ方に大きな違いがある理由を理解することはで
きない。こう考えると、新任教員が最初に遭遇する困難は学級運営であり、そ
れは取りも直さず、学校的な秩序の運営だと指摘することで、問題の認知的側

面を性急に除外してしまってはならない。こうした困難は、教員の仕事の中核をなす知識の伝達とおそらく何らかの関係があるのだ。

3. 認知的相互作用の不確実性

　学校での対立の意味に関する私の観察記録は、新任教員が経験するこうした困難が、相互作用の本来的に認知的な管理と切り離せないことを示唆している。そこで問われなければならないのは、キャリアの初めにおける教員の職業技能の度合いである。ところがこの問題は、必ずしも新任教員の関心事の一つとは限らない。新任教員の調査から得られる情報は一般にこの点についてかなり断片的で欠落がある。教員は結局のところ、職務の遂行において直面する本来的に知的な困難について語ることには不慣れなのである。しかし、教員をキャリアの開始から最初の2年にわたり注意深く観察し、その職業活動を仔細に追い続け、「現場の状況で」質問することで、こうした困難を乗り越え、この問題の評価要素をもたらすことが可能になる。クラスにおける相互作用の認知的領域の管理に関する教員の状況を、最も決定的な三つの側面から分析してみよう。すなわち、学問的知識の掌握、学校的知識の扱い、そして、学校における困難の管理である。

　教員の活動は学問的知識の動員により始まる。中等教育教員の大多数は、教職のこの側面は十分に掌握できていると発言しており、これが専門職的正当化のレトリックの中核となっている。若い教員もこのレトリックにとらわれており、大多数が教育実習（formation professionnelle）は学問的知識とその認識論以外の側面を対象とすべきだと考えている。換言すると、若手教員は、この問題をほとんど考えておらず、また、考えることができないままであり、若手教員との話し合いでも、この問題は自発的に言及されることがない。ただし本来の教育活動を対象とする継続的な民族誌的関係の枠内では、「言葉の裏の意味を読む」用意があれば、この問題に関する意見に接することができる。

　我々の観察によれば、新任教員が就任時に学問的知識を確実に掌握しているとはまったくいい難いことは明らかである。そもそも新任教員は、カリキュラムの特定の面に関する概要を簡単に知ることができる大学の教養課程の教科書

のような概論書が大好きである。新任教員が掌握し切れないのは、大学の学科一般ではなく、その広がりである。大学でよい成績を収めた末に、アグレガシオン（高等教育教授資格［訳注：中等教育を担う場合に、多くは高校のグランゼコール準備級を担当する。また週15時間と担当授業時数も少なく特別な教員地位が与えられている。全国に約6万人弱いる。］）を取得したような教員ですら、教育に有用な大学的知識の広さをなかなか掌握し切れない。新任教員の経験の根源に学問的知識の掌握の困難がある。

　クラスにおける認知的相互作用を指導する上で、カリキュラムのもとになっている大学的知識の把握は必要条件だが、十分条件ではない。教育の対象は、独自の論理を持つ学校的知識だからだ。ここで、この学校的知識の起源に関するさまざまな解釈のどれが正しいかを決める必要はない。可能な代表的解釈に限れば、教科法（didactique）を学校的知識に転換したものだという解釈と、学校制度がゼロから作り上げたものだという2種類があるが、ここでは単に、学校的知識は大学的知識のコピーではなく、その取り扱いは、学問的知識を動員するものの、学問的知識に限定されるものではないことを銘記しておこう。

　新任教員は時として、このタイプの知識をあまりよく知らない。実際に学校的知識は複雑な対象である。学問的知識はその存在自体に正当性があるが、学校的知識は伝達という目的との関係でしか存在意義がない。その意味で、学校的知識は教材、認知的な合目的性、固有の学習という切り離し難い要素で構成されており、とりわけ、1年の学年度という一定の期間で限定された「有限」な対象である。教員はこの対象を潜在的な状態で取り上げて、クラスで活性化させなければならない。多くの新任教員がまさにこの次元で苦労している。新任教員は教材も、その広がりも、したがって、その固有の認知的合目的性も十分に掌握できていない。そのため、教材の扱いに大きな困難を覚える。授業の構築と、それに必要な一連の選択は、新任教員にとり大きな悩みの種である。カリキュラムが通常は数年にわたって展開され、前年の学習内容を知らないことが現行年度のカリキュラムをこなす上でハンデとなることも、困難をさらに大きくしている。こうした困難が強い職業的ストレス状況につながることもある。

　生徒の認知的困難は、学校の大衆化を背景に、教育活動の最も微妙な側面を

なしており、新任教員が派遣される大衆的な学校では特に目立つだけに、新任
教員は就任後すぐにこの問題に直面することになる。だいいち新世代の教員は
この問題に非常に敏感で、生徒の学業困難に明確に対処することを望んでいる
教員に出会うことは稀ではない。しかし、こうした教育的意志はしばしばその
実行において大きな不確実性に遭遇する。一般的に、新任教員は自分に生徒の
困難に対処する力が乏しいと感じており、また問題のありかを特定できない。
新任教員は生徒の困難を一括りに考える傾向が非常に強いが、それはこうした
職業的な不確実性のせいではないかと私には思われる。新任教員が生徒の認知
的困難にきちんと対処できないのは、なによりもまず、学校的知識に関する不
確実性のせいなのである。

　筆者は本論で、教員間の違い（これは実際にある）よりも、学校における相
互作用への一般的関係の記述を優先しているが、これは意図的な選択である。
教員に関する研究でタイプ分けの洗練が進む中で、時として最も一般的なプロ
セスを見落とすことがあるからだ。認知的相互作用に対する教員の関係が多様
であり、クラスにおける社会的関係の観点からみて非常に異なる現実を生きて
いることはいうまでもない。しかし、こうした多様性が構築される起点には共
通の基盤があり、これをまとめて把握する必要がある。

　新任教員は、規律の問題と生徒の水準への適応の２点を、キャリアの最初に
おける圧倒的な困難に挙げる。この二つの困難は、学校における相互作用の二
つの側面、すなわち、認知的側面と社会的側面に関連しているが、一般に互い
に独立的な側面だと考えられている。しかし、教員がキャリアの開始に際して
挙げる最初の困難がクラスの運営であることを、最終的にどう理解すべきなの
だろうか。大多数の教員は、答えは既に出ており、クラスにおける社会関係だ
けにかかわる問題であって、認知的相互作用の展開とはまったく無関係だとみ
なしている。しかし、学校における相互作用を注意深く観察すると、クラス運
営の困難は個人間関係の領域にのみかかわっているわけではないことがみえて
くる。むしろ逆で、学校における相互作用の管理にかかわる困難は、まず本来
的に認知的な問題に由来しており、教員がクラスで体験する「ワイワイガヤガ
ヤ」はしばしば、こうした認知的困難の反映であるように思われる。このこと
は、新任教員が、クラスにおける相互作用がいずれにせよ最も不安定であるよ

うな最も大衆的な学校に派遣されるだけに、なおさらだ。学校における相互作用の対立性に直面することは、教員のキャリア開始時におけるターニングポイントの主因であり、最初の1年を通じて非常に支配的な要因である。

4. 新任教員時の専門的知識 (savoir professionnel)

　教員の養成に目を転じ、さらに、教職に入るまでにたどる軌跡にも視野を拡大すると、キャリア開始時のこの状況が理解できる。そのためには特に、キャリアの開始に際して専門的知識がどのように形成されたかを、学問的知識、カリキュラム的知識、教授 (enseignement) に関する知識という三つの主要な領域に分けて、検討する必要がある。中等教育は、一連の教科に分かれており、その多くは部分的に大学的知識を参照するため、そこでは、まず*学問的知識の*習得が要求される。数学やフランス語の教員は、大学で科学的知識や文学を勉強した上でなければ、教えることができない。しかし、大学的知識はそのままでは不十分である。中等教育は、カリキュラムと学習指導要領という具体的なかたちを持つ教科として組織されており、教員はこうした資料への適応努力を要求される。大学で文学を勉強したからといって、コレージュ（中学校）ですぐにフランス語を教えられるわけではないのだ。この二つの知識の間には媒介が存在する。それは、大学的知識を学校の教科として教えられるように練り直す再構築の作業であり、将来の教員はこれを特別に学ぶ必要がある。カリキュラムに関するこの知識を*カリキュラム的知識*と呼んでいいだろう。教員の知識のこの二つの領域が中等教育の基盤となる。大学的知識とそれに対応するカリキュラム的知識を掌握することではじめて、教員は専門家 (professoral) としての言説を構築することができる。しかし、今日の教育は教員に、教壇に立つだけでなく、中等教育の大衆化という状況下で、学校における相互作用を管理することを要求する。教育プロセスに関する考察が教員の知識の第3の領域を構成し、これを本論では、*教授に関する知識*と呼ぶことにする。

　専門的知識の二つの大きな形態をその性質と伝達方法により区別することができる。一つは経験的（または実践的）知識であり、これは職業団体に固有のかたちで構築され、当該の職業の社会化された実践により習得される。他方は

形式化された知識であり、これは、職業グループそのものの外にあり、比較的
自立した専門機関において生まれる文字記述による構築から生じるタイプの知
識を指す。こうした性質から、形式化された知識には二つの際立った特性が備
わっている。まず、形式化された知識が提示する言表は直接に実践から発生し
たものではなく、また文字で書かれたものであるだけに、それが構築された直
接的な状況から切り離すことができ、ある種の「普遍性」に向かう。また形式
化された知識は実践によってでなく勉強により学ぶものであり、したがって、
実践と切り離された勉強のための特別な時が（そして、しばしば、特別な場も）
必要とされる。上記で区別した教員の専門的知識の三つの領域は、それぞれに
特有の方法で伝達され、これらの伝達方法は学習の形式化の度合いに応じて整
理できる。

　*学問的知識*の伝達は大学でなされる。今日の現役の中等教育教員はしばしば
学士号以上の学歴を持ち、大学で5年以上の学業を積んでいる。主にこうした
学問的知識の習得度を評価する採用試験が、このような長期の学業の到達点と
なる。これは上記で定義した意味合いにおける形式化された学習方法の典型で
ある。教員はこうした知識を獲得した時点では、まだ実際に教職に就いたわけ
ではない。学習の時はこのように「実践」のときとは明確に区別されている。
学問的知識は「学校的な形式」の下で伝達される。つまり、実践と勉学は切り
離されており、形式化された知識の伝播に特化された制度（大学）において学
習が行われ、試験によって習得度が定期的に評価される。新任教員はこうした
学問的知識と密接な関係を持っている。教職に就くためのロジックの中核は、
まさしく、大学の専門学科との強い関係の構築である。

　*カリキュラム的知識*の伝達の段階は、教員の「製造」工程のもっと後のほう
に位置する。教員は大学の学生時代にはこうした知識を学ばない。この知識に
触れるのは教員養成機関で学ぶ時点である。カリキュラム的知識の学習に充て
られる学科の授業では、形式化された学習方法は部分的にしか用いられない。
授業を行うのは、自らも教員である「養成官」であり、「養成官」の正当性の
根拠は、自らの教員として実践経験にあるのであって、カリキュラムの形式的
知識にあるわけではない。またカリキュラム的知識の伝達は、大学での学習と
は異なるタイプの社会的関係の中で行われる。すなわち、カリキュラム的知識

の伝達は合理的かつ完全な伝達の対象とはならず、教育実習生が自分でクラスにおいて扱うカリキュラムの諸側面のみが教員養成機関でとりあげられる。したがって実践が学習を導くわけである。実際、教員が自らカリキュラム的知識を「学ぶ」のは、主として、クラス担任として、実際にクラスを前に行う教育実習の段階においてである。つまり、学習と実践の間に時間のズレはなく、双方の活動が同時に行われるわけだ。年度末に、教員は、自らの専門学科のカリキュラムの本当の専門家になったわけではなく、実習の間に自分で実践したカリキュラムの部分しか知らない。翌年度は、教員は、IUFM での養成で垣間見たよりもいっそう幅広いカリキュラムを担当し、教育活動を通じて、新たなカリキュラム的知識を学び続けることになる。

　三番目の*教授に関する知識*は IUFM で養成される典型的な知識である。教員の初期養成に関する改革は、IUFM の 2 年度目を、このような知識の伝達における特別な時期と規定している。しかし教育実習中の教員は、形式化された教育に関する知識にあまり正当性を認めようとしない。新任の教員は自らを、何よりもまず、大学で勉強した学科の専門家だと考える。中等教育教員が実践と切り離された形式化された知識との関係を構築するのは、教員製造工程のまさにこの段階においてである。IUFM で、採用試験に合格してしまうと、もはや知識を学ぶ段階ではないと考えてしまう。新任教員からみると、今や教員という仕事を「具体的に」学ぶべきときが来たのだ。実習生としてクラスを担当した際の「ショック」のせいで、IUFM が推奨しているにもかかわらず、「実践」から「理論」に立ち返るということができなくなる。正規採用に到達するまでの過程に、教員としての仕事を先取りする社会化を行う機会がなかったことになる。そもそもこれは採用試験合格者の 6 割のみにかかわるのだが、IUFM の 1 年目は、大学的なロジックに基づいた採用試験の準備に費やされる。試験での合格は、大学での学業の延長および、または完成とみなされ、それによって地平が狭まるため、結果的に、将来の教員はその後に自分が就こうとしている仕事についてほとんど考えようとしない。そのため、新任の教員が就任時に形成する教育に関する知識は、実際にはすべて、自分自身の教育経験に依拠している。この学習方法は、大学的知識の学習方法の対極にある。（学問的知識を教えられる知識へと転換する）教科法的転換、カリキュラムの認知的問題点、教育

の実践、生徒の学習動作の構築方法などは、実践と区別される形式的学習の対象とはならない。これらの諸問題は、教育活動のさなかで把握される。

5. おわりに：教員養成に関する疑問点

中等教育教員の専門的知識がこのように形成されることを考えると、新任教員が直面する状況が理解しやすく、特に、学校における相互作用を辛い試練と受け止める理由が分かる。相互作用論を専門とする米国の社会学者ギア（Geer 1968）は、こうした困難を、学校におけるワイワイガヤガヤとの直面として解釈することを提唱し、説明の中心に、教員が受けた養成のタイプを置いている。彼女の説によれば、教員が相互作用の対立性に直面するのは，教職のこの側面が養成機関において、直接に教えられていないからだ。彼女は、高等教育機関に統合されている教員養成機関の教育担当者が、いたるところに対立がある学校の「現実」世界とのコンタクトを失い、教えるとは知識を伝えることだという考えのみに固執していることに、この特殊性の原因があると説明する。この分析の図式によると、新任の教員が「問題」を抱えているのは、知識の伝達に関するほどには、クラスでの対立に関して十分な訓練を受けなかったからだということになる。この分析の基盤となっている二つの前提には議論の余地があるように思われる。

第1の前提は、クラスにおける対立に関するものである。ギアは、クラスにおける対立を、認知的領域とは無関係な学校の相互作用の自動的側面（さらには唯一の側面）とみなしている。しかし、学校の相互作用の二つの側面、つまり社会的側面（当事者らの行動）と認知的側面（クラスにおける知識の伝播）の双方を観察すると、その相互浸透の大きさに気づかざるをえない。クラスの社会関係の悪化が、学校の相互作用の認知的領域での何らかの悪化（一部の生徒だけにせよ、生徒が授業を理解できず、提案された活動が曖昧だったり不透明だったりする、などなど）と無関係であることは結局のところかなり稀である。

第2の前提は教員の養成に関するものである。クラス内の対立に関する訓練の欠如に焦点を当てることは、自動的に、知識の伝達に関する諸側面を考察しないことにつながる。あたかも、知識の伝達が「自然に」教えられており、と

りわけ教員が初めて仕事に就く際にこの面では適切な訓練を受けているかのように扱われている。しかし、これはまったく確かではない。専門的知識の形成方法を見ると、実際には狭義の大学的知識を除けば、専門的知識の他領域の習得は全体としてかなり弱いことがわかる。新任の中等教育教員は、正教員としての就任時に、カリキュラム的知識や、認知的相互作用の管理に関する問題については、IUFM での教育実習中に構築した「実践的」な対応能力は身につけている。しかし、IUFM を出たばかりの教員をクラスで観察すると、実習生から翌年に正教員になる際に、教育活動のすべての側面に対処するには、こうした実践的知識だけでは不十分なことがみてとれる。実際に、教育実習では教職の一部しか知ることができないからだ。実習は、正教員となって赴任する学校と比べると、さほど大衆的でない学校で行われることが多いし、一学年のみを担当することが多い。実習では、年度が進むに連れて、適用すべきカリキュラムを徐々に知るのであり、学習の運営は完全に「場当たり的」である。

　ただし、このようなかたちで仕事を学ぶのは最近になってからのことではない。むしろ逆で、少なくとも、1960 年代の転換期に CAPES（中等教育教員適性証書）が導入されて以来、歴史的に非常に安定的である。現在の現役世代の教員は全員が教授法のレパートリーを安定化させるまでに手探り段階を経験した。IUFM は、教員の「プロフェッショナリズム」を変革することを目的として設置されたが、それにもかかわらず、新任の教員がキャリアを開始する際の状況には根本的な変化はない。しかし、中等教育の生徒数の増加に伴い、教員の職務遂行の環境は大きく変わった。中等教育教員は今日、強い職業上の不確実性を体験している。6 割の教員が、その経歴の長短にかかわらず、認知的相互作用の管理の最も重要な側面を十分に掌握できていないと認めている。

　認知的相互作用の管理が最も経験豊かな教員にとってすら難しいのであれば、若手教員の場合は推して知るべしだ。若手教員はキャリアの開始に際して、人生経験の積み重ねに頼ることができず、カリキュラム的知識や教科法に関する知識の摂取も不十分だ。新任教員が学校の相互作用の管理に困難を覚えるのは、そこらに原因があると思われる。IUFM を出ても、新任教員は教職実践に伴う不確実性に対処するための新たな能力を身につけているわけではないからだ。新任教員が知識の伝達に関する問題で否応なく試行錯誤を強いられることが、

キャリアの開始時において遭遇する困難の源泉であり、その結果として、しばしば学校での強い対立性に直面することになる。

　教員養成には近年、一連の変化があったが、これは二つの異なる段階に分けることができる。2005年から2012年にかけて、IUFMは自立的な機関としての地位を失い大学の附属機関となった。この改革により、教員の養成は脱構造化され、それ以前の状況と比べて大幅に縮小された。二つ目の段階は、2012年以後の政権交代の際に始まった。新政権下で国民教育省は教員養成の立て直しを目標に掲げ、その具体策として、IUFMをESPE（教職・教育高等学院）に置き換え、また、教職課程に特化した修士号である教職修士（MEEF）を創設した。この教員養成の「修士課程化」は、教職キャリアの開始プロセスに大きな変化をもたらすだろうか。変化がまだ最近すぎて、その効果を正確に把握するには時期尚早だ。そこで本論では、現状での評価要素をいくつかあげるにとどめて、結論としたい。

　第一に、ESPEと教育専門の修士号の設置が、中等教育教員の「製造」工程全体を大きくは変えなかったことを指摘したい。形式的な観点からいえば、現在の学生が中等教育教員になるには、まず大学で自分の専門分野を3年学んだ後に学士号を取得し、次いで4年目に採用試験を準備し（これが現在のMEEFという修士課程の1年目に相当する）、最後に、採用試験合格後に、MEEFの2年目の枠内で教育実習と並行して最終年の養成を受ける。この養成の手続きはその大筋において、1990年代の初めからIUFMの枠内で行われてきたことと同じである（GRDS（学校民主化研究グループ）2012）。

　上記の指摘は、どちらかといえば、中等教育教員の養成におけるかつてのIUFMと新たなESPEの間に一種の連続性があることを強調するものである。しかし、さまざまなタイプの専門的知識の伝達という観点から、より仔細にみていく必要がある。学士課程とMEEFの1年目の段階で既に専門職化を準備する新たな科目が導入されたことで、将来の教員はカリキュラム的知識と教科法に関する知識を以前よりも受容しやすくなった。逆に、MEEFの2年目でクラスを担当する時間数がほぼ3分の1ほど増えたことで、前述のようなキャリアの開始に際してのクラス担当に伴う「ショック」が強まり、そのために、この時点での専門的知識の受容を妨げる可能性もある。教員養成のこうした変化

が、教職の開始に際しての専門的知識の形成に何らかの変化を及ぼしたかどうかは、将来を待たないとわからない。

(園山　大祐 訳)

[補足資料]

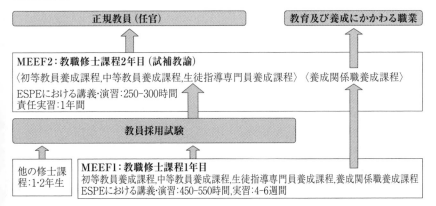

図12-1　ESPE新教員養成システム（園山（2017）「フランスの教師教育」『教師教育研究ハンドブック』学文社、143頁より）

第 13 章

保育学校はいかにして文化的支配を教えるのか？

マチアス・ミエ、ジャン゠クロード・クロワゼ

1. はじめに

「保育学校」(Ecole maternelle)[1]はフランスの教育制度の重要でオリジナル
なセグメントである。義務教育ではないが、3歳以上の子どもの全員が就学し
ている（DEPP 2015b: 76)。子どもにとっての最初の学校として、基本的学習
に触れさせ、「他者との共生」、ルールの尊重、世界の発見という教育目標を掲
げている。幼い生徒を、将来的な就学の準備に相応しい教育的・文化的な関心
の対象としているわけである。逆に生徒にとっては保育学校は自らの社会化の
決定的な一段階となる。生徒は保育学校において、学校というものを初体験し、
また、先生や学級、制度的時間、および、一定の学習の組織化を経験する。生
徒は家庭内で過ごす以外の大部分の時間を保育学校に費やす。社会的個人の構
築における初期社会化の重要性は周知の通りである。

　しかし、この最初の学校体験はまた、文化的・教育的な不平等との最初の出
会いでもある（Richard-Bossez 2015)。学級にはさまざまな社会階層出身の生徒
が集まっており、学校での活動のために動員できる（家族的、言語的、文字的、
認知的、文化的などの）資源には大きな違いがあるからだ。生徒間でのこうし

---

1) フランスでは、保育学校は小学校に先行する学校である。多くの場合、子どもは3歳で年少組に
　入学し（2歳で年少組に入学することもある）、4歳で年中組、5歳で年長組に進級する。保育学校
　での就学は、6歳で小学校の1年生に当たる CP に進学することで終了する。

176　　第Ⅱ部　中等教育に至るまでの進路決定の形成過程

た資源格差は、出身階層との相関性が高く、学力差となって現れる。調査によ
ると、小学校 1 年生への入学時において、「恵まれない階層（生産労働者や無職
者）出身の生徒の 3 分の 1（ほぼ 33％）が最も評価点が低い 10％の生徒の中に
含まれている（対照的に、管理職や教師の子どもで最も評価点が低い 10％に含まれ
ているのは 1 割のみ）」。小学校 1 年生での評価点が最も低い 10％の生徒のうち
の 40％は 1 回留年した後でないと小学校 3 年生に進学できない（DEPP 2015a：
3）ことを考慮すると、この状況の重要性がわかる。そのため、こうした資源
格差は、社会的・学校的な比較体験とそれが招く「（まったく、あるいは、きち
んと）理解できないという恐怖感、話すことの恐怖感や、うまく話せないとい
う恐怖感、自分は無能だという印象、思考停止」（Poliak 2011）や、それと逆の、
自分には才能があるという感覚や優越感の基盤となる。保育学校の年少組（3
歳）から既に、生徒の学力には違いがある。幼いながらも生徒は、答えが正し
いとほめられる一部の生徒がいることを素早く理解するし、ほかの生徒よりも、
答えが評価されたり、答えを求められたりする生徒がいることに敏感である。
一部の生徒が的確な答えを返せるように思われるのに対して、質問にうまく答
えられなかったり、間違いを叱られたりする生徒もいる。学校におけるこのよ
うな相違は、どの学級でもみられるものであり、しかも、学校での活動という
ものはそもそも、回答の正誤や、明らかな比較あるいは暗黙の比較などを通じ
て、こうした相違に関する子どもの判断力を養うものであるだけに、こうした
相違を生徒はいっそう敏感に感じ取る可能性がある。同じ状況の繰り返しや、
教師の指導の繰り返しを通じて、また、他の生徒の反応をみることで、幼い生
徒はすべてが等価値なわけではなく、他と比べて価値が高い態度や振る舞いや
話し方があることを学ぶ。生徒は非常に早い時期に、「優等生」と「困難を抱
える」生徒、「よい」行動と「わるい」行動を区別する（Lignier et Pagis 2012）。
それにより、生徒は自分の学校的価値を見積もることを学ぶのである。

　学校での格差や不平等が学校外で決まると考えるのでない限り、生徒の個人
的あるいは家族的な資源の相違が学校での成績に影響するのは、学習の組織化
が、こうした相違に何らかの役割を与えているからであることを認めざるをえ
ない。保育学校の学級では実際、教育体制の中心に生徒を据えて（生徒と生徒
が知っていることを起点にすることが前提となっている）、その言葉や思考に強い

第 13 章　保育学校はいかにして文化的支配を教えるのか？　*177*

関心を払う。学校を魅力的なものにしようとする配慮は、学校と学校外の境界を曖昧にし、（家族や友人など）「普段の」生活の（したがって、教育されない）言語、状況、モノを学校での学習の具体的な支えとし、話し、意見を戦わせ、教養を高めるための内容とする機会を増やすように促す（Bautier 2006; Bautier et Rayou 2009）。その結果、学校活動の中で、学校外での性向や知識が動員され、それによって学校活動がより身近で面白いものになると考えられている。しかし、これらの性向や知識は、教育されるものではなく、また、学校的文化にとってはどれもが同じようにノーブルだというわけではないため、生徒間の（判断の）不平等の構築を支えるものともなるのである。

　本論では、以上のような指導方針が、生徒間の資源格差を差異化の要因にし、とりわけ、生徒自身が学校における不平等を具体的に体験する機会を生み出すことに、いかに貢献しているかを検討する。そのために、学習の概念と組織化、それらが学級の成績に及ぼす影響について、2008年から2012年にかけて複数の保育学校の10学級（年少組の3学級、年中組・年長組の異年齢学級の7学級）で、社会学と社会心理学を組み合わせて行われた調査の結果を利用する（Millet et Croizet 2016a）。調査対象の保育学校のうち、3校は、REP（優先教育地域網）に指定され、都市部の庶民地区にあり、庶民階層（生産労働者、事務系労働者、無職者）出身の生徒が多数派を占める。そのほかの保育学校の学級の生徒は逆に、主に中間・上流階層の出身である。学習状況の分析は、現場での一連の観察（観察は毎回、複数の半日授業にまたがって行われ、その状況や、教師と生徒の相互作用、生徒同士の相互作用についての民族誌的ノートが体系的にとられた）、観察された学級の教師や生徒と接触のあるほかの制度関係者との20回ほどの詳しいインタビューに基づいている。生徒の年齢が許す場合には、数人の生徒とのインタビューが行われた。また教師と親の面談の観察も行われたが、面談では多くの場合、学校での学習に役立つ実践が話題だった。最後に（ここでは取り上げないが）、学校の成績に対する学習組織化の効果を試験するため、「自然環境」での実験も行われた（Millet et Croizet 2016a）。

2. 非意識的な学習と予備知識

　バジル・バーンスティン（Bernstein 1975=2007）は、有名になったテキストの中で、保育学校や小学校を特徴づける教授法（「目に見えない教授法」と呼ばれる）が、暗黙の学習理論に基づいていることを示した。この教授法は、生徒の個人的「開花」と活動、遊びや指先を使う作業を通じた自発的学習を重視することで、学習を暗黙の活動にする。この教授法は制約の小さい枠組みを定め、学習過程において生徒に大きな行動の余地を与えるので、そこでの教師の役割は教えることよりも、むしろ学習を手助けすることである。保育学校での学校活動は、黒板の回りでの「全体活動」と小グループに分かれての作業アトリエを交互に繰り返すという日課を中心に組織され、アトリエは教師によりある程度まで指導される（教師はフォローし、コメントするが、それ以上の介入は控える）（Joigneaux 2009）。生徒の活動の開始時には、しばしば、提案された訓練の一般的目標は説明されない。活動は多くの場合、何をしなければならないかの説明によって、*実践的*に開始される。コメントがなされる場合でも、教育的目的（訓練される知識）よりも、作業方法（何を、どのようにするか）に関することが多い。そこで生徒たちは、自分たちの活動の認知的対象が何であるかを必ずしも理解しないままに、走り、絵を描き、切り抜き、線を引き、遊戯をする。こうした活動による学習の組織化（Bautier 2006）の背後に、*浸透による学習*の概念を見て取ることができる。この概念によると、学習がなされるためには、生徒に楽しい活動をさせたり、知識に接しさせておけば十分である（Montmasson-Michel 2011）。生徒がアトリエ方式の組織に慣れてしまえば、学校活動はその日常的儀式やルーチンを伴って実践的レベルで機能し（Joigneaux 2009）、考えられるというよりも、むしろ行われ、見せられるものとなる。こうしたやり方により、学習は婉曲的に行われ、困難や間違いが見込まれる状況として現れることはない。学校空間もこれに合わせて整備される。生徒を整列はさせないが、「大グループ」として集合するときを除くと、複数のテーブルによって複数の活動に配分する。「学級を区別化されたサブ空間に分けるこの空間的組織化により、全員が同時に同じことをするわけではない集団的組織化を可能にする。

それにより、生徒は相対的に自律的になるように促される。教師は同時にどこにでもいるわけにはいかないからだ」(Lahire 2005: 328)。教師による一斉授業形式の活動は最大限制限されている。教師は各グループを見て回り、教えるというよりも、生徒がなすべき活動を指示し直し、支援する。たとえば、調査で観察した年少組学級の教師は次のように説明している。「ある能力を訓練する場合にはグループで作業します。まず学級の大グループで指先を使う作業をしたり、一緒に見たりします(……)次に、アトリエでの作業に移ります。学級を三つか四つのアトリエに分けて、それぞれのアトリエで異なる訓練をします」。

こうした教授法の特徴は、学校での学習がしばしばいつの間にか行われることである。知識の手ほどきを常に意識的かつ方法論的な努力の対象としないことで、このような学習の組織化は知識習得の目標と努力を錯綜させ、「生成過程の忘却(amnésie de la genèse)」(Bourdieu 1997: 217)が成立する条件を作り出す。つまり、そこでは、学習が学習であることを忘れることが可能になる。この忘却は、学級で動員される知識の自然性を信じることにつながる。学校制度はこうして、生徒の個人的・私的な経験に帰される内在的な(生徒に固有の能力、潜在力、人格あるいは知能に依存する)知識や能力という幻想を(生徒の側でも教師の側でも)維持する。そこでは学習は、生成中で、暫定的で、可逆的で、未完成のプロセスというその本質のあり方において捉えられることはほとんどなく、逆に、深くて持続的な状態の顕現化とみなされる。この学校組織は、学校外の生活状況につながることが多い学習手段(絵描き、味見、線を引くこと、切り抜き、遊戯、ビーズ通し、モノの提示、等々)を重視するだけに、個人的知識という考え方を強化することになる。全体活動のような毎日の儀式で、生徒は個人的なモノを提示し、日付をいい、欠席者の名前を挙げたり人数を数えたりし、その日の天候をいい、集団で作業をしたり、それを修正したりする。また、読んだり、聞いたりする授業のようなほかの状況では、生徒は教師の質問に答え、考えを述べたり、展開したりする。学級でのこうした学校活動の組織では、教師は毎日、生徒が学校外で習得した(言語的、身体的、文化的、等々の)性向を動員するように促される。発言の機会をつかんだり、集団的な話し合いに参加したり、黒板の前でモノを提示したり、グループの前で自分の経験を言葉で説明したり、困っているほかの生徒を助けたり、といったこうした性向は、

その本来の性質からして、全員によって同じように共有されているものではない。

3. 社会的差異化の基準としての参加の違い

学校学習のこうした機能は、生徒の参加を非常に重視する。教師にとり、参加は生徒の真面目な学習態度を示すものである。一つの理由は、教師が、特に問いと答えのやりとりを通じた生徒の活動を教授法の礎にしているからだが、それだけではなく、次のような理由もある。「保育学校におけるよい生徒とわるい生徒の区別の構築プロセスにおいては、『参加』に関する判断が中心的な評価基準となる。特に全体活動の際にだが、さまざまなアトリエにおいても、『参加する生徒』と『参加しない生徒』がいる。『参加』という言葉が意味しているのは、学校におけるゲームの規則を飲み込んでいることを示していると評価される発言や行動であり、これは、一方で無秩序的と判断される活動に対立し、他方では、無能力、受動性、無関心などの現れと思われる態度に対立する」(Darmon 2001: 519)。一例として、シリエルという女児（年少組、父親はインターネット施設の責任者、母親は教師）の担当教師は、両親との面談で、シリエルが「学級で非常にのびのびとしており、誰とでも話し、何にでも積極的に参加する」と説明した。「優秀」と評価される生徒は、適切なかたちで参加し、求められている答えを返す生徒であり、教師が授業を進めるためにあてにできる生徒である。逆に「消極的な」生徒、つまり学級の活動に参加せず、発言せず、黙ったままだったり、目立たず忘れられがちな生徒は、教師の不安や疑念を誘う。

教師の談話

「アドリーヌは最初からのびのびとしている女児だと感じられました。非常によいレベルの社会階層の出身で、家でもよい刺激が多いのです。学年度の初めから、とてものびのびと振る舞い、教師に寄ってきました。常に好奇心や関心の強い女児で、最初から、人が何かを置いたりするとすぐに来て質問するなど、いつも関心を持ちます。退屈するということがなく、

求められたことはいつでもしようとします。人を喜ばせたいという気持ちもあります。これは非常によい行動ですね。教師は、この子なら問題がないとわかっています。」

（保育学校年少組の教師の談話。アドリーヌの父親はアートディレクター 、母親は人事責任者。）

参加の重要視により、幼い生徒たちは、自分が指名されて質問に答えたり、黒板の前に出たり、学級の前で発言することを望むようになる。参加できることは、学校では羨ましいことなのである。学級全員に質問がなされた場合に、生徒たちが発言したがり、当てられようと躍起になる（「わたしに！ぼくに！」）のを見るたびに、それを確認できる。あるいは、逆のケースで、一部の生徒が、たぶん追い詰められた気持ちから、必ずしも答えがわかっていないのに挙手して（「わからない場合には挙手してはいけません！」）、何が何でも参加しようとし、ほかの誰かが既に述べたのとまったく同じ考えを繰り返し（「それは既にいわれました」）、何かいうために嘘の口実を見つけ、適切なタイミングで回答できずにズレた発言をし、教師から指名されないので泣きはじめたり反抗する場合も、同じことが確認できる。さまざまな生徒にとって、参加することは羨ましい行為だと、速やかに感知されることは間違いない。しかし、学校が醸成する期待が最終的に学校において失望感を招く場合には、この期待のシステムは、逆効果になったり、変質してしまう。

全体活動の状況において、教師の質問に複数の生徒が回答しようと挙手し、男子生徒アルベールが最初に指名された。
教師：「アルベール君、この人物にどんなことを言わせますか？」
アルベール：「わかりません。」
教師：「わからない場合は手を挙げないでくださいね。」
教師は、発言する前には挙手することを学ばなければならないと付け加えた。

（年中組と年長組の学級の観察。アルベールの父親は営業職。）

このように学級は、自己（評価）への配慮の社会化のマトリックスとして現れる。生徒は学級において自分を見せ、発言し、参加するように促され、一部の生徒はそこから公的承認を得る。生徒は、学校という舞台で存在するには、話し合いに参加し、自分を目立たせる必要があり、それを望む必要が有ることを非常に素早く学ぶ。グループを前に発言することは生徒の人生の重要な瞬間であり、それによって学校という市場で自分が言いたいことの価値を試験することになる。ほかの生徒と同等に話し、挙手し、質問され、参加というかたちの学校の市場で存在することで、生徒は徐々に自己への配慮に関する性向を培うことになる。自己への配慮とは、人から見られ、聞かれ、質問され、話し、自分を良く見せ、教師から褒められる、等々への配慮を指すが、同時に、学校で無作法とみなされる行為をした場合には処罰されるリスクも冒さなければならない。こうした配慮により、生徒は学級で自分を良く見せ、（知っているかどうか、正しいか間違っているか、よいかわるいか、等々）「当否」を告げる立場にある教師の承認を得ようとするが、そのため、この配慮が優先事項になって、最終的には学校での学習そのものから生徒を遠ざけてしまい、生徒は自分にどの程度の価値があるかを見きわめるための手がかり（教師やそれに類する人々の口調、微笑み、態度）の解読に早い時期から熟達してしまうのである。学ぶことよりも、よい評価をもらい、信用を得ることが目的になってしまう。学校においてこのような不安を抱いた状態に陥ることは、学校での学習には大きな障がいとなる。困難を恐れることは、学習という概念そのものと両立しないからだ。

　参加の機会は平等だという幻想に反して、年少組の段階で既に、話し合いで自分を良く見せる可能性は明らかに生徒の社会的に差異化された能力によって決まる。教師が授業を進めるための支えにできるような、正統な話し相手として頭角を現す可能性が最も高い生徒は、自分の経験を言葉で表現できると同時に、発言権を得るためのルールを守れる生徒である。こうした生徒は同時に、そしておそらく、とりわけ、教師の注意や好意を引きつけやすい正統な経験や文化的内容を動員できる生徒でもある。こうした性向や資源は、主に家族的実践の枠内で形成され、訓練されるものであるだけに、不平等に分配されており、文化資本に最も恵まれた社会集団出身の生徒の側にまず見いだされる。こうした生徒は、家族的経験を頼りにすることで、わざわざ考える必要すらなしに、

学級での話し合いに参加できる。逆に、家族的社会化のロジックが学校のロジックから遠ざかっている生徒は、学校で最も発言できない生徒になってしまう。こうした生徒は適切な態度や言葉を採用できず、動員される経験も文化的な軽蔑の対象になることがあるためだ。

　　昨日の話し合いの時間で、以前に病院に行って、麻酔で眠らされた女児が、その際の小型マスクを持ってきました。この女生徒は「このマスクはわたしを眠らせるためだったのよ。ガスが入って、わたしは眠ってしまったわ」と話しました。そこで別の生徒が「ああ、それは催眠ガスだね」というので、私は生徒がそんな高度なことをいきなりいうのかと驚きましたが、まあその通りだから仕方ないと受け入れました。［……］バカンスを話題にすると、スキーに行った生徒たちがいます。ある男生徒が私に「ぼくたちは緑のコース（初心者用）も黒のコース（上級者用）も滑ったんだよ」といいました。上級者用の黒コースを滑った生徒がいるわけです。ところが、オマールという男生徒（父親は生産労働者、母親は家政婦）が「黒コースって何？」と問うわけです。何だろう、聞いたこともないから！私は内心で「それは当然だよね！」と思います。でも他方で、オマールは私の自動車のブランドは知っているんですよ！［……］生徒にバカンスの絵を描かせると、×××（この部分の言葉は聞き取れない）を描くような生徒がいます。ところが、アブデルという男児（父親は無職、母親は家政婦）は、扉を一つだけ描きました！［……］アブデルの説明によると「お父さんと一緒に遊んだんだけど、お父さんは扉の向こう側にいたんだ」というんです。［沈黙］やれやれ。［……］それにひきかえ、別の生徒はドバイにあるなんとかという美術館に行ったそうなんですよ。

（年中組と年長組の教師。）

　生徒の参加は、生徒の個人的な知識や経験をおおいに活用し（月曜日の朝、教師が全体活動の時間に、「週末に何をしたか皆の前で話してくれる人はいますか？」と生徒らに呼びかける）、しかも、それを「異なる社会階層における家庭教育で形成される言語との遠近関係（子どもに話させる、子どもが話すのを積極的に促す、

子どもがいうことに耳を傾ける）の格差」(Chamboredon et Prévot 1973: 326) を
反映したかたちで行う。そうである以上は、このような教育形態において、生
徒が活躍できる確率は、家族的社会化で得られた知識や経験にかなり直接的に
左右され、家族的な実践、言語、知識における文化的正統性の格差がそのまま、
学校における評価と差異化の原則になってしまう。

4. 不平等の早期経験

　こうした教育形態は、中間・上流階層出身のことが多い一部生徒が非常に早
期に、高い評価を得られる発言権の確保や、満足感の得られる黒板の前での発
表などを経験する条件を作り出す。こうした生徒は、学校で関心を喚起する言
葉や家族的な体験を動員し（パリへの旅行や TGV［新幹線］に乗った体験、展覧会
の見学や楽器演奏の経験などを語る）、頭角を現すことができるからだ。こうした
生徒は、学校での状況に、自分がいいたいことの価値、自分が証言できる経験
や動員できる知識が招く関心を、学んだり発見する機会を見いだす。
　たくさんある例の一つとして、次の観察例を引用しよう。この観察例では、
（教師が常に優先している）生徒の1グループが、質問と回答のゲームにおいて
適切な文化的語彙を駆使できる能力によって、「教育シーン」を全面的に占有
している。

　　教師は CD-ROM を手に持って、生徒にみせ、質問する。
　　「これは何だと思いますか？」
　　G：［父親は文化イベントの管理者、母親はミッション担当者］「ウォーホルの
　　　CD です。」
　　教師：「かなり近いわね。」
　　他の複数の生徒が音楽だとか歌だとかいうが、教師はそれについて新たな
　　　問いかけはしない。
　　A：［父親はアソシエートディレクター、母親は心理学者］「それは展覧会で
　　　す（前に見たアンディ・ウォーホルの）。」
　　教師：「何の展覧会でしょう？」

第13章　保育学校はいかにして文化的支配を教えるのか？　　*185*

J：［父親は財産管理人、母親は広報担当者］「彫刻しか見えません。」

教師：「2009 年 4 月 10 日のミュゼ・アン・エルブ（パリにある子ども向け
の美術館）の見学です。」

（保育学校の年中・年長組異年齢学級の観察）

　こうした状況が繰り返されると、これら一部の生徒が学級全体にとっての基準になってしまう。これらの生徒の意見が受け入れられるので、ほかの生徒も彼らを手本にできるからだ。学級での観察により、ほかの調査で得られた成果が再確認された。生徒の参加に関しては、「教師は自分の期待に沿う生徒を優先するが、それは学校における会話の暗黙のルールを既に熟知し、ほかの生徒よりも上手に自分を表現できる生徒である」（Florin et al. 1985）。こうした生徒は「ディスタンクシオンの戦略」を素早く学ぶが、「ブルデュー（1979）によれば、ディスタンクシオン戦略は最優等生が自分を際だたせることを可能にする。こうした生徒はグループ内において影響力のある地位を獲得する。いうまでもなく、表現力があり、自分の知識をひけらかしたり、議論できる者は、自然と羨望され、称賛されるからだ。発言を求められる機会の不平等な分配は、『優等生』に権力を付与し、『困難を抱える生徒』に差別の現実を受け入れさせることに貢献する」（Desgroppes 1997: 34）。

　それというのも、他の生徒は逆に、同じ学校状況について、非常に異なる経験をすることになるからだ。それは象徴的な満足感と個人的な価値評価の経験ではない。むしろ時として、それとは反対の、失格の経験である。これは、ネガティブな反応、相互作用に関する試みの失敗、教師からの質問に答えられなかったり黒板の前に出たときに感じる孤独の瞬間、自分の発言が認められなかったことを示す教師の沈黙、学習活動の成果物に対する多かれ少なかれ厳しい批判的評価などの積み重ねから生じる経験である（Millet et Thin 2011）。前者の生徒（優等生）の場合は、学校状況の内に、自分が興味深く、重要な存在だと感じる機会を見いだすが（教師がこうした生徒を評価する際に用いる「興味深い、関心が強い、教養がある、開かれている、好奇心が強い」等々の形容詞もこれを証明している）、それとは反対に、後者の生徒の場合は、経験の繰り返しにより、発言したり黒板の前に出たりすることが自分には必ずしも有利にならず、困難を

招き、失格者として不安定な立場に置かれる結果になることを嫌というほど確認させられる。

　たとえば女生徒C［母親は無職］は学級で何度も困難に直面し、毎日必ず自分のやることを教師に貶されている。ある日、Cは自分の工作の作品を黒板で提示しなければならなかった。少し躊躇った後、恥ずかしそうに、小声で次のようにいった：
　　「［工作のアトリエで作った］私の船を紹介します。中で煙が吹いているのを表すためにストローを付けました……
教師はすぐに苛立って、答える：
　　「ダメダメ！　私達のほうをしっかり見て、はっきりと発音しなければ、何をいっているかわかりません。」
しかし、Cは話し方を変えようとしない。そこで教師はにべもなくいい放つ：
　　「もう止めなさい。何の話か全然わからない。」
Cは親指をしゃぶりながら座る……

（年中・年長組の観察。）

5.　おわりに

　学習活動が、学校外で獲得した予備知識を起点とする教授法に基づいているだけに、こうした形態は、生徒が自分の（学校的）価値をどのように認識するかに影響する可能性が大きい。ところが、「果たして、こうした活動の支えとなり得る経験のすべてが等しくノーブルだろうか？　多くの目覚まし活動において、保育学校では多数の多様な活動を『予め想定し』（社会階層が異なると、外出、バカンス、旅行などの機会が異なる上に、経験の数と多様性も異なる）、『文化的』経験を前提としているように思われるが、これは庶民階層出身の子どもにはまったく無縁な可能性がある」（Chamboredon et Prévot 1973: 325）。
　そのため、生徒の生活条件の違いに由来する、社会的に差異化され、学校での正統性や「有益性」が不平等な経験により、学級において、グループを前に、

表現されることになる。ところがこうした差異化された経験の学級における表現は、評価の対象となるだけでなく（その場合、判断を下されるのは人生経験である）、非常に不平等にしか承認されない可能性がある。その結果、自分の生活条件のおかげだけで比類のないほど独自の経験をした一部の生徒が、その家族的知識と性向の動員によって大きな象徴的利益を獲得し、その一方で、他の生徒は持続的な悪評を被る可能性が大きく、最終的に黙ることを覚えてしまうリスクがある。学校は、比較の性向、授業では教えられない予備知識の動員、自己評価の配慮などを作り出すが、これらを組み合わせた集団的質問と成果物の対決状況は、進行中の学習の概念や手順にまだ十分に習熟していない生徒の実践や成績に特に悪影響を及ぼす。こうした生徒の認知的な試行錯誤が、生徒が直面している困難の証拠であるように受け止められるためだ。学級における比較は社会・文化的な不平等の目に見えない経験、あるいは、無言の経験を構成するが、これは文化的支配の影響の作用の社会的条件の一部をなしている（Poliak 2011）。個人的な経験や知識の動員と、それに付随する文化的不平等の錯綜は、（非）正統化の効果を生み、それによって、差異化効果を招く可能性が極めて強い。ここで演じられているのは、文化的支配の学校における学習の最初のシーンである。文化的支配が後に政治的・文化的な承認や自己検閲の効果を及ぼすことは社会学者が何度も証明しているが（Bourdieu 1979; Gaxie 1978, 2007）、こうした効果はその後、社会生活の特定の実践や状況において、障がいになったり、有用だったりするだろう。

【付記】

　本章は、Mathias MILLET と Jean-Claude CROIZET が « L'école maternelle comme première expérience de l'inégalité culturelle » *Diversité*, n° 183, 2016b, pp. 29-34 に加筆したものである。

（渡辺　一敏　訳）

第Ⅲ部 「移民」を対象としてみた進路形成と進路決定

第14章

移民第2世代の教育問題
―「成熟」した移民社会において多様化する学校経験とアイデンティティ―

村上　一基

1. はじめに

　移民の教育問題とは、子どもたちの就学などの学習権、学力、学業失敗、ま
た卒業後の統合や社会上昇、さらに受入国の言語教育、母語・継承語教育、出
身文化や宗教教育、民族・宗教学校の設立など多岐にわたる（ヨーロッパの比
較研究として園山編 2016a、山本編 2017）。本書第Ⅲ部では移民とその子どもた
ちに関する論文を集めている。本章ではそれに先立ち、フランスにおける移民
第2世代の教育問題とは何かを簡単にまとめていく。

　フランスは「単一不可分の共和国」という共和主義の原則のもと、社会の構
成員を普遍的・抽象的個人として等しく扱おうとする。そこでは学校（かつて
は兵役も）が重要な国民の「統合装置」として機能し、個人をフランス市民と
して教育する役割を果たしてきた。フランスの移民統合はこうした共和主義の
移民への適応であり、移民の子どもは学校などでの社会化を通じて「統合」さ
れるものだと考えられてきた。また出生地主義の原則により、フランスで生ま
れた移民第2世代は成人になると自動的に国籍が付与される。他方で、フラン
スでは市民と国家の直接的な関係が重視され、公的空間では文化的・宗教的な
相違は考慮されない。個別特殊な文化、とりわけマイノリティの文化が公的に
承認されることはなく、エスニック統計も長い間、行われてこなかった。

　フランスは移民第2世代が社会的・政治的舞台に「登場」して約40年近く

が経ち移民社会として「成熟期」を迎えているが、今日でも移民第2世代の統合は重要な社会問題であり続ける。特にマグレブ系やサブサハラ系移民の第2世代は、国籍を取得し、社会化の過程を経験したとしても、差別や偏見などに直面し、社会統合の困難も抱えている。その一方で、移民第2世代の問題を研究してきた社会学は、誰をその対象とするのか、どのように「移民」という要因を分析するのかという課題に直面してきた。本章では紙幅の関係上、すべてを包括的にまとめることはできないが、問題の中心となる学校教育とアイデンティティに着目し、移民第2世代に対する社会からのまなざしとそれに対する社会学の分析視角をみていく。

2. フランスにおける移民第2世代問題

フランスで移民問題として語られるのは戦後に移住したマグレブ諸国（アルジェリア・モロッコ・チュニジア）や西アフリカ諸国（セネガル・マリなど）を中心とした旧植民地からの移民である。これらの移民は戦後の国土復興や高度経済成長期における重要な労働力として受け入れられてきたが、1970年代の石油危機による経済不況のため受け入れは停止された。しかし、家族再結合は認められており、労働者としてやってきた男性移民は一度帰国するとフランスに戻ってくることができなくなることを懸念し、彼らの家族を呼び寄せ、フランスに定住した。この旧植民地出身の移民の定住化に伴い、1980年代以降、第2世代のフランス社会への統合が重要な問題とされるようになった。本章でもこうしたムスリム系移民第2世代の問題を中心に扱っていく。

1) 移民第2世代とは誰か

フランスの統合高等審議会の定義によると、移民（Immigré）とは「外国で外国人として生まれ、現在はフランスに居住している人」を示す。2012年時点で移民は571万人（人口の8.7%）であり、この中にはフランス国籍を取得した者も含まれる。

エスニック統計が禁じられているフランスではこれまで移民第2世代に関する統計データの欠如が問題となり、その是非をめぐって多くの議論が引き起こ

されてきた（中力 2012; Tribalat 2016）。しかし 1992 年に実施された「地理的移動と社会的編入（Mobilité géographique et insertion sociale）」調査はアルジェリア系とスペイン系、ポルトガル系移民の親からフランスで生まれた子どもに対する調査を行い、大きな転換点の一つとなった（Tribalat 1995）。そして 2008 年から 2009 年に実施された『経路と出自（Trajectoires et Origines）』と題する大規模な調査がもう一つの転換点としてある（Beauchemin *et al.* 2016）。この調査は差別の実態を明らかにすることを主要な目的としていたが、それに限らず移民子弟に関する多くの知識を提供するものであった。本書第 16 章や第 18 章でも用いられているように、この結果は多くの移民・移民第 2 世代研究で参照されている。

これ以降、フランスで生まれ、少なくとも親の一人が移民である子どもに対して「移民の直接の子孫（Descendant direct d'immigré）」というカテゴリーが用いられるようになった。2012 年時点で 680 万人の成人、人口の 11％がそれにあたる。その約半分がヨーロッパ系移民の子孫であり、30％がマグレブ系移民、9％がサブサハラ系移民である（Bouvier et Breem 2014）。

だが「第 2 世代の問題」は必ずしも統計的・人口学的な意味での「2 世」の問題には還元できない。社会学の観点からは第 2 世代とは、移民（第 1 世代）を親とし、自らを移民の出自と感じながら、ホスト社会（フランス社会）の中で主な教育を受け、社会化された人びとを指す。また、育った環境や社会からのまなざしにより「移民の子孫」と自らを考えている 3 世以降の人びとも「社会学的な第 2 世代」として含めることができる。

その一方で、移民第 2 世代内部の多様性にも注意が必要である。たとえば、第 15 章と第 16 章で論じられているように同じ家族で育っても年長者と年少者では社会化の経験は違ってくる。また 1980 年代と 2000 年代に成人を迎えた若者は育った社会的背景が異なるし（Beaud et Masclet 2006）、エスニックな出自に関してもより多様になっている。さらに今日の移民第 2 世代に対しては、グローバルテロリズムの高まりとそれに伴う彼・彼女らへのまなざしの変化などもある。このように移民第 2 世代の中での「世代」の違いは既に何層にも生じており、内部の多様性を考慮に入れる必要がある。

2）移民第 2 世代と郊外問題

　マグレブ系移民やサブサハラ系移民の多くは郊外の恵まれない地区に住んでいる。これらの地区は中心街から離れた場所にあり、1960 年代から 1980 年代に建てられたモノトーンの団地群に特徴づけられる。そこは若者による非行や犯罪、ドラッグ、暴力などセキュリティの問題を抱える地域であり、外部からは「危険な地区」「ゲットー」としてスティグマ化されてきた（森 2016 など）。マグレブ系移民の 4 分の 1、サブサハラ系移民の約 40％がこのような地区に住んでいる（同じ社会階層に属する「マジョリティ」人口の 6 倍）。こうした移民家族の集中によって「郊外の若者」と移民第 2 世代は結びつけて考えられてきた（Santelli 2016: 22）。フランスの社会学的研究も移民第 2 世代を研究する際に、郊外の事例を取り上げており、特に質的調査では「郊外の若者」と「移民第 2 世代」の研究はほぼ重なることが多い。

3）移民第 2 世代とジェンダー

　ムスリム系移民第 2 世代の問題はジェンダーの問題と強く結びつけられてきた。それを最も代表するのは「スカーフ論争」であろう。1980 年代から公立学校でムスリムの女子生徒がスカーフを着用することが、フランスのライシテ（政教分離）の原則に反するのではないかという論争が断続的に生じており、2004 年には「公立学校におけるこれみよがしな宗教シンボルの着用禁止法（通称「スカーフ禁止法」）」が制定された。これらの論争では、スカーフの着用が他の生徒に対する「布教活動」になるのではないかという議論と並行して、それが共和国の男女平等原則に違反するのではないかという「共和主義的フェミニスト」による批判があった（森 2013; Scott 2007=2012 ほか）。

　社会には移民第 2 世代に対する男女非対称的な表象や、女性への「好意的な偏見」が常に存在する（伊藤 1998）。こうした社会的表象の中で男性はスティグマ化され、差別の対象とされる。彼らは非行・犯罪など社会に問題を引き起こすものとされ、また家庭や地域社会で女性を抑圧していると考えられている。それに対して女性は男性支配の被害者として、また成功のモデルとして描かれてきた（Guénif-Souilamas et Macé 2004）。

194　　第Ⅲ部　「移民」を対象としてみた進路形成と進路決定

3. 学校教育と社会統合

1) 移民第2世代は学校で成功しているのか

　フランスでは移民を背景にもつ子どもの学校教育は大きく二つの側面から論じられてきた。一方で学校での外国人生徒に対する教育施策や出身言語教育など、学校が直面する課題がある（Sayad 2014; 園山編 2016a, 2016b）。また移民を背景に持つ子どもが特定の学校やクラスに集中する「学校セグレゲーション」とその影響も議論されてきた（Felouzis *et al.* 2005）。他方で、移民第2世代の学校における経験として学業の失敗や進路選択の問題が論じられてきた。本書で取り上げる論文の多くはこの後者の側面に関心を寄せている。

　移民第2世代の学業成績や就職状況の分析は、社会経済的変数をフラットにすることで移民を出自に持つことが実際に彼・彼女らを不利な状況に置くのかどうかを明らかにしようとしてきた。そして多くの研究が「移民」という要因ではなく、移民家族が属する社会階層によって彼・彼女らの学業成績を説明できるとしてきた（本書第18章参照）。すなわち社会経済的与件を排除すると、今日、移民の子どもは相対的によい成績を残しており、高等教育への進学も一般化している。他方で、マグレブ系やサブサハラ系移民第2世代に対する労働市場における「エスニックなペナルティ」（Silberman et Fournier 2006）の存在、すなわちエスニックな出自に基づく差別などの存在も明らかにされてきた。

2) 移民第2世代の学校経験の多様化

　第Ⅲ部で取り上げる論文それぞれが詳細に分析しているように、ジェンダーや居住地、世代、家族構造、移住背景などによって移民第2世代の学校経験は異なってくる。その中でもこれまで最も強調されてきたのはジェンダーに基づく差異であろう。女子は学校での成績が男子よりもよく、高等教育を卒業していることも多い。本書第16章や第17章で説明されているように、これは家族内における社会化の様式が男女によって異なることに原因があるとされてきた。

　きょうだいが多い家族においては、きょうだいの間で異なる学校経験がみられる。本書第15章は、一つのアルジェリア系移民きょうだいを取り上げるこ

とで社会化経験の差異を詳細に描いている。また本書第17章では、年長者、特に長男は親の期待を強く受け、親は彼に積極的に投資することが明らかにされる。またきょうだい間の助け合いもみられたり、年長者の経験を活かし、それをモデルとしたりもしている。その一方で、ボーとピアルーが「若い世代の態度の急進化」（Beaud et Pialoux 2003: 364）と表現したように、困難や不公平な経験の世代間の伝達により、若い世代が早くに社会的絶望を学び、自己選抜することなどの否定的効果も論じられている。

　親の移住前や移住後の社会的属性が子どもの学校成績や学校教育への動員に差異をもたらすことも研究されてきた。本書第18章は学校での成績の差異が出身国における親の社会的属性によって異なってくることを明らかにしている。またゼルールーはアルジェリア系移民家族の子どもを比較することで、家族の動員形式によって子どもの学校経歴が異なることを明らかにした（Zéroulou 1988）。そこでは出身国での社会的属性や出身国とのつながり、また受入国における将来の展望が親の動員能力の違いをもたらすことが論じられている。

　最後に、移民第2世代の学校との関係を論じる際には地域社会の要因も取り上げられてきた。地域における若者同士の関係性やそこで共有される振る舞い、他の地区との抗争、ローカルな下位文化、さらにドラッグなどのインフォーマル経済などにより、地域社会は学校や家族とは異なったかたちで子どもたちを「社会化」する（Beaud et Masclet 2006）。学校文化への適応とローカルなアイデンティティは複雑に絡み合っており、ストリートを中心とした地域社会における社交性に積極的にかかわっていくことが学業達成への足枷となる一方で、学校での挫折が地元での社交性、そして非行やインフォーマル経済に関与するきっかけともなる（Beaud 2002）。

　このように移民第2世代の学校教育の研究では、彼・彼女らの学業達成の実態やそこで「移民出自」という要因がどのように影響するのかが論じられてきた。それと同時に彼・彼女らの経歴の多様性に着目し、その困難もしくは成功の原因を家族や地域社会など若者の育つ環境から説明しようとしてきた。

4. ムスリム移民第2世代の文化とアイデンティティ

1) 社会的境界としてのイスラーム

移民第2世代の文化背景やアイデンティティは社会からしばしば否定的に捉えられてきた。その中心をなすのは、宗教の問題である。スカーフ問題にみられるようにフランスの共和主義の原則とイスラームの実践が相容れないことは常に問題視されている。アルバによると、フランスやドイツなどのヨーロッパ諸国では宗教という明確な境界がムスリム集団に設けられているという（Alba 2005）。フランスの場合、共和制を象徴するライシテが公的空間での平等と、私的空間での信仰の自由を保障する。しかし、社会に強く根付いているキリスト教文化がムスリムに対する境界として機能し、彼・彼女らをマージナルな地位に押し込んでしまう。キリスト教に基づいた祝日やモスクをはじめとする宗教施設建築の問題、上述したスカーフ問題がその例として挙げられている。さらに公共空間での全身を覆うブルカ着用の禁止や、祈祷所の不足による街頭での集団的な礼拝の問題など、イスラームの実践の可視化と社会での問題化は枚挙に暇がない。さらに2015年1月のシャルリ・エブド襲撃事件、11月のパリ同時多発テロ以降、ムスリム移民第2世代の「過激化」が社会問題をなしてきた。そこでは彼・彼女らが家庭や地域社会、インターネット、また刑務所などで過激思想を学んでいると問題視されている。

2) 移民第2世代のアイデンティティ

このように文化・宗教的背景やアイデンティティに対して否定的まなざしが向けられてきたムスリム系移民第2世代は、実際、家族で伝えられる価値観と学校などで学ぶフランス社会の価値観に挟まれて育っている。しかし、どちらの価値観も排他的ではなく、彼・彼女らはそれらを両立させるよう交渉しながら二つを渡り歩いている。たとえば、本書の第17章でも取り上げられているように、女性たちが、家族の価値観と自分たちの解放への要求の間を交渉し、戦略を立てていることがそれを最も象徴している（Guénif-Souilamas 2000）。

トリバラによると、「世俗化」の流れをみせる他の宗教とは異なり、1980年

代以降に生まれたムスリムには「脱世俗化」の傾向がみられるという（Triba-lat 2013: 144）。第17章をはじめ多くの研究は、この傾向に対して学校での挫折や失業、差別などに直面した若者が、「西欧的」な個人主義的選択の結果としてイスラームによりどころを求めていると考えてきた。つまり移民第2世代は、社会的にも経済的にも差別され周縁的な地位に置かれてきたことに対する反応としてイスラームに訴えているという。たとえば第17章では、若者が学校での否定的な経験に対してイスラームから新たな知的資格を獲得しようとすることや、社会に対して自分たちの優位性を示そうとしていることが描かれている。これらの研究では若者の多くが、親の宗教を出身国の伝統と結びついた「文化的」なものとして捉え、それに対して彼・彼女らは「純粋な教義」に基づいた宗教を求めていることを明らかにしている。

だが、第2世代にみられる「脱世俗化」の動きは家族における宗教の伝達の高まりと一対になっていることも見逃してはならない。フランスで生まれたムスリムの子どもはだんだんと宗教教育に重要性を与える家庭で育てられていることが確認されている（Tribalat 2013: 160-2）。事実、家庭での宗教の伝達は積極的に行われており、若者もそれを内面化している（村上 2016）。第2世代がイスラームに身を投じることには、フランス社会や親の世代と自分を差別化しようという意志だけではなく、家庭で受ける教育が重要な作用を持つ場合もある。

5. おわりに

フランスにおける移民第2世代の研究は、「移民第2世代はフランス社会に統合しているのか」という問いに対して、統計データから、また当事者の経験から答えようとしてきた。そして、移民第2世代の困難が本当に移民出自に起因するのか、それとも階級などほかの要因によるものなのかを明らかにしてきた。こうした研究の背景としてフランス社会全体の変動との関係が欠かせない視点としてある。梶田が指摘した通り、移民第2世代の統合の問題は社会の産業構造の変化、教育の大衆化と高学歴化、ライフスタイルやジェンダー関係の変化を抜きに考えることはできない（梶田 2005）。移民第2世代の学業失敗や

進路選択の問題は、教育の大衆化による学業上の成功やそれを媒介とした社会的上昇への期待と密接に結びついている。

その一方で、フランス社会学の研究は社会統合という問題群に焦点を当ててきたため、親の出身国とのつながりや彼・彼女らの宗教、エスニック・アイデンティティなどに関する考察は相対的に弱い。移民第2世代の多くはフランス社会への帰属と共存させるかたちで、親の出身国や民族・宗教へのアイデンティティを保持し、また主体的に構築してきた。排外主義が進む社会の中で、彼・彼女らの持つ複数の帰属やアイデンティティそれぞれを否定することなく、いかに承認するのかという課題がある。

フランスでは移民第2世代が政治的・社会的に問題になって40年近くが経つ。彼・彼女らは年齢的にも社会階層的にも、またエスニシティの側面からも非常に多様な存在となっている。だが世代を重ねても差別を経験し、対等な存在として社会に受け入れられない場合もある。さらに親となり子どもを育て、そこで自分たちの子どもにも宗教や文化を積極的に伝承しようとする人びともいる（村上 2016）。そのため、森が提起したように、移民という移動の経験に焦点を当てるカテゴリーではなく、エスニック・マイノリティといった異なる分析カテゴリーを用いることも求められる（森 2016）。これらの批判点も踏まえ、フランス社会学の研究から示唆されることの一つは「移民」という要因にすべてを還元するのではなく、社会階層やジェンダー、人種、エスニシティ、世代などの交差性（インターセクショナリティ）の視点を取り入れる重要性であろう。

第 15 章

3 人姉妹と社会学者

—あるアルジェリア系家族の兄弟姉妹の社会階層移動に関する
民族誌的研究ノート—

ステファン・ボー

1. はじめに

2012 年の 6 月のことだった。パリ近郊の「赤い郊外」[かつて共産党が首長と
なった都市近郊の自治体群]の一つであるモンヴィル市の「ミッション・ローカ
ル」[1]の 30 周年を祝う式典がとり行われていた。私は庶民階層（下層階層）の
若者たちの職業参入の問題についていささか研究した社会学者としてその式典
に招待されており、ミッション・ローカルというものについて、その歴史と機
能について（少しは）知っているものとみなされていた（Beaud 1996, 1999）。
会場を出ようとしたところで、3 人の女性——実は 3 人姉妹だったのだが——
が私を待っていた。長女がまず話しはじめた。彼女は私のあいさつが「とても
よかった」といった。私はあいさつで、フランスにおけるマグレブ系家族の歴
史の古さ（したがって、その存在が常態化している事実）を聴衆[2]に指摘し（Noi-

1）訳注：ミッション・ローカル（正式名称：若者の社会および職業参入のための地域センター
 （missions locales pour l'insertion professionnelle et sociale des jeunes））は、1981 年のシュワルツ
 報告書（Bernard Schwartz）を機に 1982 年 3 月にミッテラン大統領の下、オルドナンス（行政命
 令）によって公的機関として設置された。ここでのミッションとは、当時無職の若者（16 〜 25 歳）
 を 18 か月内に職業参入ないし社会参入を達成することにあった。2015 年現在、全国に約 440 地域
 センターを数え、6,560 か所に窓口が用意されている。約 140 万人の若者が利用している（http://
 www.unml.info/accueil.html）。
2）原注：聴衆はかなりの人数（100 人ほど）で、さまざまな人がいた。議員、このセンターの（旧）
 職員、市役所の職員、ボランティアをやっている「若者」、そしてセンターの指導員が招待した地
 元の団地の若者とその親たちであった。

200 第Ⅲ部 「移民」を対象としてみた進路形成と進路決定

riel 2006; Sayad 1991, 1999)、このマグレブ系という社会集団の内部での多様性を強調した。すなわち、今日、この集団の内部では、新たに発生した「中間階層」（まず目立たないことが多い）が、相変わらず存在する居場所のない若者たちと併存している。この若者たちのほうは公共の場でたいへん目立つ存在だが——エリアスなら「最悪の少数者」（Elias 1985）というだろう——、同時にそれは、この社会集団に属する多くの者が、自分とは一線を画したと思っている者たちでもある。私にとってこの式典で話すことは、社会学的観点の特殊性に関する論争に立ち戻り、政治的左派の一部がよく使う「社会学的言い訳」[3]という問題設定に反駁し、「地元の」男子が［女子に比べて］学歴上昇で劣る事態を引き起こす社会的条件と、男子の一部がみせる非行的態度とをより細部にわたって検討しなおす機会でもあった。後になってわかったのだが、私のあいさつを、この長女のサミラはたいへん関心を持って聞いてくれていた。彼女は話の中に、自分たち兄弟姉妹と同じことが語られているのを認めたからだ[4]。

　この出会いが、ここで紹介したい（現在も進行中の）調査の始まりとなった。現状では断片的な結果しか出ていないが、この事例研究には、全員が社会階層の点で上昇しつつある、アルジェリア系家族の8人の兄弟姉妹たちの人生を、過去40年さかのぼって詳細に提示するというメリットがある。1970年から2010年にかけて、マグレブ系家族が世代の更新とともに社会的上昇を果たしているというのは、公表されている（稀な）数量的研究で既に明らかになっていることだが（Brinbaum et Kieffer 2009; Brinbaum et Guégnard 2012）、公の場ではほとんど認識されないままになっている。社会問題の「三面記事化」[5]（ジェラー

3）訳注：社会的に好ましくない行動の原因として社会学的に分析された諸条件を提示することを「言い訳」とみなし、問題を当事者の「自己責任」に帰する考え方。

4）原注：この最初の短い出会いのとき、サミラはまず、自分が、よくあるような「フランス人同士を対立させる」話をしたいわけではない、と前置きし、同時に自分が、彼女のいう「フランスへの愛」とフランス語への愛を持ち、「この国のおかげで」自分が多くのものを得ることができた、と主張した。「福祉関係」で働いており、大学時代に社会学も勉強した2人の妹も、自分たちも同じだといった。これはいわゆる「よい出会い」であり、私たちは携帯番号を交換した。1か月後、聞き取り調査が開始された。この3人の姉妹との面談から始めて、18か月後には、私はこの家族の兄弟姉妹全員と、しばしば複数回となった詳細な面談を実施した（サミラとの面談は10回に及んだ。この調査の協力者でもあった彼女は、兄弟姉妹たちに私と面談するように優しく促してくれた）。2013年6月には、私はこの家族の両親から食事に招待された。

5）訳注：多数の大衆の関心を引きつけるために、政治・社会的な問題を、事件的・「人間的」——つまり「三面記事的」——エピソードに還元して感情的に提示する報道戦略。

ル・ノワリエルの命名）と、ショーアップされたニュースの提示（1995年のカレッド・ケルカル、2001年のザカリアス・ムサウイ、2012年のモハメッド・メラー[いずれもテロ事件に関与したとされるマグレブ系フランス人]）が、こうした非常に重要だが、メディア受けしない社会過程を覆い隠すのに大いに貢献した。当然のことながら、私たちは、この民族誌的調査から一般的な結論を引き出そうとは思っていない。しかし、この調査は、一家族の兄弟姉妹の、性別による違い、時代による違いを受けた経歴を介して、社会的上昇——個人の経歴における上昇と世代間での上昇——に関与する要素で、統計的研究ではなかなか捉えにくい要素を、よりよく把握する道を開くと考えられる。一番上と一番下の年齢差が16歳に及ぶ一家族の兄弟姉妹の学業、職業、結婚、住居などに関する経歴を細かく聞き取ってゆくことは、能力主義（メリトクラシー）に依拠した共和国体制を擁護する政治的発言と、はっきりと絶縁する契機ともなる。こうした発言が、学校を通した社会的上昇によって実現される、いわゆる移民の漸進的統合という話題にかこつけて、しばしば展開されるのが現状なのだが。この兄弟姉妹の間にみられる学歴上昇と社会的位置に関する違い——それはまず男子が不利であることを示す違いでもあるが——は、庶民階層の生活条件の悪化と、15～20年前から郊外の団地地区で進行した、庶民階層による（社会的・政治的な）独自の指導体制の弱体化とに、まちがいなく帰せられるものである。こうした違いは、ひるがえって、社会的上昇を可能にする社会的・歴史的条件とは何か、という問いを同時に展開することをも許す。すなわち、この家族の場合、長女が体現している神話的ともいえる経歴を、支援したり阻んだりする要因は何かという問いである。

2. Ｂ家の人々：アルジェリアからフランスへ、「栄光の30年」における大量移民の最後の波

　Ｂ家は、フランスにやって来たアルジェリア移民のうち、第三期の典型例とも言える（Sayad 1977）。第三期とは、アルジェリアの独立戦争（1962年）後のことであり、アルジェリア国内では職がなかったり、旧本国（フランス）への移住の夢に取りつかれた農民の息子たちが、フランスの産業界にその労働力を

売ろうと、植民地の桎梏を逃れた母国を去っていたころだ。

B家の父は 1942 年生まれで、アルジェリア西部、マスカラ地方の片田舎の非常に貧しい小農の家で育った。ときどき、農作業がなかったり、一家の経済生活を支える日々の闘いに動員されることがなかったときには、小学校に行った[6]。初めてフランスに来たのは、1961 年に兵役でストラスブールに来たときだが、数か月後のアルジェリア独立によって呼びもどされた。以後、アルジェリア軍に志願して 4 年間務めた後、ムスタガーナム（モスタガネム）地域でアルバイトを重ねた。こうした職業経験は先のないものだったし、1960 年代終わりにはフランスへの移住の波がまた勢いを取りもどしつつあったので、フランスに行こうという目論見が徐々にかたちになりだした。1969 年に結婚し、翌 70 年に最初の子どもが生まれると、フランスの就労ビザを手に入れることができた。そこで、自分と同じマスカラ出身の従姉妹がいるリヨンに行って働き、2 年ほどとどまった。それから妻の姉のいるポワティエに行った。土木建設業の不安定な雇用で生活し、住居を手に入れるのに苦労し、ムスタガーナムとポワティエの間を行き来した。要するに、その日暮らしの厳しい生活、「移民の生活」を、孤独な移民向け独身寮で生きてきたが、そのころの話は子どもたちにもまずすることがない。フランスとアルジェリアを行き来する生活は 6 〜 7 年続いたわけで、有給休暇を利用して夏ごとにアルジェリアに残してきた家族に会いに行くようにしていた（1973 年にレイラ、1975 年にラシッドと、さらに 2 人の子どもが生まれて、家族は増えていた）。

B家の母は、父よりも 10 歳年下で 1952 年の生まれであり、生まれも育ちもムスタガーナムである。学校は、中学校まで行き、第 4 学年［日本の中学 2 年］の終わりまで続けることができた。部分的にはフランスの教育システムの産物（アルジェリアで教育がアラビア語でなされるようになったのは 1969 年以降）であるこの人は、フランス語をきちんと理解して、誤りなく話し、そのことをいささか誇りにも思っている。調査開始後 1 年たった 2013 年 6 月ごろ、家での長

6）原注：アラビア語もフランス語も書くことができない父は、［差別的な言い方をされて］「文盲」
ということになるのだろうが、現在でも、どの子どもからみても、人間味あふれる知恵を持ち、こ
とわざを上手に引用して教訓を引き出すことができる輝かしい人物であることに変わりがない。娘
たちは父のことを「哲学者」と呼んでいる。つまり、自らの考えを（生まれ故郷のアラビア語方言
で語られる）民間の格言や昔話、そして警句にのせて表明する哲学者である。

い面談の際に、彼女は4歳のときに両親の近所の女性に「養子にされた」いきさつを私に話してくれたが、それは、そこにいた長男にとっても初めて聞く話で、彼はやや呆然としてその話に耳を傾けていた[7]。この近所の女性はフランス人の「入植者たちの家で働いて」おり、既に子どもを2人産んでいたが、家には「男の人がいなかった」。こうしてB家の母は、（長い間、自分の「本当の母親」だと信じていた）この女性の一人っ子として育てられ、それゆえ、恵まれた状況で学校に行き、中学校まで続けることができたのだが、これは1960年代のアルジェリアを生きた、この世代の女性に対する一般的な扱いとはかけ離れたものだった。彼女の人生が変わり、運命が大きく転換したのは、14歳のときに、この「養母」が突然亡くなってしまったからだった。すぐに生みの親のところに戻されて、いっしょに暮らしはじめたが、あまり知らない人たちだったし、本当の愛情を感じることはできなかった。父親には邪険に扱われ、すぐに中学校をやめさせられて、結婚までの間、職につかされた。

　B氏と結婚したのは17歳のときだったが、不当な扱いを受けたという苦々しい気持ちは奥深くに残り、その後は「なにもかも」いわれた通りにするのは嫌になってきて、年を重ねるとともに夫婦間でもっと自分を尊重させるように努めてきた。結婚生活の最初の数年は、最初の子どもたちが生まれたこともあって、アルジェリアで母親業に専念したが、それでも夫と離れて暮らし、始終その帰還を待ち続ける生活が耐えられなくなった。それでかなり早くから、夫に自分たちを「フランスに連れてゆく」ように迫っていた。夫のほうが、離れて暮らすことに慣れ、それほど不満でもなく、その方がいいとも思っている（1年のうち11か月は誰にも相談する必要がなく、自分で決めて行動できる）のがわかってきた、とも彼女は面談の中で打ち明けた。夫のほうはこうした要求に聞く耳を持たず、フランスでの住宅事情の悪さを引き合いに出した。夏ごとに、彼女は夫と長々と「やりあって」、決断を迫ったと話した。3人目の子ども（ラ

---

7) 原注：自分の母親の子ども時代について、今まで未知だったことをこんな風に知らされて、あっけにとられている息子に向かって、母親は別に特別なことではない、と話し（「あのころは、よくこんなことがあったのよ」）、アルジェリアの庶民階層の一部で習慣的に行われていたこうした取り決めの理由を説明した。子どもの多い貧しい家族の両親がその負担に耐えかねて、そのうち1人を（口頭での合意という表立たない方法で）、その子をよりよく育てられる近所の人に「あげる」ということが行われていたのだ。そうやって生みの親たちの経済的負担を軽くしたという側面もあったのである。

シッド）の誕生とともに、彼女は夫への圧力をぐっと強め、離婚までちらつか
せて（そんなことをしたら夫の評判に傷がつくことになる）、とうとう夫から譲歩
を引き出した。フランス政府の家族呼び寄せ政策を利用して、家族全員をフラ
ンスに来させることに夫は同意し、低家賃の公団住宅を探し始め、3LDK のア
パートを見つけた。1977 年の夏の終わりに、一家はフランスに足を踏み入れ、
中部地域の大都市郊外に落ち着いた。そこは以前から、ムスタガーナム出身者
が小規模だがかたまって住んでいるところだった。

　B家は広大なアパートに落ち着いて、以後、一定の間隔で 5 人の子どもが生
まれて拡大した（1979 年と 81 年に男子が 2 人、83 年、84 年、86 年に 3 人の女子）。
この家の子どもたちは、二つに分かれる。上の 3 人はアルジェリア生まれで、
国籍もアルジェリアだ（したがって、成人したときに「フランス国籍取得申請」を
しなくてはならず、長女と次女はそうしたが、長男は今でもアルジェリア国籍のまま
でいる[8]）。それに対して、フランスで生まれた下の 5 人は自動的にフランス国
籍保持者となる。フランスに来てから、家族が増えてきたことで、負担も大き
くなった。狭い部屋にひしめき合って暮らさなくてはならず、また、大家族ゆ
えの経済的制約も多くあった。客観的にみて、損な役回りを強いられるのは 2
人の姉たちだった。2 人は、「生徒という仕事」やさまざまな家事に加えて、い
やおうなしに第二の母親という役割を、10 年から 12 年も引き受けなくてはな
らなかった。

　長女のサミラは最初の 2 回の面談では、自分からこの点について話すことは
なかった。それほど、彼女は自分の役割を内面化していたのだ。しかし、私が

8）原注：国籍取得に関してこうした違いがあるのは、3 人の長子たちの学業と職業をめぐる経歴を
考慮に入れて初めて理解できる。バカロレア［大学入学資格］を取った 2 人の姉たちは、高校時代
から、いつか教師か看護師になるにはフランス国籍を取得しておくことが重要だと認識していた。
2 人が帰化の申請をしたのも高校時代だった。サミアの場合、同じ高校のモロッコ出身の女友達に
強く勧められたということもあった（モロッコ出身者のほうがアルジェリア出身者よりも「フラン
ス国籍になる」ことに対する抵抗が少ないことが知られている）。長男のほうは、早い時期に学校
をやめてしまい、成人となる 18 歳当時、安定した職につく見込みがまったくなかったし、アルバ
イトをする上では、「フランス人である証明書類」が本当に必要になることもなかった。その上、
長男は 16 歳から 21 歳までの間、青年期の、しばしば度を超すこともあった逸脱行動の時期に、警
察から暴力的な扱い（拘留中に「痛めつけられる」）を受けたこともあったので、フランス人にな
るという考えが魅力的になることもなかった……。

第 15 章　3 人姉妹と社会学者　　*205*

再度この話題を取り上げて、彼女に話を促したとき、サミラは、フランスで母親が次々に子どもを産んだということが、自分にとっていかにつらく厳しい経験であったかということを、打ち明けた。思春期真っただ中の16歳のとき、8人目の子どもが生まれるということを母親が告げたとき、サミラは突然、心に秘めていたことを口に出してしまう。「で、そのとき、わたし、母さんにいったんです。おろしてよ、そんな子。あたしはもういやよ、いやだってば、って。ひどいでしょう、今から思うとね。こんなこと自分の母親にいうなんてね」。この場面とそのときの自分のあけすけな態度を、悔恨とともに、サミラは正確に記憶している。家に縛りつけられて、小さな弟・妹の世話をする生活から少しでも解放されたいと願っていたそのときに、産児制限をしない両親の「つけ」が、最後に、しかもきわめて現実的に、どれほど重くサミラに降りかかってきたかを考えれば、そうした態度も理解される。2人の年長の姉たちが、自分の最初の出産の時期を最後まで引き延ばした（サミラは36歳、レイラは40歳）こともまったく偶然ではない。一息ついて、自分自身のために過ごす青春時代を、2人ともほしかったのだ。というのも、2人とも思春期の一部を、（2人の使った表現で）「おむつといっしょに」過ごし、非常に年少のころから、既に自分がどうみたって「母親」だと感じていたからだ。

3. 女の子は優等生、それに比べて男の子は落ちこぼれぎみ

　子どもたちの中で、男女の違いは決定的な意味を持つ。まず、学業の点でこの区別がはっきりと際立つ。5人の娘たちは全員バカロレア［大学入学資格］を取り（上の2人と末娘は経済・社会系、3番目と4番目は商業系）、続いて、庶民階層の子どもたちが上昇移動を遂げるときに進む高等教育の王道に従って、専門学校（看護専門学校）、技術短期大学、そして／または大学に行き、3年の高等教育課程をへて資格（看護師資格、教育学学士、職業学士）を取った[9]。

　長女サミラは、特に注目すべき学歴を経てきた。まず、アルジェリアで学校に行き、小学校初年度をたいへんよい成績で過ごした。しかし7歳でフランス

9）原注：この点では、特にBodin、Hugrée、Orangeによる研究を参照のこと。

206　第Ⅲ部　「移民」を対象としてみた進路形成と進路決定

に来たとき、移住と故郷の環境から引き離されたことからくるショックが大きかった（「ここに着いたころのことを思い出すと、なにもかも灰色」）。そのうえ、フランス語を一言も話せないのに、ゼロから学校をやり直さなくてはならなかった。それでもサミラはすぐにこの試練を乗り越え、急速にフランス語を習得すると、小学校の初学年からたいへんな優等生になった[10]。今でもそのころの学校の思い出は、輝いたままで残っている。小学校の女の先生たちや、中学校の教師の何人かの魅力的な人物像も。今でもこの人たちとはときどきは会うようにしている。一家の子どもたちの先頭を切っていたサミラ、すぐ下の妹のレイラが「まじめ」で「勉強好き」というこの姉が、学業を通した上昇移動の道を家族の者たちに示したのだ。弟・妹たちに、（完璧な通知表や生徒の義務を果たすことを通して）模範を示したばかりではない。下の者たちの学校生活を——細かく——見守るのも忘れなかった。勉強（提出物、通知表）をチェックしたり、必要ならすぐに教師に会いに行き、決定的な進路指導（第3学年［日本の中学3年］の終わり）のときは、なんとしても職業高校への進路指導を避けるために、自分から直接に進路指導過程に参加した。サミラからみたら、この方向へ行かされるのは、失業や「問題」を抱える将来を約束されたようなものだからだ。

フランスに来てからというもの、サミラはむさぼるように本を読んだ。（学校や市立の）図書館の常連でもあった。そして、弟・妹たちに対しても熱心に読書を勧めるようになった。たとえば、長い夏休みの初めには、サミラは弟・妹たちに読むべき小説を用意してやり、感想文を書くようにいった。書けば、これは大事なことだが、ちょっとしたお小遣いがもらえるのだ[11]。そのうち、彼女がいうには、自分の「フランス語に対する情熱」はますます高まり、もし、大学に行けたら文学の先生になっていたかもしれないほどだったが、両親から

---

10) 原注：父親も教育に関して、いつも大いに励ましのことばをかけてくれたが、行動を通して、何かにつけてサミラを支えたのは、フランス語をしっかり習っていた母親のほうだった。出欠のチェック、宿題の補助、通知表の検討、教師との面接などだが、後には「学級委員会」（序章を参照）にも出席するようになった。

11) 原注：夏休み中に読む「課題図書」の話は妹たち全員が話してくれた。それは一番上の姉の、絶えることない文化的環境づくりがどれほど大きな意味を持っていたかを伝えるための話だったが、妹たちはこの働きかけを、青春時代を通してずっと感じ続けてきた。成人してからも、この姉妹間のつながりは強いまま残った。「三人姉妹」はよくいっしょに、パリで美術展や、演劇・コンサートなどに出かけ、知的な主題をめぐる討論会にも参加している（アラブ世界研究所で催されるものによく行く）。

許してもらえず、サミラは「地元の」看護専門学校で短期の高等教育を受けることになった。中学時代は、たとえば、一戸建ての家に住むクラスメイトの女の子たちを、国語（フランス語）の宿題で助けてあげたのは彼女のほうだった。この、彼女のいう「フランス人の子たち」の家に行ったとき、彼女はその家のお金のかかった内装をみて唖然とした。最初の面談のとき、サミラは忘れられない思い出を話してくれた。中学の友達の一人の女の子は、自分の部屋をもらっていたばかりでなく、そこにはピアノまであったのだ。サミラは家族の中で、常に家庭教師と後には文化案内人の役割を果たしていた。自分の切り開いた学歴上昇の道に、すぐ下の妹のレイラや、下の3人の妹たちをも進ませた。こうして妹たちは、時には困難にぶつかることはあっても、全員、普通ないしは技術バカロレア[12]を取得することができた。

　女の子たちの上と下、二つのグループに挟まれた、3人の男の子たちも、全員、長姉の学歴上昇が――時に非常に抑制的な――模範となったこと、また、いつも勉強をみてもらったことを認めている。しかし、これだけでは、学校生活にとっては否定的に働く二重の影響力に対抗することはできなかった。一方では、家庭のしつけ（息子たちは母親から大幅な自由を与えられていた）の影響があり、他方では「地元」、すなわち同年代の友人（ピアグループ）からの影響があった。なにかというと、友人たちにアパートの下から呼び出される状況では、自分の社会階層が背負った運命を逆転する努力を続けるのは難しい。というのも、1980-90年代に大都市近郊の団地に行きわたった、少年たちの交友形態は、「小グループ」すなわち、いつも一緒にいる2～3人の友人からなる集団で、これが磁力のように、この家族の男の子たちを常に家の外に呼び寄せていたのだ。こうした地元での強力な交友関係と、家で受けることのできた教育上の「恩恵」とが相まって、この男の子たちは学業に向かう最低限の忍耐も、時間を守る習慣も身につけることができなかった。それらがよい成績を取るために不可欠の条件なのはいうまでもない。この団地地区（早くから優先教育地域[13]に指定され、その後、困難都市地域[14]に指定されている）で多数を占めるほ

---

12) 訳注：バカロレアには、このほかに職業バカロレアがある。職業バカロレアは職業高校に行った場合に取得されることが多いが、労働市場での価値、高等教育への進学の点で不利な面がある。三男はこのバカロレアを取っている。

かの男子と同様、この家族の男子も一人として普通高校に入学して、普通バカロレアを取ることができなかった。次男のアゼディンだけが職業バカロレアを取ることができた。長男のラシッドは、惨憺たる学校生活を経た後、中学校を中退し、その後何年か荒れた生活を続けたあげく、21 歳のとき、強盗の罪で刑務所に収監された。末息子のムニールは、職業バカロレアの最終年で学校をやめ、18 歳で臨時雇用として労働市場に出た。

　学校教育をどのように経てきたかという来歴に関して、一家の男子と女子の間にみられるこの大きな相違は、家族の中にある、性差（ジェンダー）で大きく異なる社会化様式をみごとに反映している。それは、とりわけ年長の子どもたちの間で顕著にみてとれる。上の 2 人の姉は、子ども時代、いつも勉強と家事とに明け暮れていた[15]。長姉のサミラは長い間家に閉じこもっていた（「私はいつも、家と学校、それだけ」）。子どものころ、1 人で何の目的もなくぶらぶらと「外に」出たときの、恐怖でパニックになった経験を、面談の中で彼女は何度も話した。それはまるで、少しでも家を離れてしまっては、ただではすまないとか感じているかのようだった[16]。これとは反対に、3 歳年下のレイラは、姉のつらそうな生き方を見ていて、早いうちから、閉じこもることの危険に気づいていたと、自分でもいっている。姉の場合、家に閉じこもることは、しまいにはなんだか「自発的に」さえなってしまった。こうしたリスクを避けるために、妹は家庭に閉じ込められないように、まさに戦略ともいえるものを忍耐

13）訳注：優先教育地域（ZEP）とは、1981 年より実施された積極的差別是正政策である。指定された学区では加配教員などが用意される。詳細は、大前・園山（2015）を参照のこと。

14）訳注：困難都市地域（ZUS）とは、1996 年から実施されている都市政策である。地域住民の社会結合を目指す。2015 年 1 月より「都市政策優先地区（QPV）」と名称を変えている。詳細は、森（2016）を参照のこと。

15）原注：上の 2 人の姉たちは、勉強にもとてもやる気を持っており、よい成績を取って上の学校に行きたいという強い気持ちを持っていた。2013 年 6 月に 2 人の小学校の先生だった女性とたいへん実り多い面談を持つことができたが、この、一家の娘たち全員にとって、単なる教師を超えた指導者のような役割を果たした女性（退職した現在も、団地内の民間賃貸住宅に住んでいる）は、長姉サミラの信じられないほど揺るぎのない性格を強調した。「あの子はいつもいってましたよ、『わたし、上を目指したいんです』ってね」。

16）原注：40 歳を過ぎて 20 年もパリで暮らした現在になっても、公共の場所に出ることに対する、こういうなんだかやましい気持ちは完全になくなったわけではない、とサミラはいう。パリの富裕層地区など特にそうだが、一人で街の中をあちこち歩くことに、彼女はいまだに少し罪悪感を持つ。あたかも、非常に幼いときに両親から刻み込まれたこの至上命令を、今また破っているかのように。

強く実行に移した。小学校の終わりころという非常に早い時期に、彼女は「家の外」の世界の探検に乗り出した。むろん、両親から見て適切と思われる許容範囲でのことだった。つまり、いろいろなスポーツ実践、その後、思春期には地元の児童のための集団活動の仕事（指導員）であった[17]。

4. 学歴資格を得た女の子たちは社会的上昇の途上にあり、男の子たちも何とか職に就く

　一家の男子と女子の間にみられた学歴資格に関するこうした違いは、その後、この子どもたちが就くことになる職業の性格に反映している。5人の姉妹はみな、卒業後に安定した就職先がある高等教育の分野を選択し、何らかの意味で世の中の役に立つ職業分野を選ぶようにも注意した。すなわち、保健（サミラとダリラは看護師）あるいは、広い意味での社会福祉（レイラは若者の職業参入を補助する機関、四番目のアメルは児童福祉事務所でソーシャルワーカー、末のナディアは公共職業安定所）という分野である。息子たちは、より短い学歴のあと、困難が多く、入り組んだ職歴を経ることになる。しかし、驚くべきことは、全体としてはあまり学歴レベルが高くないこの息子たちの職歴の中で、失業が占める期間が、全国レベルの統計と比較したとき、極めて少ないことである。このことは、おそらく、この家の子どもたちがとても早い時期から職に就いていたということと関係がある。ほとんどの子は、学校に行きながら何か仕事をしていたのである。こうした事実を説明するには、B家を常に襲っていた金銭的困窮を念頭に置く必要がある。つまり、この一家は、かなりの期間にわたって——父親が病気のために職に就けなくなってから、母親が中学校の清掃員として働きだすまで、すなわち1980年から95年までの間——、財布のひもを締めに締めなくてはならない時期を過ごしてきたのだ[18]。子どもたちはみな、「生

---

17) 原注：この仕事のおかげで、レイラは、以前から共産党が掌握していた郊外のこの町で、庶民階層の集団活動を指導する人々と接触を持つことができた。

18) 原注：B家はずっと地区の社会福祉の対象になっていたというのも事実だ。両親は、お金がないことを一度たりとも子どもたちに隠そうとはしなかった。子どもたちはみなそうだが、中でも年長の子どもたちは小さいときからこの事実を意識していた。両親からみれば、この事実ゆえに子どもたちは、そのころはまだ残っていた、年少の若者にもやれるアルバイトを探して、できるだけ早く労働市場に出て行くことを望んだということになる。

210　第Ⅲ部　「移民」を対象としてみた進路形成と進路決定

き残る」ためには、そして、思春期の間は、みんなと同じような服装をするためには、自分でアルバイトを見つけて小遣いを稼ぐしかない、ということを意識していた。

　小遣い稼ぎについて、サミラはこういう。「子どもたちの指導員をしなかったのは、私だけ［……］。私はすごく小さいときから、アイロンとか家事をやってた……。同じ建物のお年寄りの面倒をみたり、子どものベビーシッターをしたりしました」。レイラと、そしてやがてはダリラとアメルも、地元の共産党系の町にある社会センターで、児童活動の指導員をやった。3人の息子のほうは、もっとずっと早く、中学入学とともに街中に立つ「市場に出て」、周辺的な労働を実体験していった。ラシッドは、第6学年［フランスの中学1年］（13〜14歳）のころから、早朝の5時・6時から街をうろつき、半日仕事に雇ってもらえないか探して歩いた。こうした生活が彼はのっけから気に入った。豪放磊落な人たちや、その場のやりとりなど、仕事場の雰囲気が好きになったラシッドのほうも、機嫌よくがんばって働いた。おかげで、その気骨のある仕事ぶりを認められるようにもなった。特に、定期的に彼を雇った肉屋の主人などは、この「アラブ小僧」を高く評価した。3人の息子は職業生活の初めには、みな臨時工として工場で働いた。ところが、この仕事こそ、父親がまさに毛嫌いしているものだった。土木建設業で働いた父親は、自分がフランスに来たのは、子どもたちがいつか「書類仕事」につけるようにするためだ、と常日ごろ繰り返し語っていたのだ。アラビア語の方言で、何度となく父親の口をついて出てきたこのことばを、子どもたちはみな聞いていたが、それは子どもたちには、命令とか押しつけのように響いた。次女のレイラは、長男が初めて労働者として「現場」に出ることになった日に、父が泣いているのをみたという。父親が抱く職業的成功者のイメージと、どの労働現場にも蔓延する人種差別とを考慮して、息子たちは3人とも将来は労働者として生きて行かずにすむように、何かないかと考えるようになった。ラシッドとムニールは、早々に「商売」に方向転換した。2人は「セールスマン」となり、最初はこの世界で大変な成功をおさめ、収入もたいへんよかったが、同時に稼いだ金を「惜しげもなく」使った[19]。ムニールはセールスマン時代に、ナント地方出身の仲間で、自分と同じ「アラブ野郎」のアリといっしょに働いたが、いかに自分たちが「アラブ人」

表 15 - 1　B家の子どもたちの社会的経歴の比較対照表

	サミラ	レイラ	ラシッド	アゼディン
生年	1970 年 （アルジェリア）	1973 年 （アルジェリア）	1975 年 （アルジェリア）	1979 年 （フランス）
学歴資格	バカロレア：経済・ 社会系（1989）、 看護師資格 （1992）、 修士：教育工学 （2012）	バカロレア：経済・ 社会系（1992）、 技術短期大学修了 証：社会福祉士、 修士：教育学（1997）、 修士：職業参入支援 （2004）	第五学年〔日本の中 学 1 年に相当〕で学 業放棄	職業教育修了証：工 業系
職歴	看護師 （1992-2000）、 看護師管理職 （2001-2012）、	青少年情報センター （1997）、 ミッション・ローカル （2008 年より管理職）	アルバイト、 販売員、 2010 年より販売主任、 青少年指導員養成課 程修了	2006 年より バス運転手 （パリ交通公団）
婚姻歴	結婚（一度目） （1992）、 結婚（二度目） （2004）、 夫はアルジェリア系、 販売部門管理職、 娘が二人 （2006 年と 2008 年）	宗教儀礼を伴う結婚 （2012）、 夫はアルジェリア系、 労働者、労働総同盟 活動家、 第一子 （ヤシン 2013 年）	事務職員の「フラン ス人」女性と同居、 三人の女性との間に 五人の子ども	独身、 パリで一時的に同棲 生活の経験あり （2012-2013）
住居	パリ 18 区に 3LDK の賃貸マンション	パリ近郊 2LDK	一戸建て賃貸、 実家から 5Km のと ころ	18 区の街はずれに ワンルームマンショ ン賃貸

であるゆえに、団地住まいの客に近づく手段として利用されたかを語った。2
人は顧客の「自宅の中まで入り込み」、彼らの商品（断熱材）を売り込むこと
ができたのだ。

　次男のアゼディンは 2 人の兄弟とは違ったところがある。職業バカロレアを
取り、ほかの 2 人よりも学歴が高いのだが、アゼディンは 20 歳から 24 歳の間
に長期間にわたって精神的にうまくゆかない時期があり[20]、それが職業生活

19）原注：2 人はパワフルな大型車を買い、ブランド物を身につけた。ラシッドは、経済的な好調期
　　には、アルジェリアに帰るときに両親を誘い、何日かスペインに滞在させて、「宮殿のような」ホ
　　テルに泊まらせた。

ムニール	ダリラ	アメル	ナディア
1981 年 （フランス）	1983 年 （フランス）	1984 年 （フランス）	1986 年 （フランス）
職業バカロレア	バカロレア：商業系 （2002） 看護師資格 （1992）	バカロレア：商業系 （2003） 一般教育課程修了証： 人文科学 （2006） ソーシャルワーカー資格 （2010）	バカロレア：文学系 （2005） 一般教育課程修了証： 社会学 職業学士：人事管理 （2008）
臨時工（労働者）、 販売員、 セールスマン、 2013 年 5 月に経営難に よる解雇	介護職（2004-2008）、 2010 年から看護師	2010 年よりソーシャル ワーカー、児童福祉（セ ーヌ・サン・ドニ県）	安全・衛生・環境管理 部門の事務職（辞職）、 2010 年からハローワー ク指導員
既婚、 妻は「フランス人」、 義父はフランス電力公 社の労働者、 労働総同盟活動家、 第一子（2012）	結婚（2011）、 夫はアルジェリア系、 ハローワーク指導員、 第一子（2012）	独身	宗教儀礼を伴う結婚 （2012） 夫はアルジェリア系、 私立探偵、 第一子（2013）
実家の近くに賃貸マン ション	モンペリエで民間賃貸 マンション	パリ 15 区にワンルーム マンション	パリ 18 区にワンルーム マンション

に関して「重荷」になった。そうしたときに、彼の人生の中でも重大な出来事
である「目覚め」が訪れた。それは、25歳のときで、自分が社会参入最低所
得［生活保護］を受けるようになるだろうという予感とともにやってきた。面
談の中で、アゼディンはこのことを詳しく説明してくれたが、彼にとって、生

---

20) 原注：彼は今、この時期の自分の状態を、親友（「あいつは、兄弟みたいなもんだった」）の事故
死の直接の帰結だと考えている。ディスコ帰りに自動車事故で死んでしまったこの友人は、一戸建
て住宅に住む営業マンの息子で、地域圏レベルでトップクラスだったバスケットボールのチームで、
彼と一緒にプレーしていたのだった。この悲劇のせいで、彼は、自分の言い方では「軽い」うつ病
みたいなものになってしまい、長い無気力な時期を自宅（両親の家）に閉じこもって過ごし、しょ
っちゅうマリファナを吸うようになっていた。

第 15 章 3 人姉妹と社会学者　　*213*

活保護を受けるというのは、団地の隣人や子ども時代の友人たちの多くの生き方を承認し、自分も、自分の目からみて敗者となり、社会意識といえるものを身につけて以来、常に逃れようと思っていた社会的な運命に屈服してしまうことだった。それで、生き延びるための反射運動のように、パリに住む2人の姉に助けを求めると、2人はすぐに彼を支え、助言し、行くべき道を示してくれた。アゼディンはパリのレイラの家に落ち着き、彼女の仕事先で、バカロレアのレベルで受けることのできるすべての就職試験が載ったリストを調べ、パリ交通公団にターゲットを絞ると、大急ぎで志望理由書を書いた。弟には内緒で、レイラは志望理由書に目を通し、修正を入れたあと、弟に代わって書類を公団に送付した。またしても、姉さんたちがしてくれる最後の仕上げが、大いに功を奏したのだ。書類審査を通り、試験を受けた後、採用面接も通ってアゼディンはパリで働くようになり、しばらくはレイラの家で暮らし、その後はパリにほど近い北の郊外で小さなアパートを見つけた。

学歴資格の欠如（ないしは低い資格の保持）が、マグレブ系移民の子どもたちにとって、必ずしも失業を意味するわけではないことが、ここからみてとれる[21]。この一家の3人の息子たちは確かに、娘たちのような職業的安定も2人の姉が持つキャリア展開[22]の見通しもない。しかし、彼らは商業分野でかなり安定した職を得たり（長男と三男）、25歳でパリ交通公団のバス運転手という公務員の職を得ることができている（次男）。

こうして積み重なった学歴と職歴の違いが、住居の地理的位置にも大きく影響していることもまた指摘しておこう。娘たち、特に年長の2人の姉は、早くから生まれた地方を去ってパリ、ないしパリ郊外に引っ越し（サミラとレイラの場合、23歳のとき）、そこで子どもを産んでいる。2人の姉は、独身生活が長かったので、下の妹たちを順番にパリに来させた[23]。2人のアパートは、いってみればパリ地区に設けられた前線基地のようなものだった。そこは、一家の

---

21) 原注：資格調査研究所（CEREQ）の「世代調査」に基づく J.P. ジェアンと U. パレタの研究を参照のこと（Géhin et Palheta 2012）。

22) 原注：サミラは31歳で看護師の管理職につき、1年前に修士号を取って、今では病院の上級管理職になろうとしている。レイラも彼女の職場の階梯で、「管理職」に相当する地位に就こうとしている。

23) 原注：たとえば、アメルは2006年から2012年までレイラの家に住んでいた。

214　第Ⅲ部　「移民」を対象としてみた進路形成と進路決定

みんなにとって「リソース・センター」のようなものだった。下の子どもたち
は、自信をなくしたり、落ち込んだりしたときは、姉たちの家に避難して一息
つき、温まって、自分たちの未来を切り開く力を取りもどしたのだ。この姉た
ちとは反対に、学歴が低い年長の息子、ラシッドとムニールは、子どものころ
から住んでいる団地内の、両親の家のすぐ近くに長い間住んでいた。サミラは、
この（「敏感で」、「ピリピリした」）弟、ラシッドの面倒をよくみてきたが、弟の
話になると、たいへんうまく、どうして彼が両親のすぐ近くにいる必要がある
か、分析してくれた[24]。「あの子はね、親にみてもらってないと安心できない
の。だから、毎日会いに行くのよ」。庶民階層の家庭で、子どもの性役割分担
が逆転したすてきなケースだ。というのも、一般的には、親と地理的に近いと
ころに住み、老いた親たちの面倒をみるのは娘たちに与えられた役目だから
だ。

　兄と弟に挟まれたアゼディン（1979年生まれ）のケースは検討に値する。彼
とは三度、長時間にわたって思わず引き込まれる面談をしたが、そのどれもが、
「パリのアラブ人」という彼の位置づけがもついくつもの対立関係をめぐる話
だった。まず、パリ交通公団のバス運転手として、彼は非常にしばしばどっち
つかずのとても難しい立場を生きなければならない。一方には、職場のバス営
業所にいる、彼のいうCGT（労働総同盟）組合員たちのマッチョで反移民的な
世界があり、また他方では、すっかり宗教にはまり込んだ「髭づら」[髭を伸
ばす男性イスラーム教信者]の同僚たちがいる。こちらのほうは、しばしば宗教
実践をわざと見せつけて「挑発」し、さらには、なにかというと、自分とはあ
まり関係のない話に彼を巻き込もうとするのだった。ついで、パリの北部近郊
の団地の新参者として、そこの団地のしきたりに直面した。最初は何人かの住
民と友人関係を結んだが、しだいにこの仲間たちとは距離をとって、独自に行

24）原注：たとえば、サミラは、ラシッドが16歳のとき、初めて「死ぬほど酔っぱらった」話をし
てくれた。親の家に帰るわけにはいかなくなり、飲み友達がやっとサミラがいた看護専門学校の寮
の部屋まで車で連れてきたのだが、そこは両親の家から60キロも離れていたのだ。そのとき、今
でも強い記憶となっているのは、「みっともないこと」になっている弟が、自分を苦しめている秘
めた理由を姉さんには打ち明けることができたことだ。「何度も何度もいったんです。『父さんは俺
のことが嫌いなんだ……、嫌いなんだ……』って」。ほかにもこんなことがある。緊急だと、両親
にいわれ、スキーで骨折して、膝はギブスで固められていたのに、商店に強盗に入った一件で警察
に拘留されている弟に会いに、急いで南仏のトゥーロンまで行かなくてはならなかった。

第15章　3人姉妹と社会学者　　*215*

動するようになった。というのも、団地の「壁際野郎（Jeunes hittistes）」[25]たちは、アゼディンが仕事に出かけて、職場でへいこらするのを軽蔑していたからだ。あちこちで、冷たくあしらわれるようになると、彼は自分がパリという大都会地域に出てきた「田舎者アラブ人」（彼自身の表現）だということに気がつき、ときどきは、その懐かしい田舎に帰りたいとも思うのだった。

5. 姉妹間での世代に基づく相違

　家族内での男子と女子の間の違いは、サミラとの最初の面談のときから明らかに見て取れたが、その後、妹たちと一人ひとり面談を重ねてゆくうちに、一家の姉妹たちの間にある世代的な差異もまた私の注意を引いた。まず姉妹たちを隔てている客観的な年齢差（長女と末の五女とは16歳の差がある）によって、そうした差異が説明されるだろう。しかし、それはまた、姉妹の上下の世代が育った、その時々の社会情勢と、それぞれの世代の非常に対照的な社会化過程のあり方によって、特に際立ったものになっている。

　年長の2人は1975年～90年にかけて低階層の住む郊外で成長したが、この時代は、諸々の社会的変動過程のために、移民の子どもたちの未来とのかかわりや、世界の把握のしかたが根底から変化したときでもあった。まず第一に、ジスカール＝デスタン大統領の治安優先方針のあとを受けて、左派政権の誕生（1981年）と「平等と反人種差別のための行進」（1983年）[26]を経て、フランスにおけるアルジェリア移民の居住資格の安定化が実現した（1984年に有効期間10年の滞在許可証ができた）。［いつかは母国へ帰るという］「帰国神話」は、アルジェリア移民たちの間では終わりを迎えた（Vidal et Bourtel 2005）。そして若い世代（マスコミでは「ブール世代」といわれた）にはこの国で自分たちの未来が開けるという気持ちが芽生えた。ミッテラン大統領の第一期の7年間は、ア

---

25) 原注：アルジェの隠語で、ずっと失業していて街中で「壁にもたれかかっている」者たちを指すことば。

26) 訳注：フランス社会の人種差別状況に苦しんでいたブールと呼ばれる移民第2世代が、平等と反人種差別を掲げて1983年10月から12月にかけて行った行進で、しばしば「ブールの行進」と呼ばれる。少人数でマルセイユから始まった行進はパリでは10万人以上に達した。文中にある10年有効の新しい滞在許可証は、行進の結果、創設された。

216　　第Ⅲ部　「移民」を対象としてみた進路形成と進路決定

ルジェリア移民にとってはっきりと過去との断絶を、また、外国籍者の投票権までは認められなかったとはいえ、移民の子どもたちにとっては、新しいフランスのイメージを体現した時代だった。1983-84 年の選挙における［移民排斥を掲げた］国民戦線の躍進に直面していただけに、こうした変化の意味は大きかった[27]。明日どうなるかという恐怖、公的機関に対する不安、お役所と警察に対する恐れ、こうしたものがアルジェリア移民にとっては間違いなく減退した。サミラとレイラは、自分たちのやり方で、「行進世代」の後を継ぐ者たちだった（「行進」のとき、2 人は 13 歳と 10 歳で、おぼろげな記憶しかない）。2 人は、あの一時休止期間——つまり、それまでアルジェリア移民の運命を締めつけていた万力がちょっとゆるんだ時期——に成長し、自己形成してきた。この期間の間に、アルジェリア移民の子どもたちは、「困難な戦い」を通して市民として生きる権利を勝ち取るに至った（Hajjat 2013）。すなわち、それまで長い間、自分たちの集団の存在を公式に認めることを拒否していた国で、合法的な市民として認められることに成功したのだ。「行進」が行われた 1983 年以後数年にわたる社会の寛大な雰囲気の恩恵を、2 人は受けたといえるかもしれない。さらにまた一方では、この時代は住居と生活条件の点でいえば、社会集合住宅（HLM）の団地地区がまだある程度、社会階層的混合を保っていた時期であり、それは 1980 年代の初めまで続いていた。フランス人の労働者と下のほうの中間階層がまだ出て行く（つまり「逃げ出す」）前だった。移民の子たちが育った友人関係には、まだ多様性があった（フランス人、アルジェリア人、ポルトガル人、スペイン人もいた）。1980 年代の団地地区は、まだ完全には孤立化されていなかった。すなわち、NPO など民間団体が活発に活動し、共産党の活動家が、B 家のいた町でもまだ仕事を続け、「団地の活動家」［団地内で社会活動する若者たち］（Masclet 2006）が現れ、大人たちともしょっちゅう接点があった。

　移民の子どもたちが大きくなった環境は、物質的な欠乏をはじめとする、い

27）原注：詳細な面談と歴史資料とを組み合わせながら、私たちは（1980 年代を中心にして）アルジェリア移民の子どもたちの社会史の研究を現在進行させているが、その中で、1981 年 5 月のミッテラン大統領の当選が、調査対象となったアルジェリア系家族にとって、いかに重要な出来事だったかがわかる。それは喜びと、とりわけ大きな安堵感をもたらした出来事だった。シャンパン（あるいはその代替物）で祝杯をあげ、移民の子どもたちがそれまでの半非合法状態を脱して、国外追放の恐れなく、これからは堂々と外を出歩けると感じた瞬間だった。

第 15 章　3 人姉妹と社会学者　　*217*

ろいろな困窮に見舞われることが多かったが、それでも男子を取りまく世界は、依然として、たとえば一生懸命仕事することの大切さ、などという庶民階層の共同体に特有な価値を基盤にして構造化されていた。「俺ら」（団地地区、地元の若者）と「奴ら」（「ブルジョア」、金持ち）との分断は、頭の中では確かに存在していたが、それは全面的なものでも、越境不可能なものでもなかった。こちらの世界からあちらの世界への通路もあり、道案内する人もいた。特に、「よくできる」とみなされた生徒にとってはそうだった。「俺ら／奴ら」という二分法が、フランス社会の他の階層の人々との出会いを閉ざしてしまうまでには至らず、都市郊外の隔離状況がまだそれほどには深刻化していなかった時期のことを考えるとき、ラップ音楽（1980年代の終わりになって初めてフランス全土に広がった）に先行する、この世代の音楽に対する好みの多様性を指摘しておくのは無意味ではないだろう。結果として、サミラとレイラは、まだ移民地区にはなっていない団地地区で成長した。たとえば、小学校では「アラブっ子」はほんの少ししかいなかった。2人の記憶では、日常生活の環境がいっそう悪化し、同じ建物にいる人々の貧しさが深刻化したのは、1980年代の半ば、2人にとっては中学時代だった[28]。

　姉妹たちの二つのグループ間にある容姿、物腰、話し方の違いも、この一家に「侵入した」社会学者を何よりも驚かせた。2人の姉たちが話すのを聞いていると、的確なことば使いと場面にあった言い方とを探しているのがわかる。サミラに至ってはいろんなタイプの言語的な過剰修正さえみられる。2人はまた、自分たちの「先生」（今日の若者のようにつづめて「先生」などとは絶対にいわない、そこにもたいへんな敬意がみられる）について、また、何であれ文化的なものについて、大いなる尊敬と讃嘆を込めて語る。こうした2人を見聞きしていると、彼女たちの異文化への同化志向——俗な言い方をするなら、他人と同じように（つまり「フランス人」と同じように）なりたいという気持ち——が

28）原注：サミラは2回目の面談のとき、そのころの団地での生活を詳しく語ってくれた。B家は4階に住んでいた。上の階には、一人ぼっちの「おじいちゃん」がいて、彼女はときどき、話をしたり、雑用をしてあげるために会いに行っていた。同じ階にいた一人暮らしの若い女性で、エホバの証人の信者だった人にも同じようにしていた。下の階には「アル中のカップル」もいた。サミラは小さいころに出会った悪夢のような情景を忘れることができない。このカップルの女性が同居の男に腹を刺され、血まみれになってサミラの家の戸をたたいた。サミラはドアを開けられなかった。

218　第Ⅲ部　「移民」を対象としてみた進路形成と進路決定

いかに強かったかということと、当時の学校制度が、学校文化、すなわち学問知識の習得という規範に重きを置くことで、どれほどこのような要求を満たすことができたかということを同時に感じさせられる。たとえばサミラの話には、自分の今の生活から抜け出して、「教育のある人」たちの基準を満たしたいという意志、つまり——思春期にたいへん強かった——社会的かつ人種的な「垣根を超え」[29]たいという願望があふれている。高校に入るとき（1986年）、サミラは学区の総合高校［普通科のほかに、技術科・職業科が併設されている］を避けて、近隣大都市にある金持ち階層の高校に入るために、第三外国語としてアラビア語を選択した[30]。そこでサミラは新しい、不思議な世界と出会った。地元に根付いたお金持ち階層の子どもたちは、えらく成績のよいこの移民の女の子に対して、時には「すてきな」態度で接してくれた。経済社会コースの女子生徒（「ブロンドでね、ファッションショーのモデルやってたこともある人なの」）と友達になり、豪華なマンションに出入りしたりした。そうしながら、サミラはいろんな場所や人々の「美しさ」（このことばはよく彼女の口をついて出てくる）にひどく感動し、自分でもパリに来てから美しいものを探し求めるようになった[31]。サミラは一時期、「お金持ちのカトリック」の青年と友達になったことがあったが、町で彼を見かけたとき、彼は自分の父親に丁寧体の二人称を使って話していた。また、その町のお金持ちたちの服装の規則も彼女は知った（暗緑色、ローデンコートなど）。サミラは長く編んでいた髪をきり、何年か後には少しだけ髪を染めた。

　それから、なんといっても、2人の姉たちの「根性」がある。2人の強い性格は、社会的上昇の道筋を、誰の助けも借りずに切り開いたということからも、大いにはぐくまれた。2人は一歩一歩、苦労しながらゆっくりと、自律の道と自分の権利を獲得していったのだ。まず、単に中・高等教育を受ける権利[32]、

29）原注：この表現は、白人と黒人を分かつ「人種的な垣根を越えたい」という、アメリカ黒人の一部が持つ意志を指すために使われたものだ。

30）訳注：外国語の選択が学校回避・学校選択の「戦略」として使われることはしばしばみられる。すなわち、教えられている学校が少ない「珍しい言語」を選択しておくことで、外国語教育の選択肢の多い優良校に（例外的に）入学を許されることを目指すのである。

31）原注：サミラは最初パリに来たとき、植物園とパリ・モスクにほど近い5区の小さなワンルームに住んでいた。そこが彼女のお気に入りのパリで、私と面談をするためにも、しばしばそのあたりのカフェまでやってきた（今は家族と18区の高台に住んでいる）。

ついで、結婚を遅らせる権利、自分で結婚相手を見つける権利、また離婚さえする権利（最初の結婚が「最悪」で、離婚したサミラのように）のことだ。この2人の姉たちは、ひるがえって、両親、特に母親の社会的適応というたいへんな仕事を成し遂げた。サミラは自分にも子どもができると、母親をいろいろな家族のイベントにかかわらせ、自分の幼い子どもと一緒に（トルコやチュニジアに）長期休暇に連れ出した。母親は、最近、子どもたちにスマートフォンを買ってもらって、今では上手に使いこなし、1年を通じて、子どもたちのだれかれにメールや写真を送り続けている。

　既に指摘したことだが、上の姉2人と、下の妹3人では、社会化過程に違いがある。一方では、この妹たちが、貧窮化が進んだ団地地区の[33]、より厳しい環境下（たとえば麻薬の蔓延）で成長した、ということがある。社会関係は緊張し、学校を落ちこぼれつつあった少年たちのマッチョ的な暴力性が、いっそう目につくようになった。それがつまり、「団地世代」という表現（Beaud et Masclet 2006）が集約的に表していることだ。また、他方では、家庭の問題として、この3人の妹は、年齢を重ねて経済的にさらに弱体化した両親の下で育った。3人は、父親が働いているのをみたことがない（父は職業上の廃疾者となっていた）し、母親は何とか家計をやりくりするために、外で働きはじめた。その上、3人が通った地元の小学校と中学校は、社会階層的にも人種的にもいっそう一元化され、教師たちも「移民の子ら」の教育と自律に関して、前任者たちよりも親身になって動くことが少なかったようだ[34]。その結果、妹たちは3人とも小さいころから（「T-団地住まい」という）ラベルを張られることにかなり嫌な思いをした、という。彼女たち自身のほうも、何の影響も受けずにすむわけもなかった。特に、話し方にそれが現れた。ことばの問題には目を光らせていたサ

---

32) 原注：サミラは最初の面談のとき、上の学校に行こうとしたときに出会った困難を一つひとつ語ってくれた。非常に成績がよく、先生たちも後押ししてくれたのに、サミラは高校に行くために、特に母親（移民後は伝統の守護者となっていた）と、まず一戦交えなければならなかった（第3学年［日本の中学3年］の先生が、娘を進学させて、「街中の」高校に行かせるよう、母親を説得しに家まで来てくれた）。それから今度は、親たちが決めた結婚に従わずに、高卒以後も勉強を続けることでも、戦った。それゆえ、彼女には、（親を安心させる）看護専門学校という選択肢しかなかった。本当は文学の勉強がしたかったのだが。

33) 原注：以前までは「尊重されていた」庶民階層が住んでいた彼らの社会集合住宅は、1980年代に住民が代わり、社会保障受給者が増えている。

220　　第Ⅲ部　「移民」を対象としてみた進路形成と進路決定

ミラは、ちょくちょく寮から実家に帰るたびに、2000年初めころに思春期に達していた妹たちが「きちんと」話さず、「地元の」女の子のようなことば使いをして、会話の中に「アラビア語」を混ぜるようになったのに気がついた[35]。そこから、妹たちを正道に戻すために、長女が離れたところから行った一連の働きかけが始まった。妹たちを地元から引き離すためにパリに呼び、団地とは異なった世界を見つけさせた。しかし、そんなことをしても、姉と妹たちの違いは消えなかった。まず、3人のうち2人の妹は、読書とか、文化的なものに対して、姉と同じような欲求を持っておらず、はやばやと「団地で見つけた」彼氏との間に子どもを産んでしまった（三女は29歳のとき、末の五女は27歳のときに第一子を産んでいる）。末子のナディアのケースは、こうした問題を考えるとき、特に地元を出ようとする意志が生み出す緊張を理解する上で、とりわけ有用だ。高校に行くとき、ナディアは学区の高校（そこには団地の友達がいっぱいいる）を避け、近くの町の中心部にある金持ち層の行く高校を選んだ。しかし、高校の4年間、彼女は（中学の終わりころに始まった）地元の「あまり柄のよくない」若者と恋人関係を続けていた。この時期、彼女は常に二つの集団の間を揺れ動いていた。すなわち、自分が属する集団（地元の男女の友人たち）と自分が属したいと思っている集団、つまり自分のように高校の文学コースに

34）原注：この点に関しては、B家の姉妹の両世代のクラスを担当した女性教師と2013年6月に行われた面談がいろいろなことを教えてくれる。1948年生まれのこの女性は農村の、「なんにも持ってない」家族に囲まれて、田舎で育った。18歳で師範学校に入ったが、1968年［の五月革命］と70年代のフェミニズムの影響を強く受けた。彼女は70年代の初めにこの団地地区の「教師」の仕事に就いて、引退するまでそこで勤め、夫（長期間、地区の中学校の教師だった）とこの困難都市地域に隣接する住居に住みついた。教師の仕事に一生懸命打ち込み、1975年-85年にかけての時期に、自分の生徒や卒業生だった地区の移民の娘たちが、押しつけられた生き方に反逆するのを目にしてきた（強制的な結婚の拒否、家出、麻薬摂取など）。そうした時、この娘たちは、自分やその時々の問題に関係する同僚たちの援助も受けることができたのだ。この元教師は、今、地区でたくさんの娘たちがヴェールをつけているのをみて、驚くとともに悲しい気持ちになる。自分たちの世代の女性教師と、その後の女性教師たちとの違いに話を向けると、あまり立ち入ったことはいわなかったが（「おんなじじゃないわね」と控えめにいった）、多くの点（生徒の継続的な把握、仕事への打ち込み、地元地区への居住、生徒の家族との面識）を考慮すれば、旧来の師範学校出身者という教師モデルはもう崩壊しており、そうした教師——庶民階層の子どもたちの未来のために現場で献身した教師たち——の時代はもはや終わりを告げたと思われてくる。

35）原注：こうしたことば使いにサミラは嫌悪を覚えた。とはいえ、サミラは町の中心地区の金持ち層の行く高校で、古典アラビア語を第三外国語として学んでおり、また、パリのアラブ世界研究所では、いくつものアラブ・イスラーム文化関係の講演も聞いているし、パリに出てきたときは、彼女の言い方で「長いスーフィズム［神秘主義的イスラーム教］の時期」も経験しているのだ。

在籍しているお金持ち地区のお嬢さんたちだ。ナディアは自分を探し求め、神を信じないといい、学校の勉強をおろそかにして、徐々に毎日マリファナ（恋人がただでくれた）を吸うようになり、高校の最終年を留年した（2005年）。年を取ってきた両親は、もういうことをきかせることができず、年長の姉たちは遠く離れていて、どうすることもできないと感じていた。バカロレアを取った年に、地元の恋人と別れ、マリファナもやめて行いを改め、子どもたちの指導員の仕事も再開して、技術短期大学の社会福祉職コースに入ることができた。そこで彼女は、モロッコ系移民の息子で、たいへん穏やかで信仰心の厚い男性と知り合いになり、彼とはよい友人関係を築き、それが彼女に落ち着きを取り戻させることにもなった。

6. おわりに

　一人ひとりの職業生活や社会生活の進展と、また他方では、国家レベルでの社会・政治状況に応じて、学校という、いわば差動装置［差異を固定するメカニズム］が築き上げた一家の男子と女子の対立は、時間とともに目立たないものになってゆくだろう。理屈の上では考えにくいかもしれないが、兄弟姉妹の間に、何らかの新たな結びつきがいつの日か回復してくるだろう。2012年7月に行われた面談のとき、最後になってアメル（第七子）は、年の近い2人の姉妹——ダリラとナディア——から、自分が「漂白された」つまり「フランス人」の側に行ってしまったと、冗談交じりに非難されたと話した。冗談めかした突っ込みは、意味深長で、兄弟姉妹たちの間に話が広がった。6か月後、私はラシッドと長い面談をした。彼は、昔の地元から5キロの集落に一軒家を借りたばかりのところだった（出産のために、今住んでいる南仏から実家に戻っていた第一子妊娠中のダリラもそこにいた）。ラシッドが、みなを両親の家に連れて行ってくれる間、私たちは車の中で、一家の男子と女子の違いについて話した。私はこの機会を利用して、ラシッドに、アメルについて決めつけるようにいわれた［「漂白」という］表現を持ち出してみた。「そうだよな」とラシッドはにやにやしながら言った。「アメルがちょっと白っぽくなったのはほんとだよ」。しかし彼はそのあとこう続けたのだ、「でも、だいじょうぶ、戻ってくるよ」

（つまり、アラブ人と、その宗教と規範の世界に戻るということ）。

漂白という表現の裏にあるものは、いったい何だろう。それは、冗談めかしたやり取りで緩和されたとはいえ、1人で「あちら側」に行ってしまったことに対する、アメル（パリに1人で住んでいる）に向けられた非難だった。非難する側からみれば、アメルは、ここ10年間でフランス社会に築き上げられたかにみえる「人種的な垣根」の向こう側に行こうとしたのだ。こうした非難は、上の2人の姉にも向けられてもよさそうなものだが、この2人のほうは、婚姻関係（アルジェリア系の男性と結婚または同居している）と、（経済的・社会的・精神的な）「一家の支え」という役割、そして下の6人の弟妹が一致して認める一家の誇りという位置づけで守られていた。

出自の世界に忠実であれというこのような要求は、いつも現れるわけでないことをしっかりと理解しておく必要がある。国家レベルでは、雇用状況が悪化し、しだいに宗教色を強めてゆく「コミュニティ」間の緊張が高まっているという背景がある。また、より個人的な面からみると、ラシッドについては、もっと安定した教育指導員の職につきたいという希望が、まさに打ち砕かれたところだった。ダリラはといえば、1年前から南仏に住んでいるのだが、そこで思いもよらなかった人種差別（生まれ育ったポワトゥー＝シャラント地域では出会ったことがないようなもの）を体験することになったし、また、南仏の地元で一身に非難を浴びている多数派のモロッコ系移民と一線を画す必要もあった。そのときになってやっと私は、モンヴィル市のミッション・ローカルの記念式典で「3人姉妹」が私の前に現れたことの意味をもっとよく理解できた。すなわち、3人が求めていたのは、移民の統合にまつわるいくつもの謎を解き明かすこと、知的職業の世界との接触を保つこと、3人からみれば、出自の世界への集団的な引きこもりとみえるものに抵抗し続けることだった……。したがって、社会学者が提供するのは「言い訳」などではなく、何がどのように不当なのかを理解して、みずからの運命に真っ向から立ち向かうための知的な「鍵」なのである。

B家の子どもたちの学校生活と職業生活を長々とみてきたが（一人ひとりの結婚生活も探求すべきだっただろう）、こうした民族誌的なアプローチが、すでに統計的研究で明らかになっている階層移動の様ざまな過程を理解するのに、ど

のような貢献ができるのか、考えてみなければならない。世代間での上昇については、いつものことだが、またしても学歴資格の力の大きさをはっきりと示すことになった。さらに、どのような条件下で社会化が進行するかという問題の重要性や、アルジェリア系家族にみられる、性別による扱いの差異が持つ力の大きさをも明らかにした。すなわち、女子に課された外出の制限が学業達成の上で「有利な」効果をもたらすのに対して、しつけの点で男子に許される特権がマイナスの効果をもたらす、ということをも明らかにしたのだ。同時に、このアプローチは、長姉２人の上昇過程において、個人的出会い（サミラにとっては教師たち、レイラにとっては地域の指導員たち）がいかに重要であったかという事実をもはっきりと示している。２人の道程において、それは小さいが、しかし決定的な支えとなった。さらに、長姉２人が上昇の途上で集めたわずかな資本を、弟妹たちに配分することがいかに大切な役割を果たすか、ということも示している。すなわち、情報資本（学校関係の情報、雇用を得るためのコツを教える）、経済資本（ときどきは弟妹を経済的に援助してあげなくてはならなった）、文化資本（本や文化施設への筋道をつける）、精神的支えとなる資本（警察と裁判所の厄介になったとき、姉２人は長男を援助した）、職業的資本（アゼディンをパリ交通公団に入れるのにレイラが貢献した）のことだが、さらにもっと多くの事例を引き合いに出すこともできるだろう……。要するに、この家族では、長姉２人を牽引車として子どもたちの上昇移動が展開されてきたのだが、一番上の姉は、（ほとんど）毎日のように下の子らに働きかけて一体化を図り、兄弟姉妹の関係を統合し、強化してきたのだ。これをみると、Ｂ家のようなアルジェリア系大家族は、その人数の多さと経済的困窮に由来する原理的にはマイナスの影響を、中期的には自分たちで抑え込み、それに対抗することを可能にする集団的な力をもまた持っているのである。最後に、この研究では少ししか言及しなかったが、さまざまな社会機構（institutions）が、この一家の子どもたちの社会的・職業的経歴に独自に与えた影響を考慮する必要がある。学校の中心的役割が強調されるべきなのは自明だが、教師の世代交代が、庶民階層の子どもたちの命運に異なった影響を与えたという事実はそれほど自明ではなく、今後より詳細な分析が待たれる。同様に、男子と女子の経歴の違いを、単に家庭と学校による社会化の違いのみに帰してしまわないよう気をつけなくてはなら

ないし、人種差別を受ける経験が個人の精神的安定を根底から突き崩すという
要因も忘れるべきではない。日常生活でも、制度上でも経験される人種差別は、
アルジェリア系移民の子どもたちにとっては、男女で非常に異なったかたち
（最近のイスラームスカーフ問題しかりである）で行使されるのである。2人の長
姉たちが、ふだん、まず人種差別を感じたことがないといい、その一方で、男
の子たちの社会経験においては、人種差別——特に警察との接触とサッカース
タジアムにおいて——が自分という社会的存在の中心に位置しているのは、ま
ったくの偶然というわけではない。これが、姉たちとは異なって、男の子たち
が、自分をなかなかフランスやフランス人と同一視することができない主な要
因となっているのである。

　個人の経歴にみられる階層移動の違いに関しては——特にこの一家の上と下
の娘たちの違いを説明するために——、何らかの時代の動きを考慮に入れるこ
とで、庶民階層家庭の生活条件の悪化と1985年から2000年にかけて進行した
団地環境の悪化に由来する、上昇移動の構造的障害を明らかにすることができ
る。

（荒井　文雄　訳）

第16章

移民系大家族出身の子どもの学校経路

ロール・モゲルー／エマニュエル・サンテリ

1. はじめに

　きょうだいは、家族社会学においてほとんど研究されてこなかっただけでなく（Oris *et al.* 2007）、移民の子どもに関する研究でも大きく不在の論点であった。本章は、これら二つの目的を結びつけ、「移民の子ども」の学校や職業上の運命に対するきょうだいの人数の影響について考察する。この研究では全国調査「経路と出自（TeO調査）」の結果を用いた。また統計調査と背中合わせとなる質的調査も含めた。家族に関して異なる特徴（きょうだいの人数、親の社会的出自と学校資本）を持つ、25歳から40歳の高校卒業から2年以上（Bac+2以上）の学歴を持つ約60人の「移民の子ども」に対してインタビュー調査を行った。「移民の子ども」とはここでは、少なくとも親の一人が移民である7歳以前にフランスにやってきた、もしくはフランスで生まれた子どもを示す。またその中でもここでは親の一人、もしくは両方が大家族の割合が高いヨーロッパ以外の国（アルジェリア、モロッコ、チュニジア、サブサハラ系アフリカ、トルコ）出身の人びとのみを選抜した。

　最低限の高等教育レベルという基準は、「自分たちの集団の様態的特徴から離れた」（Millet et Thin 2005）経歴[1]を実現した個人という意味で、この研究をただちに「ありそうもない経路」という問題群に組み入れることになった。人口一般に関する調査はその人数が非常に多い場合は不利に働くことなど、きょ

うだいの規模が学校での成功に影響を及ぼすことを明らかにしてきた（Caille et Rosenwald 2006）。量的分析は、移民家族においてもそれが同様であることを証明している。すなわち、早期の留年や中学校（コレージュ）卒業後の職業コースへの進路選択、バカロレアでの失敗、さらにはいかなる免状もなく学業を終えるといったリスクが、非常に子どもの多い家族（4人以上）で育った移民の子どもにより多くみられる。このことは特に、移民出身の非常に子どもの多い家族が、たいていの場合、労働者階層の中でも最も不安定な層に属していること、彼・彼女らの生活様式がしばしば退廃した都市空間で営まれるものであることによって説明される。インタビューは、バカロレア取得後2年（Bac＋2）のレベルに到達することが、必ずしも成功した経路とはいえないことを明らかにしている。つまり学歴それのみで考えると、免状の不平等な価値（特に教育課程のヒエラルキー）も学校経歴の類型（一直線上もしくは困難を経験）も、さらには職業編入の条件や高等教育に到達した労働者層の若者がしばしば経験する潜在的な資格引き下げも考察することができない（Beaud 2002; Santelli 2007）。分析の結果、二つの経歴が確認された。一方で、成功した経歴（学校経路は一直線上で、就職前に獲得したBac＋2以上の免状に見合った職についている）があり、他方で骨の折れる経歴（学業をやり直した後にBac＋2水準の免状を獲得し、ほとんどの場合、留年や進路のやり直しを経験している）がある。後者の場合、就いた職は最初に計画したよりも資格が低いものである。

　本章はこの中でも前者に関心を持ち、これらの数少ない経歴（つまり統計的にほとんどみられない）[2]の理由を理解しようとするものである。非典型的な学校経路に関する研究は、似通った客観的な特徴（学校資本、社会的出自）を持つ家族が実際のところ、相対的に均質ではないことを明らかにしている。家族史（移住前の社会的特徴や移住計画の性質）や、生活条件の不安定さと（もしくは）文

1）アルジェリア系移民の子どもの社会的上昇条件に関するエマニュエル・サンテリの研究（Santelli 2001）は、管理職（国立統計経済研究所の社会的職業的カテゴリーの分類法に従えば、管理職や上級知識管理職、中間的職業に対応）に就いた人びとにとって学校での成功が重要であったことを示した。これらの人びとは少数であるが、TeO調査は質的調査によって彼・彼女らの存在とその成功に寄与する要因を立証した。

2）25歳から40歳の移民の子どものうち、その親がマグレブ・サブサハラ系アフリカやトルコ出身で、ほとんど高等教育を修了していない（小学校卒業もしくはその同等以下の教育レベル）庶民層の大家族出身である場合、Bac＋2の免状を獲得したのは5分の1（22％）のみであった。

化資本の脆弱さを補填するために動員できる資源の影響が、労働者階層（Lahier 1994; Ferrand et al. 1999）や移民（Santelli 2001）の生徒の学校での成功に関する研究において広く論じられてきた。我々の分析は多くの部分でこれらの研究を確認することになるが、しかし、それ以上にこれらの経歴を可能ならしめるきょうだいのダイナミックスを対象としていく。

2. 兄・姉の特別な位置

　一般的に、年長の子どもは、特にそれが長男の場合、親の特別な関心を受けることができる。親は長男により多くの時間を割き、すべての希望を託し、あらゆる手段を傾ける。これは長男が、次の子どもが生まれるまで一人っ子であり、さらに弟妹が生まれてもまだ家族の人数が少ないためいっそうそのようになる（Desplanques 1981）[3]。反対に、この子どもは使命を与えられていると感じ、両親を失望させないためにあらゆることを行う。この意味で親の犠牲を感じさせられる移住後の背景の中ではなおさら親の計画に合わせて行動しようとするだろう。彼は義務を感じ、両親を失望させることを考えることもできない。この観点から、学校でしっかりと勉強すること、素直にいうことを聞くこと、免状を獲得すること、そして「よい仕事」を探すことは、親が彼に定めた目標に応えるものである。さらに親は長男が弟妹にたどるべき道を示すことをも期待している。長男は同様に最も重要な家族の支えとして考えられている。その代わりこのことは彼に看過できない権威と権力を与える（Mohammed 2007）。この立場は、移民の子どもが属することが多い労働者階層の家族に頻繁にみられる（Le Pape et Van Zanten 2009）。

　長男は、さまざまな手続きのために親に付き添う責任を担い、親のために行政書類を記入することなど、とても小さいころからさまざまな能力を獲得する。これらの能力は学校の分野に変換できうるものである（多くの勉強に対峙する能力、厳格さ、努力、従順さなど）。

　3）親が移住計画を見直し、フランスに定住することを選択するために数年かかるケースもあった。この期間、家族はお金を稼ぎ、国に帰るという共通の計画のために兄・姉の教育を犠牲にすることができた（Rygiel [Oris et als. 2007: p.13 で引用]）。

ボラン（Boran）は6歳のときに父親を亡くしており、彼はとても極端な状況に置かれている。3人きょうだいの長男として、とてもまじめに「長男（grand-frère）」の務めを受け止めていた。

「弟や妹の勉強や交友関係に関して、[すべてを監視してきました]。それに書類に関することもすべて。母がお医者さんに行くのに付き添わなければならないとき（……）書類に関することすべて、僕はとても小さいときから、小切手を記入したり、家賃を払ったり、医者に行ったりできました。10歳のときには母がしなければならなかったすべての行政手続きや役所との連絡をしていました。」

（ボラン・3人きょうだいの長男）

しかしながら、すべての長男が両親の希望に応えることに成功するわけではない。その場合、ほかの子ども、特に長女もしくは次男が「彼に取って代わる」だろう。さらに、長男・長女は自分たちの肩に過度にのし掛かる圧力の犠牲になるだろうし、すべてを並行して行うことができないかもしれない（後述のように特に家事労働の責任を同時に担う長女の場合）。

「彼女（母）は勉強に関してとても厳しかったです（……）。中学校までは（……）私たちに目を配ることができました。[しかしその後は]より[複雑でした]……たとえば、小学校のときは、私たちに目を配ることは比較的簡単でした。（……）子どもの数が少し増えると、だんだんと難しくなりました。私たち[年長者]がそれを引き継ぎ、代わりになったとしても（兄・姉が弟・妹の学校の勉強を手伝っていた）。しかしいずれにせよ、私たち自身も勉強していたので、進学するにつれてだんだんと自分たちの宿題を優先するようになりました（彼らは姉弟を助ける暇はほとんどなかった）」。

（サミア、6人きょうだいの長女）

長男・長女は学校に関してよい選択をするための情報や支援の欠如に苦しむ場合もある。その一方で、家族の経済状況のため彼・彼女はしばしば、弟妹が

より恵まれた生活環境で暮らせるように生活費を稼ぎにいかなければならず、「自己を犠牲にする」ことを余儀なくされる。

3. 親の教育モデルにおける女子と男子

すべての子どもに同じようによせられる学校への期待の裏には、アプリオリに性別化された差異が新たにみられるようになる[4]。それは移民家族[5]においても同様である。

女子は、その性別化された割当てによって、母親の負担を減らし（食事の準備、掃除、買い物など）、兄弟がやらないことを代わりに行うために（たとえばベッドメイキング）、家事労働に関与しなければならない。

この観点から、長女の家庭空間への関与はよりいっそう重要である。彼女は母親を助け、さらには母親が一人では成し遂げられない役目（子どもの医者への付添、学校のための「書類記入」、行政手続きの実施など）を担うためにその代わりとならなくてはならない。長女はこれらの仕事に対する責任のために学校の勉強には少しの時間しかさくことができないが、同時にその後の人生で確実に役立つ長所をこの機会に獲得する（権威や組織感覚、しっかり仕事を行う感覚など）。

ゾーラ（Zohra）はきょうだいでは唯一の女子であり、彼女のみが高等教育まで進み、今日では学校の先生になっている。彼女は自分が家で取らなければならなかった態度や自分の性格からそれを説明する。

「控えめで、勉強ではまじめでした。余暇は本当にありませんでしたし、それなので勉強が生活の中心でした（……）私のルールはまずは勉強でした（……）。それは私の受けた非常に厳しい教育とつながっています（……）

4）これらは母親の解放に関するプロジェクトがどのように娘たちに受け継がれるのかを明らかにしたナシラ・ゲニフ＝スイラマ（Guénif-Souilamas 2000）やカトリーヌ・デルクロワ（Delcroix〔2001〕2013）、またマルニア・ベルアジュ（Belhadj 2006）の研究でも明らかにされている。

5）これはしかしながら移民の潮流によって異なってくる。マグレブ系の家族では、親は女子が長期間勉強をすることを望む（Brinbaum et Kieffer 2005）が、それは我々が調査したトルコ系移民の家族ではほとんど当てはまらないだろう。

230　第Ⅲ部　「移民」を対象としてみた進路形成と進路決定

私は兄弟よりも余暇が少なく、その代わり多くの責任がありました」。

（ゾーラ、5人きょうだいの2番目の子ども）

　さらに女子の外出は監視され、また禁止されることが多いため、彼女たちは
より多くの時間を家で過ごし、その時間を学校の宿題に費やす傾向にある。
「素行が悪くなる」リスクは男子により高いと思われる。最も優れた成績を収
めるのもまた一般的に同じく非常に厳しい管理の対象である女子である。

　ネジュマ（Nedjma）は10人きょうだいの7番目の子どもである。彼女は、
両親がいつも娘よりも息子たちに甘かったと語る。外出がより監視されていた
娘たちは同じように家事のためにいつも駆り出されていた。「母が私の家に来
ても、彼女はわかっていません。私にいうのです『コーヒーを入れて、彼が仕
事から帰ってくるでしょ』。私は『わかった、わかった』と答えます、彼は自
分でそれができるんですから（……）私の28歳の弟は部屋の片付けをしませ
ん！（……）彼をそうさせたのは母なのです、彼女はそれが普通だと考えてい
たのです」。ネジュマは2人の姉ととても近かったと考えている。姉たちは彼
女に「自律の道を開き」、そしていつも支えてくれた。宿題を助けてくれたし、
思春期には一緒にでかけることもできた。成長してからは特にバカロレアの時
期に可愛がってもらえた。大学に登録した際には、姉たちは「請求書の支払い
のために両親を助けていた。彼女たちは短期の職業課程（BEP）を受けて、す
ぐに働きに出た。すぐに家を出て、しかし同時に経済的に家族を援助し続けな
がら、独立したがっていた。ネジュマはさらに兄のマジッド（Majid）からも
支援されていた。学業を放棄して、兄たちのように振る舞い、独立して、生活
費を稼ぎたいと思ったとき、マジッドが勉強を続ける気にさせ、助けてくれた。
「本を読む意欲を私に与え、高等教育についての選択に影響を与えたのは彼で
した」。多くの配慮を受け、ネジュマは職業高校の先生になった。家族の中で
このような経歴を経験したのは彼女のみである。

　女子はこの経験から解放のためのプロジェクトを獲得することもある。能力
が評価される彼女たちは、窮地を脱するためにいくつかの資源を動員できるこ
とをわかっている。自分たちの希望しだいで、彼女たちは多かれ少なかれ家族
の関心とははずれたところでこの歩みをたどることができる。ほかのケースで

は、彼女たちは特に母親から、女性に伝統的に割り当てられた役割を再生産しないよう支援されることもあるだろう。ラシダ（Rachida）とのインタビューには母親も同席していた。母親は以下のように気持ちを打ち明けた。

> 「それは（仕事に就かないということは）私の選択ではありませんでした。それはむしろ［夫から］命じられたのです。（……）私の母親がどのように生きてきて、私自身がどのように生きてきたのかを考えました。［娘を助け、応援しようとすることは］彼女の影響を受けているのです。（……）私たちは悪い仕組みを再生産しません（……）。私が［勉強を］やめることを余儀なくされたことを、同じことを自分の娘たちに味わわせたくはありませんでした。娘たちには、学校に行ってほしかったし、もし成功できるなら、より高いレベルでしてほしかった。（……）私はラシダがアメリカに行けるようたくさん闘いました。それは問題となり、何ひとつ簡単ではありませんでした。すべてが長い闘いでした。長女が運転免許を取得するだけでも（……）免許、それは自由なのです」。
>
> （ラシダ、5人きょうだいの長女）

　母親は、自分たちの娘が同じ運命を甘受しないために行動を起こすことで、妻や大家族の母親という自分の役割を受け入れることができた。母親のフラストレーションはこの意味で、娘たちの学校での成功の原動力であった。この女性同士の連帯は同様に姉妹の間でも機能している。何人かの女子は姉の、ときには親に逆らってまでしてくれた熱心な援助のおかげで学校で成功することができた（姉は長期の就学ができないか、反対に優れた学校経歴を経験している）。しかしながら家事の不均等な割当てや娘たちが受ける強い管理は彼女たちの間で怒りや反逆の原因となり、就学に悪影響を与えるような対立を生むこともあった。

4.　きょうだい間の助け合い

　きょうだい間の助け合いは例外的な経路の生産において揺るがない資源をな

しているだろう。それは主として二つの方法で表される。1) 年長者が労働市場に入ることは妹弟が恩恵を受ける追加の経済的資源をもたらす、2) 妹弟は兄や姉が獲得した特に学校の課程に関する知識を得ることができる[6]。兄姉は弟妹に指針を示すためにたどるべき道筋を教えたり、自分たちの誤りを教訓として役立てたりすることで、モデルとしての役割を果たす。日常的には、彼・彼女らは学校にかかわる支援を与えることで親の代わりとなる（宿題の支援、励まし、成績簿のチェックなど）。

9人きょうだい（二人の姉は違う母親から生まれた。母親の一人は死亡し、もう一人はほぼアルジェリアで暮らしている）の7番目の子どもであるアイダ（Aïda）のケースでは、彼女は姉（両親の最初の娘）に多く助けられ、影響された。

> 「宿題をみてくれたのは彼女でした、弟妹のための行政手続きも。（……）まさに彼女は影響力を持っていました。彼女が勉強するとき、彼女が読むものすべて、彼女は私たちに本を渡してくれました。私たちは学校についてよく話しました（……）小論文があるとき、私は彼女に会いに行きます。その上、今日までアイデアや本の交換をしています」。
>
> （アイダ、9人兄弟の一人）

アリム（Halim 6人きょうだいの5番目）の母親は小学校のときは宿題を手伝っていたが（特に子どもたちに授業の説明をした）、中学校からは兄姉がそれを引き継いだ。きょうだいそれぞれが「能力」に応じて「年上が年下を助けるのです。数学には長男のアブデル（Abdel）、正書法には長女のサミア（Samia）が（……）」。

しかしながら感情的なつながりと、きょうだいの運命に身をささげることを混同してはならないだろう（後述の通り、関係性はある程度の個人主義と（もしくは）家族集団からの離脱によって特徴づけられるだろう）。さらに、さまざまな機会にもたらされる支援を通して測られるそれぞれの関心は多くの場合はっきりとした戦略よりも、連帯の高まりや道徳的義務、そして当たり前であるため

---

6) サバ・シャイブは同様の理由で学校での運命を作り上げる上でのきょうだいの積極的な役割を強調している（Chaib 1998）。

に行われている機能様式として現れるだろう。この意味で、それはしばしば関係性のダイナミックスしだいとなる。

5. はっきりと異なる生活環境や社会的背景

アネット・ランジュヴァンにならって、同じきょうだいに属していることは同じ家族で育ったことを意味しないということを強調しておこう。なぜならば、同じ家族出身にもかかわらず、「社会的背景、金銭的・文化的備え、兄弟姉妹の間に存在する最低限の社会経済的距離が彼・彼女らを同一たらしめない」（Langevin 1990: 61-62）。実際、それぞれの子どもの環境は家族構造と生活環境とに同時に起因する理由により異なっている。

ましてやきょうだいの人数が多いときや、年齢が離れているときには、はっきりと異なる世代間のダイナミックスを経験し、このことが彼・彼女らに対して異なった世界への門戸を開く。この世代間で異なるダイナミックスは特有の社会的準拠や子ども間の差異化を生み出すことに寄与し、それぞれの子どもは特有の経験をすることになるだろう。そしてそのうちのいくつかは学校の成績にとってとても有利であることがわかる。

同様にスポーツの実践や文化的余暇活動での出会いもある。それは競争心を生み出し、新しいモデルを提供することで、その直接的な関心以上に（スポーツをする、文化的活動を実践する）、学校での成功に有益な機会を作り出す。これらの社会的世界はまた学校界にも変換しうる新しい姿勢を生み出すことに寄与する（競争精神、想像力、努力する意欲など）。

> 「中学校のとき、私は友達とばかり一緒にいました［それは高校でも続いています］。彼らの家に行ったり、またほとんどありませんでしたが彼らが家に来ました。（……）フランス人の友達、彼らはみんな中産階級だったので（……）演劇をすることで、私は少し変わりました。私は友達の家で、とても心地よいと感じていました。友達の家に行ったとき、その友達の親がカルメンを聴いていたのです（そこでの彼らとの議論の重要性を思い出す）（……）（家族の環境に関して、彼は詳しく説明する）私はこのような［マグレ

ブ系の社会化の〕枠組みを望みませんでした。

(ラバ (Rabah)、7人きょうだいの5番目)

「〔姉妹はスポーツ活動はしていませんでした。しかし〕私たちはT地区で戸建て住宅に住んでいましたが、ほぼブルジョワの出だといわれてる隣人がいました。これらの人びとは定期的に図書館に行っていました。毎週水曜日、彼らは私たちをそこに連れていきました。それは私の両親がしなかっただろうことです。(……)私たちはこれらの人びとのおかげで、読書をすることを知り、本を借り、それを持って帰りました。彼らととても強いつながりがありました。彼らは隣の家で、ほとんど同い年の子どもと一緒に住んでいました。とても近かったのです」。

(セリク (Celik)、4人兄弟の長男)

これらの経験は、学校での成功に対する親の計画を確固たるものにするだけより効果的な資源となる。また兄姉が学校や家の外で実践する活動が間接的に利益を与えることも加えておこう。なぜならば、それらの活動の受益者はその経験を語ることで、学校成績への利点や影響を強調し、彼・彼女の例はお手本となる。差異化された社会化の外在的効果はきょうだいの社会学において、ジュディ・ダンとロベール・プロマン (Dunn et Plomin 1992) の研究を除いてほとんど扱われてこなかった。彼らは、きょうだいが必ずしも共有していない環境がますます重要になってくることと、そこから生じる社会的差異を明らかにした。経歴は個人的であるだけではない。それは付与の時期にそれぞれ異なる背景の中に刻まれる。家族のレベルでは、象徴的・金銭的な投資が兄・姉に対して、特に長男の場合により多くなされるようだ。

文化主義的説明(特に男子の場合、第一子は特別な地位を持つという文化的図式の影響を強く受けた家族)に対して、サンテリはこれらの親のひいきに関する現代的解釈を提示した。彼女は「親の高齢化に伴う動員の低下、失業や疾患による生活条件の悪化、都市周辺地区の退廃にとりわけ基づく好条件ではない地域的背景」を強調する (Santelli 2001: 165)。年少の子どもに対する親の動員の低下は無関心を示すものではなく、ライフサイクルや兄姉が代わってくれるとい

う期待の結果である。しかしながら、兄姉は必ずしもそのために暇があるとは感じていない（学業を続けていたり、仕事をはじめたり、「自分の生活があったり」、そして日常的に家にいるわけではなかったり）。他方で、居住地域での生活条件悪化は、学校背景の条件悪化を伴うため、住宅や学校レベルでの状況は相対的に退廃しているようである。

　ナフィッサ（Nafissa、7人きょうだい（3人は死亡）の4番目）は年を重ねるごとに社会背景が変化したこと、そしてそれに対して家族がどのように行動しようとしていたのかを語る。ナフィッサの交友関係は、移民ではない親から生まれたフランス人の友達からなっていた。郊外の地区で育ったとしても、幼少期や思春期にはほとんど「マグレブ人」とつきあってこなかった。友達とは大学に入学したときに出会った。7歳下の妹サミラはまったく異なった状況を経験している。「彼女は地区の中でついに［マグレブ系の他の人びとが］共同体を取り戻した世代に属している。クラスで、私は覚えていますが、彼女が中学校に入ったときに学級の4分の3がアラブ系でした、フランス系はほとんどいませんでした。彼らは地区から離れていったのです（……）私たち2人の間には非常に大きな違いがあります。サミラ（Samira）は、アラブ人の友達しかいません。それは私には決してなかったことです」。末っ子の弟には、両親が私立の小学校に入学させることを選択した。「彼らは既に中学校が、そして小学校が悪化していると考えていました。まさに息子に勉強させたかったのです」。次に彼女の親はよい中学校に入学させるために中心街に住んでいる長女の住所を使った。「彼らは地区の中学校に息子を戻したくなかったのです」。調査時に彼は修士号を獲得したところで、このような学歴を持っているのはきょうだいの中で彼のみだった。

　このように数十年前は移民家族の子どもはしばしば教室で唯一の「外国人」の子どもであったのに対し、多くの地区でフランス人家族の転出がエスニックなセグレゲーションを強化し、より恵まれない就学条件を引き起こしている。

　最後に、経済レベルに関して、貧困労働者や最低賃金で暮らす世帯の増加、不安定な労働契約や失業率の増加など、労働者階層の家族における明らかな労働や収入の条件退廃がみられる。

6. おわりに

「文化・経済資本がない場合、好ましい就学条件は風前の灯となる」(Lahire 1994)。この脆弱さは特に子どもが非常に多い移民系大家族の場合に際立ったものとなる（これらの家族は生活条件が非常に不安定であることに特徴づけられる）。

この一環として、私たちは学校での成功に肯定的なインパクトを持つであろう異なった状況を検討した。しかしながら、それらのみを学校での成功を決定づける唯一の要因として考えることは差し控えるべきである。それは分析してきた例外的な運命を作り出す「相対配置」である。実施したインタビューは他方で、こうしたプロセスが一様にすべてのきょうだいに適用されないことを示唆するきょうだい間の経歴の多様性を示している。

これらの差異を理解するために、家族のダイナミックスや兄弟姉妹の関係性のダイナミックス、そしてこれらのダイナミックスの歴史において各個人が学校経歴を経験した時期を考慮に入れなくてはならない。個人的経歴のそれぞれは他方で固有のロジックを持っており、それが「それぞれのきょうだいを固有の関係性のネットワークに参加させる。このネットワークは自分で作り上げるものであると同時に、彼・彼女がそのなかで他性の経験を通してアイデンティティや主体の地位を獲得し自己構築するるつぼを体現する」(Buisson 2003: 130)。以上から、それぞれに特有の物語から差異化の条件を引き出すことで、同じきょうだい出身の個人が、どのように成人期に分化するのかをよりよく理解できる。

（村上　一基　訳）

「経路と出自」調査概要

「経路と出自（TeO）」調査は国立人口学研究所（INED）と国立統計経済研究所（INSEE）が 2008 年に、フランス本土の通常世帯に暮らす個人に対して行った。統計調査はフランス本土に住む 18 歳から 60 歳の移民（約 9,000 人）と海外県出身者ならびに、18 歳から 50 歳の移民の子孫（約 9,000 人）と海外県出身者の子孫の生活条件や社会的経路に関心を寄せるものである。同様に親のいずれも移民ではない本土生ま

れのサンプルも調査に含まれている（約 2,000 人）。親の家に住む 15 歳から 25 歳の
被調査者の子どもに関する補足調査も、家族における伝承や親子関係に関する問題
を掘り下げるために実施した。そのため自己記入形式の質問票を 3,000 以上回収した。

第 17 章

マグレブ系移民子孫の学校経歴とイスラームへの
アイデンティフィケーション

ナタリー・カクポ

1. はじめに

　ムスリムを信仰する親からフランスで生まれ、社会化された若者による国内
でのテロ行為により、公権力は 2016 年以降、大規模な過激化予防プログラム
を実施している。この公共政策はリスクある行動を検出し、個人に「自律的思
考」と「市民の価値」を取り戻させることを責務とする。こうした予防政策の
主要な争点の一つは社会や家族と断絶状態にある若者が陶酔しうる過激な言説
や陰謀論を解体することであった。過激化の最初の徴候や陰謀主義（conspira-
tionnisme）[1]に対する若者の嗜好が発見されるのは特に学校においてである。
公権力の見地では、あたかも学校が過激派のたまり場であり、そこで外部、す
なわち学校外で構築された宗教アイデンティティが表明されるかのようにすべ
てが起きているとされる。

　しかしながら 2007 年からの長期間にわたる民族誌調査の結果、ムスリム移
民の親から生まれた男子と女子による明らかに親のものとかけ離れたイスラー
ムへの新しいアイデンティフィケーションには、彼・彼女らの学校経歴が重要
な位置を占めることが明らかになった（Kakpo 2007）。若者の学校での経歴、
特に進路決定、そしてそれらと家族生活との相互作用が、イスラームへのアイ

1）訳注：陰謀主義とは、陰謀の存在を仮定する代替的な物語のために何らかの社会現象や重要な出
来事に対して一般に認められる説明を「不当」に蒸し返そうとする姿勢を示す（Larousse）。

239

デンティフィケーションの形成の根幹にある。学校はたまり場ではない。学校での相互作用は若者の宗教、むしろ彼・彼女らが獲得する宗教的な供給との関係を作り出す。

　学校での若者の経歴と、それらがイスラームと相互作用する方法は青少年期、すなわち一定の世代的な背景、そして彼・彼女らの経路が繰り広げられる制度、社会、経済的構造の中に位置づけられる（Blossfeld *et al.* 2005）。

　青少年期は個人がさまざまな経験を積むことや家族の伝承からの自律、また社会人になるために鍵となる段階に到達するためのよりよい方法の探求（よい仕事を見つける、親の家を離れ、一人暮らしをする）を優先する人生の一時期である。社会学者は社会人になる過程がだんだんと分節化していることを明らかにしてきた。若者が行ったり来たりすることや、学業期間の延長と雇用の変化に結びついた多様な変動によって青少年期が引き延ばされてきた。この社会人になるプロセスは根本的に不安定と実験のロジックによって特徴づけられる。それでは出自が慎ましいこと、イスラームを信仰するマグレブ系移民の子孫であることがどのように学校経歴を生み出すのか。移民の子どもが社会人になる様式は特別な特徴をみせるのか。この若者の移行期において宗教はどのような位置を占めるのだろうか。

　学校経歴は同様に世代の事象とも関係している。イスラームを信仰する移民である親から生まれた男子と女子は学校の大衆化の子どもである。1970年代、80年代に高校と大学が労働者階層の若者に開放されるというこの世代に属するすべての人びとの人生の希望を特徴づける動きがあった（Beaud 2002）。しかし同時にこれらの社会的希望は管理職への到達可能性を減ずる労働市場の変化によって妨げられることにもなる（Chauvel〔1998b〕2010, 2016）。

　最後に、フランスでは若者は、イタリアやデンマークもしくはイギリスと同じように成人を迎えるわけではない（Van de Velde 2008）。社会人になる経路は教育システムとそれぞれの国が若者を社会的・政治的・経済的生活に包摂する様式によってかたち作られる。フランスの教育システムは移民の子どもの学校経歴にどのような効果を持つのか。学校の格付けとイスラームへのアイデンティフィケーションの間にはどのような関係がみられるのか。

　本章の第2節では学校の格付けが若者が自らの社会的運命を思い描く認識に

おいて中心的な位置を占めることを示す。学校の進路は、移民の子孫が社会での自分たちの地位について抱くイメージを長期にわたって印づける学校での失望のもととなる。第3節ではイスラームに訴えることが何人かの男子にとって、学校からの判断への反応として自身の再評価を探求するものであることや、社会的な葛藤の表現であることを示す。第4節は、男子と女子の異なる学校での経験が家族での変化をもたらし、それは娘たちの宗教への関係を形づけることを明らかにする。最後に、青少年期のジェンダー関係への学校経歴の影響について検討する。

2. 社会的運命への資格の影響力と社会人になる過程

他国の若者と比べ、フランスの若者を特徴付けるのは、学校での成功が望ましい生活を獲得する際の決定要因であることへの信仰である（Van de Velde 2008）。学校での成功は単に優遇された社会的地位の獲得だけでなく、人生を通じた個人の社会的アイデンティティをも決定する。イメージでは最もよい地位に到達する可能性は非常に早くに構築され、青少年期は学校を優先しなければならない時間と認識される。これらの表象は客観的な社会的現実に根を下ろしている。社会的結束のレジームや教育システムの国際比較において、フランソワ・デュベらは事実、フランス社会は個人の社会的地位に対して学校の卒業資格が強い影響を持つことに特徴があることを明らかにしている。

> 我々は長い間、世代間の社会的地位の貴族的な再生産を覆すのは資格であると信じてきた。しかしこの信仰が強ければ強いほど、それは資格の影響力を増大させ、社会的再生産の主要なベクトルとなった。学校の支配は、社会的不平等に対して学校での不平等が持つ影響の乗数である（Dubet *et al.* 2010: 186）。

若者の表象においてたとえば、フランスと対照的にデンマークでは青少年期は経験を積むことや個人の発達のための優先的な時間と考えられている。長期にわたる中等課程を終える高校卒業と大学入学の間のサバティカルもしくは賃

金生活を数年間送った後に学校に戻ることはデンマーク人の目からは十分に正当なものである。同様に自律や責任感を獲得することを評価するイギリス人も多い。フランス人の若者の言説は何よりも失業や格下げ、社会的逆境への不安によって特徴づけられる。

　生徒はこのように学校の進路に高い重要性を与えており、教科の決定は職業、より広くはよい生活を獲得するために重大な結果をもたらすと考えている。大衆化されたことにより、フランスの学校システムは強い階層化に特徴づけられるようになった。まず大学と、商業セクターの幹部管理職や上級公務員を養成する「グランゼコール」の明確な区別がある。第2に、短期ならびに長期間の中等課程では学校で成功した生徒が選ぶ普通課程と、成績の劣った生徒がだんだんとデフォルトで導かれる職業教育とが分け隔てられている。スイスやドイツのような国とは反対に、大半の職業教育課程はフランスで否定的なイメージに直面しており、それは職業課程と普通課程の橋渡しが限られているほど一層そうである。フランスの学校の階層化はアカデミックな能力や知的能力が過剰評価される社会に帰させられる。この社会では知識やノウハウを非常に低く評価しており、それを犠牲にして成り立っている。このような主知主義ならびにフランスで人文主義的文化に満ちた市民が好まれることが、若者がさまざまな社会的世界で直面する社会的な価値低下の累積的プロセスを一層強くする。

　イスラームを信仰する移民である親から生まれ、フランスで社会化された男子と女子は、他の若者と同じように、人生の非常に早い段階で普通課程における成功が人生の希望において決定的であるというイメージを内面化する。彼・彼女らも同様に学校での成功を評価しているのだ（Caille 2007）。インタビューをした若者の一人であるアブデラフィッド（Abdelhafid）はこのように力説する。「父は私たちをここに建物のペンキ塗りや労働者になるために連れてきたのではありません。私はすぐにエンジニアになりたいと思うようになりました」。肉体労働といわれる職種を拒否することは最も評価されない仕事に就き、そこで辱められた父親と母親の経験に結びついている。これらの野心的な学校での希望はしばしば家族や生徒の客観的な、社会的な、そして学校での状況のためにくさびが外されることになる（Ichou et Oberti 2014）。男子と同じように、女子も学校での成功を内面化しているが、それは異なる理由によってである。

彼女たちの多くは、両親が少なくとも最初に彼女に思い描いた嫁や妻という唯一の運命から逃れる方法を学校での成功に見いだそうとする。

3. 敵対する制度としての進路指導もしくは学校での経験

　進路指導の際、何人かの若者は自分たちの社会的希望と学校での客観的な地位、そして教育システムが提案する可能性のひらきを認識する。彼・彼女らはさらにここで失望を経験する。この経験はフランス社会における自分たちの地位についての認識に永続的に影響を及ぼす。これは特に短期の中等教育を終える際に顕著であり、何人かは普通課程に進むが、ほかの者は職業課程の最も評価されないコースしか選択肢を持ち合わせない。そして若者はこの進路指導を将来の生活の見通しに重くのしかかりうる決定だと感じている。職業課程の高校に 16 歳のときに進路指導を受けたトゥフィク（Toufik）はこのように断言する。

　　「このとき自分の人生に失敗するかもしれないと思いました。工場にはまったく行きたくなかった……雰囲気が……工場には知り合いがいなかった。勉強して自分には才能があると証明したかった……不幸にも普通課程に戻ることはできませんでした」。

　フランス人の親から生まれた同世代の若者の多くとは異なり、これらの若者は社会的不運を引き合いに出す。学校の教職員は移民の子どもに学校で成功させないように働いていると考えられている。彼・彼女らは学校からスティグマ化され、自分たちの意志にかかわらず、その民族・文化的出自のために職業課程に追いやられていると主張する（Zirotti 2003）。

　　「1 人の先生がいいました、『普通課程、それは君向けじゃないよ。君には職業課程のほうがいい。』先生全員がそれを親にいっているんだ。『工作機械では仕事がある』と。彼らが僕を助けようとしているだなんていわないでください！」
　　　　　　　　　　　　　　　　　　　　　　　　（アメッド（Ahmed）、23 歳）

「しかし、私たち、マグレブ系、北アフリカ系は特に進路指導のときにいまいましい批判にあう。彼らは私たちをみるとすぐに職業高校、肉体労働、部品製造を考える。しかし、子どもだから抵抗することはできない。ある友達が、幼稚園のときに先生に知的労働は何の役にも立たなく、肉体労働なら役に立つといわれたと話していました」。　（アミッド（Hamid）、24歳）

　進路指導のときに積み重ねられる学校との対立をはらむ関係は、マグレブ系の親から生まれた男子の大半にかかわるわけではない。教育社会学は繰り返し、マグレブ系移民が中学校卒業時の進路選択において相対的に優れていることを明らかにしてきた（Vallet et Caille 1996; Felouzis 2003）。しかし短期の中等教育を終える際に失敗を経験したこれらの若者による批判はそれでもやはり地区、特に最も隔離されている地区で、さらには家庭内で、長男・長女から次男・次女、そして末っ子へと伝えられることで流布している。公権力は長い間、こうした学校への認識が広まることがもたらす若者の社会との関係構築に対する永続的で有害な影響を過小評価してきた。

4. 新たな資格を獲得するためのもしくは対立性を示すためのイスラーム

　学校による判断への反応として、若者の何人かはイスラームへのアイデンティフィケーションに、知的に新たな資格を獲得する道を見い出そうとする。これらの若者は表現や言説、実践において、イスラームを哲学や歴史、神学と結びつけ、そのことによって知識人の世界に接近しようとする。我々が調査を実施した中規模都市では、新たな資格を取得することは特に地域の宗教指導者とのつながりの中でなされていた。サイイド・クトゥブ（Sayyid Qotb）[2]の息子、ハッサン・エル=バンナ（Hassan El-Banna）[3]の孫としてスイスで生まれ、現在はオックスフォード大学の教授であるタリック・ラマダン（Tarik Ramadan）

2）原注：サイイド・クトゥブ（1906年-1966年）はエジプトの作家・詩人でありイスラーム復興を目指す「ムスリム同胞団」のイデオローグ。エジプト社会打倒のためジハードを主張した。現存する過激原理主義組織はその思想の原点をクトゥブに求め、テロ攻撃を繰り返しているともいわれている。

は、2000 年代にリヨンやリール、ストラスブール、イル・ド・フランスで多くのムスリム系アソシエーションの組織化を支援してきた。長い間、ジュネーブ市民だった彼は、我々が調査を行った自治体で講演を重ねていた。哲学とイスラーム科学の博士号を持つタリック・ラマダンは、優れた演説家であり、ルソーやヴォルテール、さらにはさまざまなムスリム知識人を積極的に参照することを好んだ。それぞれの講演会には平均して 350 人が集まった。何人かの若者は講演会に、まずは自分自身に知的能力があることを証明するために、次に自分たちが学校の進路指導で感じ取った肉体労働の世界への追放から逃れるために参加した。若者はそのため、社会学者に対して、彼・彼女ら自身も「考える個人」そして「（神学の）学生であること」を強調した。講演会についてカリム（Karim）は「それは僕の知的好奇心と、そしてもっと知りたいという欲求とに釣り合っていました。僕は常にもっと知りたいと思っているので、僕にとってよいものなのです」と強調する。この独学の追究は同様にカリムとその友達によるアソシエーション設立においても明白にみられた。彼らはこのアソシエーションにイーサンという予言者のハディースの一つで、宗教的、道徳的、知的な卓越性を示す名前をつけた。

　ほかの若者は、イスラームを「文明」と表現する宗教的供給に魅了されている。そこではイスラームは科学や技術、哲学、また政治科学の分野における人類の大きな進歩の一部の起源とされる。それは、何人かの男子が進路の中で繰り返し経験している学校からの判断や侮辱的な状況とは異なり、自分たちの民族・文化的出自の威信あるイメージを思い出させるものであり、そのため彼らはこの種の供給に引きつけられる。インターネットのホームページや掲示板は、この点でムスリム・ヒーローの宝庫である。イブン・スィーナー（Avicenne）[4]、アフマド・ガザーリー（Al Ghazali）[5]、そしてイブン・リュシュド（Ibn Rushd）[6]はそこで賞賛されている。ここであるインターネット使用者はイブン・

---

3) 原注：ハッサン・エル＝バンナ（1906 年 - 1949 年）は、エジプトの教育者であり、イマーム。「ムスリム同胞団」の創設者であり、初代最高指導者。

4) 原注：イブン・スィーナー（980 年 - 1037 年）はイスラームを代表する哲学者・史学者。イスラームが生み出した最高の知性の一人とされ、今日に至るまでその権威は衰えていない。西洋ではアヴィセンナの名で知られ、哲学や医学の分野で大きな影響を与えた。

5) 原注：アフマド・ガザーリー（不明 - 1126 年）はスーフィズムの思想家。20 歳になる以前にクトゥブというスーフィー修道の高位の師匠に与えられる尊称で呼ばれた。

第 17 章　マグレブ系移民子孫の学校経歴とイスラームへのアイデンティフィケーション　　*245*

ナフィス（Ibn Nafis）[7]はミシェル・セルヴェ（Michel Servet）[8]の前に血の循環を発見したと強調する。ほかのものはフェルナン・ブローデル（Fernand Braudel）[9]はイブン・ハルドゥーン（Ibn Khaldun）[10]を文明の歴史の最初の理論家の一人と考えていると繰り返す。アメッドにイスラームについての本を読む理由を尋ねた際、彼はこのように答えた。

「我々が誰であり、誰であったのかを知るためです。フランス人が我々についていうこととはかけ離れています。我々を衝動的であったなどといっていたのはフランス人です。アラブ人は数学者や知識人だったのです。……なんのことだか知っていますか？　ある日、カリフは水時計をフランスの王に持っていきました。フランス人知識人すべてがそれは魔法がかけられた置き時計だと信じました。それは魔法がかけられているのではなく、水で動いていたのです。オスマン帝国の崩壊から、大したものはありません。僕はイスラームが1000年間、世界を専制政治ではなく、善良によって支配したことを知っています。私がいいたいことがわかりますか？」

　最後に、イスラームへのアイデンティフィケーションの三つ目の類型は、神話化されたムスリム共同体という考えをめぐって展開される。若者はそこに社会と、特に学校との相互作用の中で構築される世界と自分自身の対立関係を映し出している。「イスラーム」と「西洋」、「フランス人」と「ムスリム」、「信

6）原注：イブン・ルシュド（1126年 – 1198年）は8世紀から15世紀にかけてムスリムにより支配されたイベリア半島（アンダルス）の哲学者・法学者・医学者。西洋ではアベロスの名で知られており、『政治学』を除くアリストテレスの全著作に対する注解を最大の業績とする。

7）原注：イブン・ナフィース（1208年頃 – 1288年）は中世アラブの優れた医者、医書注釈者。血液循環説の提唱者として知られる。

8）原注：ミシェル・セルヴェ（1511年 – 1553年）は宗教改革期の人文主義者、医師、神学者。三位一体説を批判し、カトリック・プロテスタント双方から異端とされた。ジュネーブでカルヴァンによって告発され、火刑に処された。

9）原注：フェルナン・ブローデル（1902年 – 1985年）はアナール学派の第2世代を代表するフランスの社会史家。地理学や諸社会科学の知見や方法論を歴史学に導入し、全体論的歴史を目指した。

10）原注：イブン・ハルドゥーン（1332年 – 1406年）はアラブの歴史家であり思想家。『世界史序説』で有名であり、彼の思想は同時代や17世紀のオスマンの歴史家に影響を与えた。19世紀にはヨーロッパの学者たちに再発見され、文明を人間社会に不可欠な社会的結合原理とするその文明論によって、世界で最初の社会科学者とまで評価された。

仰者」と「非信仰者」という対立は、このイスラームへのアイデンティフィケーションを特徴づける。これは威信的な系譜への参加の探求とまさに隣り合わせのものである。そのためアメッドは続ける：

> 「言ったように、僕は探し求めていました。イスラームから外れた何かをするアラブ人はいません。イスラームにおいて、彼らはかなりのことをしました。我々は勇敢で、好戦的でした。今、人びとが言うようなものではありませんでした。ビン・ラディンは我々のチェ・ゲバラです。彼はムスリムの中でも有徳な人物です。どうして彼と面会し、彼を支援する権利がないのでしょうか？　正直、私は武器を取って、マイクで話して、多くの人びとに私が信じていることを主張したい。それは原理主義ではありません。オスマン帝国の崩壊後、私たちは防御姿勢をとっています。私たちは襲撃しているのではなく、私たちは抵抗しているのです」。

　この種のイスラームへのアイデンティフィケーションは、ジハーディストのイデオロギーと共通点があり、ほかの要因と結びつくことで、テロ行為に移りやすい土壌をなしうる。

　若者の持つ宗教との関係の多様性の縮図を示すことはできないが、これら三つのイスラームへのアイデンティフィケーションは、学校が非常に重要な位置を占める社会人になる経路の中にその原因を見いだすことができる。教育システムにおける若者の位置づけがはっきりと表出される進路指導の段階で、人生の希望と現実的な学校での可能性の隔たりが明確になる。これは学校での幻滅の原因となり、しばしば若者の社会との関係に恒久的な影響を与える。いずれにせよ、イスラームへのアイデンティフィケーションは、親の宗教実践や家族での伝承とは異なったものである。それは青少年期を特徴付ける創意工夫や再適応のプロセスを引き起こすものである。

5. 女子の学校での成功、家族の変化、イスラームとの関係

　女子の学校でのより大きい成功（Baudelot et Establet 1992）は、家族の機能

に変化をもたらし、それはマグレブ系移民出身者も例外ではない。調査は、移民である親から生まれた女子が男子と比べてよりよい学校成績を残す二つの理由を明らかにしている。第1に、彼女たちは、学校に投資することで、自分たちに対する親の計画を妨げる方法を見いだそうとしていた。我々が行ったインタビューと民族誌調査は、学校での勉強に関する女子と男子の差異を明らかにしている。

> 「私は家ではとても勤勉です。家では、私しか学校の勉強をしていません。弟が少しやっていますが、それは私がやらせているからです。彼は私と一緒に勉強しています。宿題をするのは私しかいません。（……）私は成功する意欲があるのです。兄弟はテレビをみたり、外出したりしていました。私は宿題をしていました」。（アシナ）

　第2に、女子がより恩恵を受ける家庭での社会化は、逆説的に学校での勉強の資源となっていた。彼女たちは家庭で、従順さやルールに適応することを学習する。男子が学校空間で自分の意志を示すために衝突にすがるのとは異なり、この姿勢は教師との相互作用や学校での知識習得における資源となる。女子は同様に書類を記入し、両親に代わって行政機関に赴くことによって公共サービスにかかわる日常的な実践も身につける。このことは、マリカ（Malika）が証言するように責任感を強める。

> 「書類はすべて私が記入していました。先生とのコンタクトも私がとっていました。父はいくつかの単語が理解できませんし、母はほとんどフランス語が理解できず、あえて先生に会いに行こうともしませんでした」。

　男子が地区における仲間同士の社会化を一層重視するのに対して、この家庭での社会化は学校への投資を促す傾向にある。
　女子の学校での成功がもたらすきょうだいの新しい差異は労働市場に入るときにさらに強まる。労働者の仕事の衰退は青年男性が得られる職業上の機会を減少させる。工場でのほとんど資格のない多くの雇用が、他の雇用、特にしば

しば不安定で賃金の低いサービスセクターでの雇用に取って代わられた（Cucca and Ranci 2016）。それらはしかしながら、サミラ（Samira）や彼女の兄であるジャメル（Djamel）のケースが示すように、青年女性が今一度、容易に感じる関係性のノウハウを求める。ジャメルは準公立の玩具館［おもちゃやボードゲームで遊ぶための児童館。貸し出しもしている］での試用期間から正式な雇用に移ることができなかった。私たちが面会した雇用者は「彼はこの仕事にとどまることができませんでした。なぜなら彼は非常に多くの衝突を起こしたからです。6か月の任期付き雇用の更新もできましたが、それは不可能でした」とはっきりといった。男子の状況は高校で非常勤講師として雇い主に十分に満足感を与えている妹のものとは対称的である。女子はこのように、敬意と従順さが求められる職業上の関係によりたやすく適応する。マクダウェルが強調するように、労働市場における男子の劣勢が女子のより大きな成功の原因でも結果でもないことを認識することが非常に重要である。女子は、男子を犠牲にしているのではなく、都市や産業経済が経験した根本的な変化から利益を得ている（McDowell 2000: 207）。

　これらの異なる学校での成績は家庭内における男子と女子の役割を一変させる。息子の成功をあてにしていた親が娘にその望みを向け直すことは珍しいことではない。彼女たちはしかしながら、学校での成功が十分な自律の獲得を意味しないことを知っている。節度ある自由の職人（Guénif-Souilamas 2000）である彼女たちは、両親をいたわりながらも家族における社会化と距離をとろうとする。

　女子のイスラームへのアイデンティフィケーションのはじまりは、少しずつ歩み寄りながら自律を探求することにある。彼女のうちの何人かは義務に支配された親の宗教と距離をとるために、（文化的というよりもむしろ）精神的なイスラームに愛着を覚える。「イスラームは心にあって、規則や教義にあるのではありません」と彼女たちはしきりにいう。このことによって宗教の信仰の助けを借りて、それに忠誠を示しながらも家族の文化と対立できる。ほかのケースでは、大学に入学したときなどにスカーフを被ることで家族に忠誠を示し、その後のより大きな自律を獲得する。いずれにせよ、青年女性は、できるかぎりよい方法で家族の制約と自律の探求の間を歩めるように家族の伝承を再解釈

している。

6. ジェンダー関係における変化

　男子と女子で異なる社会人になる経路は同様に両者の緊張の原因であり、そのことがさらに宗教へのアイデンティフィケーションを陶冶する。この対立は特に家族空間にみられる。精神的なイスラームの優位を主張する女子に対して、男子は伝統の分野に再投資し、姉妹に対する権威像を具現しようとする。彼らは外出や服装に関して女子を制約する規則を正統化するためにここそこで発見したコーランの数節を用いていた。ほかの男子は姉妹に祈祷することを命じる。家族成員の間では、敬虔な宗教の知識を兼ね備えたよいムスリムというイメージが学校から離脱した男子というイメージに取って代わる。

　イスラームの供給のいくつかに存在する性差のある誘発性もまた、青年男性にとってパートナーを探すための資源となる。学校で失敗し、ストリートや隔離された地区での交友関係で求められる作法を身につけた彼らは、青年女性の目からはほとんど望ましいパートナーとしてはみられない。何人かの男性は、男らしさの評価が中心にあるイスラームの非常に保守的な概念に同一化し、家庭と子どもの教育に献身的に尽くすパートナーを探す。

　　「地区には悪習があります、僕が子どものときに一緒に遊んだ女子は……
　　突然、彼女は自らを解放するようになりました。彼女たちは女性的になっ
　　た、僕には理解できませんでした……彼女たちは以前のようではなくなっ
　　たからです。女性にスカーフを被るよう求めるとしても、それは彼女たち
　　を守るためです。僕たちは顔を隠させることはありません。女性が男性へ
　　の誘惑を象徴するのを知っています。だから彼女たちは自分の身を守らな
　　くてはなりません。もし妻がスカーフを被りたくないならば強制はしませ
　　ん……しかし、そうしてくれればとても満足です。私たちの時代、女性の
　　露出が多いことは非常に問題です……もしイスラームのいうことを知って
　　いれば、問題は少ないでしょう。そして男性は女性をもっと尊重するでし
　　ょう」

この男性的なイスラームへの訴えの根底には、家族の社会化ではなく彼らの学校や就職の経路がある。これらの経験によって結果的に男性は非常に保守的な宗教的供給に安心感を再び求める。

　異性間の緊張は連帯を排除するものではない（ラペイロニ（Lapeyronnie 2008）が研究したように他のコンテクストでもみられる）。フィールドワークは繰り返し、多くの女子が是が非でも家族との断絶だけは避けようとしていることを示している。彼女たちの自律の探求は段階的であり、社会人になる過程で彼女たちは交渉を繰り返す。移民の娘たちの経路は家族やカップルに関するむしろ保守的である彼女たちの立場を陶冶する。このため、これらの節度ある自由の職人は、フェミニズムと移民集団内部の性的不平等の告発を結びつける言説が家族に対する暴力であると考えている。いくつかのケースでは、公共の場でイスラームの女性性を要求することは、彼女たちが移民集団をスティグマ化すると評価するタイプのフェミニズムへの抗議ともなっている。これらの立場は、修正すべきとされる「同化の欠如」や、さらには過激化に属するのではない。むしろ複数の文化からなる社会における一つの観点なのである。

7. おわりに

　社会移動の見通しに希望が見いだされる社会において、学校は若者の経験を構成する主要な要因の一つである。それは特に、個人の社会的地位に対する資格の影響力が強い社会においてあてはまる。学校での順位は個人に将来、社会の中で占めるであろう社会的地位を突きつけるだけでなく、青少年期におけるジェンダー関係の新しい経済を作り出す。

　イスラームへのアイデンティフィケーションは何人かの男子にとって、自分自身に抱く認識から学校経歴の影響を追い払う試みとなる一方で、女子の宗教との関係は何よりも彼女たちの学校での成功が促す自律の探求に属している。本章の最初の教えは、イスラームへのアイデンティフィケーションは家族における宗教の伝承とともに理解されるべきではないということである。男子と女子は、社会人になるときに直面する障害を食い止め、緩和し、もしくはそれら

と交渉するために宗教の意義を再発明する。宗教は社会人になる経路で出てくる必要に応じて、個人が競って汲みとろうとする記号や価値、象徴のいけすとなる（Hervieu-Léger 1999）。

　二つめの教えは、過激派との戦いという公共政策の有効性に関連する。学校での陰謀主義的学説の表出を見破ろうとする予防は必要であるが、おそらく十分ではない。私たちが導き出した結論は、学校の組織そのものに働きかけることを提案する。特にそれは威信や権力に基づいた学校の進路指導を、最適な方法で人材資源の多様性や一義的ではないさまざまな卓越さを活用できるシステムに移行させることを通してなされるだろう（Baudelot et Establet 2009）。これは優れた学校システムはなによりもエリート形成を絶えず拡張させなければならないという考えと袂を分かつことを必要とする（Baudelot et Establet 2009: 46）。資金投資や努力は、学校が能動的で創造的な、そして自分たちの能力の社会的価値に信頼を置くことができる市民を養成する力に集中されるべきである。それはまさに学校や経済の有効性と正義を両立させることである。

　同時に、学校教育は完全ではない。最も多くの人びとが社会の中で居場所を見つけるためには、おそらく学校の資格と社会的地位獲得の関係を緩めなければならない。労働の場で引き出される才能や能力が何よりも承認されなければならず、すでに割り当てられたポストをめぐるゲームや資格の持つ強い影響力が引き起こすキャリアの停滞に押しつぶされるべきではない。この見地から、職業訓練と大学による労働者の受け入れの発展（たとえば夜間の授業などを通して）が大規模な改良主義的政策に相応しいものである。

※イスラームの人名の訳ならびに訳註については『岩波イスラーム辞典』（岩波書店、2002 年）を参考にした。

（村上　一基　訳）

第18章

移民の子どもの小学校入学から中学校卒業までの学業成績の差異[1]

マチュー・イシュー

1. はじめに

社会階級やジェンダーとともに、移民出自は社会的差異と不平等を生み出す重要な原理である。北アメリカやイギリスでしばしば研究されてきたこの側面は、フランス社会学ではほとんど分析されてこなかった。人口の4分の1近くが移民か、親の一人ないし両方が移民であるフランスでは、それは主要な社会現象をなしてきた（Beauchemin *et al.* 2016）。しかし、これらの人口移動がもたらす長期的な社会的影響は移民自身の研究よりも、その子孫の経路に関する分析によって評価される。この背景の中、移民の子どもの学校経路は明らかに社会的にも政治的にも重要な主題となっている。しかしながら、移民研究一般と同様に、フランスの社会科学の専門家にとってそれは長い間「正統性なき対象」（Noiriel 1988=2015: 12）であった（Sayad 1991 特に序章）。

本章の目的は移民の子どもの学校経路を、特に小学校入学から中学校（コレージュ）卒業の学業成績の差異に焦点を当て、社会学的な描写や解釈を進めようとするものである。紙幅の関係上、この問題に関する先行研究を体系的にまとめることはできない（Ichou 2013b; Ichou et Van Zanten 2014 を参照）。しかし移民の子どもの学校経路を量的に研究した研究者は、二つの主要な結果に関し

---

1) 本章は Ichou（2013 a）で使用した結果を用いる。

253

てコンセンサスを得ている（たとえば Clerc 1964b; Vallet et Caille 1996; Brin-baum et Kieffer 2009 を参照）。一つ目のコンセンサスは移民の子どもは一般的に学校において、成績でも進路でもネイティブの子どもよりも成功していないということである。二つ目は、学校でのこれらの不利を、まず何よりも移民家族の経済的に劣悪な生活条件と、親の教育レベルの低さに帰すことができるということである。

　本章は、これらの先行研究に対してフランスにおける移民の子どもの就学に関する社会学知を改善することを目的としている。そのために以下の三つの方法を用いる。1）通常使われるものよりも正確な移民出自のカテゴリーを用いる、2）小学校入学という学校経路の早期の段階で生じる差異を研究する、3）家族の社会経済的状況を考慮に入れても残る学校成績の差異に関する解釈を充実させるよう努める。それでは次にこの目的を達成させるためのデータと方法について記述したい。

2.　データ、変数、方法

1）データ：「1997 年パネル調査」と TeO

　本章で用いる統計分析は二つの量的調査に基づいている。一つ目は、1997年に国民教育省の評価予測成果局（DEPP）により行われた小学校に入学した児童のパネル調査である（「1997 年パネル調査」）。主要な結果はこの調査に依拠する。この長期的調査は小学校から高校入学まで 9,641 名の代表的サンプルを追跡した。これは小学校初年次、小学校 3 年次、中学校初年次、中学校最終年次における学校成績や、就学状況の分析において適切である非常に多くの社会学的特徴、そして生徒の親の出生国に関する情報を同時に含む唯一の全国調査である。分析では複数の重要な変数が欠如しているため、多重代入法を用いた。

　「1997 年パネル調査」から得られた結果の解釈のために、補足的な情報を同様に国立人口学研究所（INED）が実施した「経路と出自調査（以下 TeO）」（Beau-chemin *et al.* 2016）から引き出した。TeO には二つの利点がある。まず移民と移民の子どもを過剰サンプリングしていること、次に対象者、その両親、そして子どもという三世代にわたる正確な情報を含めていることである。このこと

254　第Ⅲ部　「移民」を対象としてみた進路形成と進路決定

によって、本調査は移民の移住前の特徴に関する貴重な情報も用いることができる。

2）変数と分析カテゴリー

移民の子どもとネイティブの子どもを分ける、また移民の子ども同士を分けるカテゴリーの構築は分析を行うために最も重要である。筆者は、「移民の子ども」カテゴリー内部の異質性をみえなくさせる「社会学的リスク」は、それぞれの移民出自の生徒の数が少ないがために多くの結果を無効とする「統計的リスク」よりも高いと考えている[2]。

そのため親の出生国によって移民の子どもをカテゴリー化した。つまりフランス本土、南ヨーロッパ（85％がポルトガル、ほかにはスペインやイタリア）、アルジェリア、モロッコ、チュニジア、サヘル地方（マリ、セネガル、モーリタニア）、ギニア湾の国境国（コートジボワール、ベナン、トーゴ、カメルーン、ギニア共和国、ガーナ、赤道ギニア）、トルコ、東南アジアもしくは中国（ヴェトナム、カンボジア、ラオス、中国）、海外県海外領土[3]に分けた。父親と母親の出生国が違うために、親の一人が外国出身で、もう一人がフランス生まれという（母親が80％に達する）「混成カップル」カテゴリーも設けた。分析ではアメリカやオセアニア、他のアフリカ諸国やアジア諸国出身の移民の子どもは人数が非常に少ないため除外した。また内部の多様性のため、つまるところほとんどみられないため、両親とも外国で生まれたが、それぞれが異なる地域出身である子どもも分析の対象外とした。さらに外国でフランス人から生まれた「移住者フ

2）リスクはこの影響が存在するにもかかわらず、学校成績への移民出自の影響が不在であると結論づけてしまうことである。すなわちここで故意に増加させることを決めたのは、統計家が第二種過誤と呼ぶものの可能性である。それは仮説が真であろうときに、無為の仮説を棄却しない可能性である。

3）「移民の子ども」の中に「海外県海外領土出身の移民の子ども」のカテゴリーを含めることは、少なくとも二つの観点から問題がある。まず、海外県海外領土のフランス国籍の親の出身地は地理的に多様であることから不均質なカテゴリーをなしており、その妥当性には議論の余地がある。次に本土の海外県海外領土の移民は出生時からフランス市民であり、正確には移民を論じることにならない。海外県海外領土出身の移民の子どもとネイティブの子どもを分けるという決定はしかしながら、「国内で行われているとはいえ、移民の経験と部分的に比較しうる経験を引き起こす」（Lhommeau et Simon 2016: 14）移住であること、またこれらの人びとの存在の経済的・地理的条件の特殊性、さらに人種的なステレオタイプや差別の対象となる可能性の高さ（Ndiaye 2008）から根拠があると思われる。

第18章　移民の子どもの小学校入学から中学校卒業までの学業成績の差異　　*255*

ランス人」も含めなかった。最後に、サンプルの93.1%の移民の子どもはフランスで生まれ、それ以外は非常に幼いときに、少なくとも義務教育前にフランスにやってきていることを明確にしておきたい。このように構築した出身国のカテゴリー別の生徒の分配は表18‒1に記している。

　本研究の目的は義務教育期間中、すなわち小学校入学から中学校卒業までの学校成績の差異を分析することである。「1997年パネル調査」は、小学校初年次、中学校初年次、中学校最終年次の三度にわたって統一試験で計測した学校成績に関するデータを含むフランスで唯一のパネル調査である。「1997年パネル調査」の対象となる生徒は小学校入学時に「認識・社会認識能力」を計測するための特別なテストを受ける（Caille 2002: 17）。中学校初年次ならびに最終年次については、初年次に実施される全国評価と卒業時の中学校修了資格試験（Brevet des collèges）の成績という二つの国家試験を用いる。解釈と比較を容易にするために、小学校入学、中学校入学、中学校卒業の学校成績を測る三つの変数を、平均0と標準偏差1を持つ「Zスコア」とするために中心化し、置き換えた。

3）方法：完全一対比較

　移民の子どもの就学を研究するために用いられてきた古典的方法は回帰分析である。本章で用いる結果はそれとは異なる方法に基づいている。先行研究に対して筆者が批判するきっかけとなった原理をいくつかの点で適用しうるその方法は完全一対比較（Exact matching）と呼ばれるものである（Ho *et al.* 2007を参照）。ここで目的は世界のいくつかの地域出身の移民の親から生まれた子どもそれぞれを、関連する同じ社会的属性を正確に共有するネイティブの子どもに結びつけることである。これらの属性は「統制変数」と回帰分析の文脈で呼ばれるものである。それぞれの移民の子どもグループはこのように、社会学的に類似したネイティブの子どもの下位サンプルと一対にされ、比較される。

　その透明性に加え、この方法は先行研究によって出され、ここまで筆者が提起してきた問題をまさに解決しうるいくつかの利点がある。一方で、完全一対比較はまさに小グループ——ここでは移民の子どものグループ——と大グループ——ネイティブの子ども——の比較に適している。実際、グループの一つは

256　第Ⅲ部　「移民」を対象としてみた進路形成と進路決定

表18-1　父親の職業、母親の教育レベル、小学校初年次の成績（親の出生国別）[4]

親の出生国	N	父親の職業		母親の教育レベル		小学校初年次の学業成績
		上級管理職と教員（%）	労働者と一般事務員（%）	小学校以下（%）	高等教育（%）	スコア（%）
フランス本土	7,228	21.5	51.1	4.8	26.9	70.3
南ヨーロッパ	112	4.9	80.9	28.9	4.1	64.1
アルジェリア	119	5.3	89.4	36.5	5.2	59.4
モロッコ	157	3.9	87.6	64.6	6.4	60.0
チュニジア	55	3.6	81.8	40.0	5.5	58.7
サヘル	52	2.4	93.3	59.2	3.1	53.3
ギニア湾	27	15.6	68.8	17.0	17.8	65.3
トルコ	89	1.7	74.5	63.2	3.6	54.3
東南アジア・中国	47	9.1	65.9	25.1	13.6	67.2
海外県・海外領土	46	11.2	68.2	13.5	13.0	66.1
混成カップル	1,420	19.6	56.9	8.7	24.6	68.1
移民合計（混成カップルを除く）	704	5.2	81.7	43.9	6.5	60.3
合計	9,352	19.9	54.5	8.5	24.9	69.2

解説：アルジェリア系移民の子どもは「1997年パネル調査」のサンプルに119名いた。その中の5.3%は上級管理職や教員の父親を持ち、89.4%は労働者の父親を持っていた。母親の36.5%は小学校を卒業しておらず、5.2%が高等教育に通っていた。アルジェリア系移民の子どもは小学校入学時に59.4%の平均スコアであった。

ほかのものよりも十分に大きくなければならない。なぜなら、その中の何人かが、比較対象となる少数グループの個人と同じ社会的属性を正確に有している必要があるため、十分に多く、また多様な個人が含まれることが求められるからである。他方で、そしてそれが主要な方法論的利点であるが、完全一対比較

4）この表を含め本章で用いるすべての表は、特に言及しない限りは「1997年パネル調査」のデータに基づいて行った分析から作成した。

は、「非母数」と呼ばれる方法であることが挙げられる。つまり、回帰分析と異なりいかなる仮説も変数の分配やそれらの関係に対して作られない。その古典的用法において、一次回帰分析では説明変数は説明すべき変数に対して線形で独立した効果を持つと想定している。たとえば、2人ではなく、3人のきょうだいがいることの学校成績への影響は、3人ではなく4人きょうだいの場合、もしくは7人ではなく8人きょうだいの場合と同じ影響であるとされる（一次性仮説）。また「きょうだいのサイズ」の影響はすべてのグループで一様だと想定される。貧困でも裕福でも、ネイティブでも移民でも、教育を受けているかいないかによってでもすべては同じ様に考えられる（独立性の仮説）。稀にしか用いたデータに対応せず、そしてその現実性はほとんど検証されないこのような仮説は完全一対比較では引き受けられない。効果の独立性を前提としないことは重要で、極めて望ましい結果をもたらす。移民の子どもとネイティブの子どもの学業成績の比較において、あらゆる説明変数の間のあらゆる相互作用もこの方法の中で暗黙裏に考慮されている。相互作用の効果を考慮に入れないことがまさに先行研究で明らかにされた限界の一つである。

　「統制変数」は母親と父親の教育レベル、父親の職業（父親が不在の場合は母親の職業）、親の雇用状況、家族構造、子どものジェンダー、きょうだいの人数である。これらは下記の二つの理由から選択した。1）生徒とその親の、また子どもの学校経歴への影響が広く裏付けられている家族の社会的属性を説明すること（たとえば Duru-Bellat et Van Zanten［1992］2012、特に2章と8章を参照）。2）移民の子どものさまざまなグループとネイティブの子どもの間で不均等に分配されていること（表18-1を参照）。次に、統制変数を考慮に入れずにグループ間の学校成績の平均値を直接比較した場合の「ありのままの」差異について説明する。完全一対比較ではそれは全体サンプル（一対にされていない）の平均値の把握となる。反対に、同じ社会的属性、すなわち統制変数に関して同じ値を共有する諸個人から構成されるグループ間の平均を比較する際には、恣意的ではあるが適切であろう「純粋な」差異という表現を用いたい。つまり、それは統制変数の効果を考慮に入れ対にされた下位サンプルの平均比較である。

3. 結　果

1) ネイティブの子ども、移民の子ども：著しい社会的不平等

　学校成績や親の出生国によるより細かい差異の問題に取りかかる前に、移民の子どもが経験する家族での社会化が、ネイティブの子どもとは極めて異なった条件で行われていることを確認することは重要あろう。表18-1は取り上げた出自カテゴリーの分配と、それぞれの母親の教育レベルならびに父親の職業をクロスさせたものである。この表は家族における社会化の違いを如実に表している。

　以下で行う分析の検討において、その中心となる社会学的事実は常に意識に留めておくべきだろう。社会的不平等はフランス本土で生まれた親を持つ子どもと、そうではない子どもの間で端的に表れる。上級管理職や教員の親を持つことが子どもの学校教育に好条件になることはよく知られているが、サンプルの中で、フランスで生まれ就労している父親の21.5％がこれらの職業に就いており、移民である父親では5.2％のみであった。対照的に、ネイティブの父親の半数「のみ」が労働者や一般事務員であり、このケースに当てはまる移民である父親は5分の4であった。母親の教育レベルの分布はさらに不平等である。フランスで生まれた母親が小学校までしか通っていないケースは非常に少なく（20分の1未満）、多くの場合は高等教育に進学している（4分の1以上）。移民である母親の場合はそれが反対である。高等教育に進むことは非常に少なく（15分の1）、小学校卒業以下の学業レベルが最頻値であった（約半数）。

　もちろん、移民家族の間にも親の出生国に応じて顕著な差異が存在する。特にサヘルやトルコ出身の移民家族は、職業（管理職や教員である父親が2.5％未満）や免状（約60％の母親が小学校までしか通っていない）の分布によって描写される社会構造の中でとりわけ被支配の地位を占めている。マグレブや南ヨーロッパ出身の移民は中間的な地位に置かれている。ギニア湾や東南アジア、中国出身の移民家族や、海外県・海外領土生まれの親はより恵まれた社会状況にある。

　表18-1の最終列は、小学校入学から卒業までに、ネイティブの子どもと移

民の子ども全体に（それぞれ平均70.3/100に対して平均60.3/100）、さらに親の出生国に応じて移民の子どもの間にも学校成績の差異が存在することを示している。サヘルとトルコ出身の移民の子どもは平均的に成績が最も低く（それぞれ53.3/100と54.3/100）、ギニア湾の子ども（65.3/100）とさらには東南アジアや中国（67.2/100）の子どもはネイティブの子どもとほとんど同じ成績を残している。

表18-1の考察はグループの平均的な社会的地位と学校での地位の間に強い相応関係があることを確認するものである。相対的にほかのグループの子どもよりも、親の社会的地位が恵まれた子どもからなるグループは、学校でより成功する。そして親の社会的地位が恵まれない場合は、学校でより成功しないことになる。表の最終列で行ったように移民の子どもとネイティブの子どもの学校成績を直接比較することは、学校成績の差異を移民の子どもグループの「民族」もしくは「文化」の特徴に不当に帰することになり、これらの子どもの親の非常に異なった社会的地位をみえなくすることとなる。次節では、学校成績の差異に対する社会的地位の影響を検討する。

2) 移民の子どもの学校教育の異質性

図18-1は、移民の子どものさまざまなグループとネイティブの子どもの小学校1年次の学校成績を、すべてのサンプルのありのままの差異と、他の社会的属性の影響を調整し、対にされたサンプル間の純粋な、もしくは調整された差異について比較したものである。横軸は基準となるグループ（すなわちネイティブの子ども）の学校成績を表している。移民の子どものグループはネイティブの子どもとの学校成績のありのままの差異に応じて昇順に分類されている。移民とネイティブの子どもの平均値を比較するt検定と関連づけた信頼区間（95％の閾値）はそれぞれの平均値の差異について示している。

小学校入学時、ありのままの差異に関して（左のマーカー）、移民の子どものすべてのグループ（東南アジアと中国を除く）の平均的な学校成績は、ネイティブの子どもの学校成績よりもはっきりと劣る。表18-1が既に示していたように、トルコとサヘル出身の移民の子どもは最も重大な困難に直面している。社会的地位と他の社会・人口学的特徴の影響を同時に考慮するとトルコやサヘル、マグレブ3国、そして南ヨーロッパの移民の子どもは常にネイティブの子ども

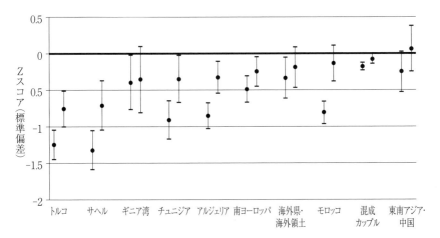

図18−1　移民の子どもグループとネイティブの子ども（基準グループ）の小学校初年次の学校成績の「ありのままの」差異と「純粋な」差異

解説：小学校初年次にトルコ系移民の子どもは、ネイティブの子どもと比べて約1.25の標準偏差で平均スコアが劣っていた（左のマーカー）。生徒の社会的属性や家族の属性の影響を統制すると、この相対的な劣勢は、約0.75となる（右のマーカー）。

よりもあきらかに劣る学校成績を残している。しかしその違いは著しく小さくなってきている。ネイティブの子どもと比べて常に相当不利な状況にあるグループはトルコとサヘル移民の子どもの二つのみである（約4分の3の標準偏差）。

　小学校卒業時のさまざまなグループの移民の子どもの相対的な学校での位置づけは図18−2に示されている。ほとんどのグループがいまだにネイティブの子どもよりも学校成績が低い。しかしその差異は小学校入学時と比べて狭まっている。純粋な差異に関しては、三つのグループがネイティブのグループと著しく区別される。トルコとサヘル出身の移民の子どもは学校でほかのグループよりもはっきりと低い地位を占めており、東南アジアと中国の子どもは平均してよりよい成績を残している。

　図18−3は中学校卒業時の学校成績を示したものである。この図からこれら三つのグループの相対的な状況に変化がないことがわかる。移民の子どものグループの半分は同様の社会的・家族的環境にいる場合、ネイティブとはっきりとした違いはない。海外県海外領土や南ヨーロッパ出身の親を持つ子どもは平均的な学校成績の純粋な差異に関して、同じ社会環境のネイティブの子どもよ

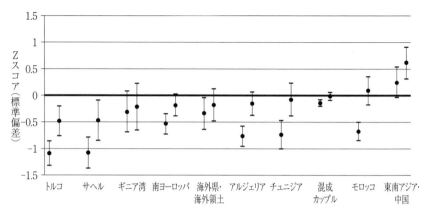

図18-2 移民の子どもグループとネイティブの子ども（基準グループ）の中学校初年次の学校成績の「ありのままの」差異と「純粋な」差異

解説：中学校初年次にトルコ系移民の子どもは、ネイティブの子どもと比べて約1.1の標準偏差で平均スコアが劣っていた（左のマーカー）。生徒の社会的属性や家族の属性の影響を統制すると、この相対的な劣勢は、約0.5となる（右のマーカー）。

りも明らかに劣った立場にある。しかし、中学校入学次のように、ネイティブの子どもと最も異なる三つのグループは、最も低い学校成績を残すトルコ、サヘル移民の子どもとよりよい成績を収めたと東南アジア・中国出身の子どもである。

4. 議論：ネイティブの子どもと移民の子どもの間の「純粋な」学校成績の差異をどのように解釈するのか

　学校での成功に作用する主要な社会経済的・人口学的要因を考慮に入れても、いまだ明らかにいくつかの移民の子どものグループがネイティブの子どもよりも成功していなかったり、反対に成功していたりするならば、それはこれらのグループを特徴づけ、こうした差異に作用する社会的属性のいくつかが計測されていないことになる。移民の子どもの学校教育に関する先行研究では、これらの残余的な差異を考慮するためにしばしば四つの手がかりに言及される。一つ目の手がかりは（手がかり1）フランスでの居住期間を強調するもので、最も古典的で、ある意味で、共和主義的統合モデルの前提と最も両立しうるもので

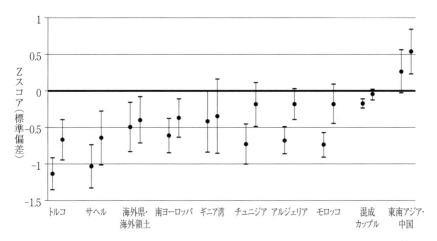

図 18-3 移民の子どもグループとネイティブの子ども（基準グループ）の中学校最終年次の学校成績の「ありのままの」差異と「純粋な」差異

解説：中学校最終年次にトルコ系移民の子どもは、ネイティブの子どもと比べて約 1.15 の標準偏差で平均スコアが劣っていた（左のマーカー）。生徒の社会的属性や家族の属性の影響を統制すると、この相対的な劣勢は、約 0.65 となる（右のマーカー）。

もある。そこでは子どももしくは移民の子どもグループが他の子どもよりも成功していないのは、つい最近にやってきて、まだ「統合」もしくは「同化」していないからだとされる（Tribalat 1995; Vallet et Caille 1996; Cebolla-Boado 2006、アメリカでの同様の議論として Gordon 1964=2000）。

　二つ目の手がかりは、社会的なもしくはエスニックな住宅や学校のセグレゲーションである（Van Zanten [2001] 2012; Felouzis et al. 2005; Oberti 2007; Broccolichi et al. 2010）。この見解は、全国調査が非常に異なった地域的背景の影響を覆い隠しており、偽りであるというものである（Tichit 2001）。フランスではフェルージらによる研究が中学校における移民の子どもの集中が最終年次の学校成績にマイナスの影響を及ぼすことを明らかにしている（Felouzis 2003; Felouzis et al. 2005）。生徒の個人的な成績に対してクラスや学校の構成がもたらす影響の根底にある社会学的なメカニズムは相対的に知られていない（Thrupp 1995）。いずれにせよ、最も移民の子どもが集中している学校が同様に最も恵まれない地区に位置し、選択科目やコースは少なく、経験を積んだ教員もほとんどいないなど最も教育的な資源を提供できない学校でもあることは知られて

いる。さらに移民の子どもは多くの場合、労働者の子どもであり、低い学業レベルしか持たない。しかし低いレベルの子どもが集まる同質のクラスは、他のクラスよりも学校での学習に適していないことは知られている（Duru-Bellat et Mingat 1997）。その原因は特に生徒と教員が、自分たちが感じ取る背景に合わせて期待値を下げることにある（Van Zanten [2001] 2012）。結果として、移民の子どものグループのいくつかが、ネイティブの子どもよりも頻繁に社会的にもエスニック的にも隔離された学校や地区に就学し（特にプレトゥセイユ（Préteceille 2009）が示しているようにトルコ系の家族の場合）、そしてこの不利益の空間的な集中が就学にマイナスの影響を及ぼす。このことが同じ社会環境にいる移民の子どものいくつかのグループとネイティブのグループの学校成績の差異を説明する。

　三つ目の手がかりは（手がかり3）は、学校成績の差異の原因として文化的な差異を強調するものである。これはラグランジュ（Lagrange 2010）が社会的に貧しく民族的に隔離された地区におけるサヘル出身の移民の子どもの学校での失敗を説明するために用いた方法である。ラグランジュによると、サヘル地方で最もよくみられる父権的家族構造が、社会住宅地区における経済的困難の中でフランスに支配的な文化と衝突すると、家庭内での権威主義と「下位文化」が生み出されるという。その権威主義は大半が教育を受けていない父親によるものであり、また「下位文化」は、女性と子どもの自律を制限し、学校での成功に有害な影響を持つ。

　説明のための四つ目の手がかりは（手かがり4）、しばしば三つ目のものと関係するものであるが、特にさまざまな移民グループの家庭での言語実践の多様性に着目するものである。複数の研究が特に移民である親が出身国の言語を家庭で実践することに関する効用と損失について研究してきた（Mouw et Xie 1999）。この実践は認識論的側面において、他の言語、特に受入国の言語習得を助けるものだと考えることができる（Lee 1996）。文化的には、出身国の言語を維持することで、学校での成功に潜在的に有益となるエスニック集団の規範を保つことを可能にするとも考えられる（Portes et Schauffler 1994; Bankston et Zhou 1995）。

　補足的な解釈の手がかり（手がかり5）が、ここでは重要であるように思われ

る。しかしながら、それはほとんど研究されておらず、ほぼ経験的に実証されていない。これはサヤードが述べた主要な原則から着想を得ている。彼は「移住経路を完全に再構成することによってのみ移民を現在の到達点に至らせた決定要因の完全なシステムを明らかにすることができる。その要因は移住前にも作用し、移住後も修正された形式で作用し続けるものである。すなわち、十分な説明のためには、到達点で記録された差異を、フランスにおける生活や労働の条件と結びつけるだけでなく、移民もしくは移民グループを移住前に既に区別していた、移住とは独立して当初から存在する差異にも同時に関連づけて考えなければならない」（Sayad 1977: 60）とする。

　「移民（émigrés/immigrés）」の移住前の特徴を考慮に入れることは、受入国における学校に対する移民の能力を生み出す条件を分析するために重要な原則をなしている。この条件が移民の子どもの学校での能力や学校経路に影響を及ぼしている。ゼルールやラアシェール、サンテリ、イシューはそれぞれライフヒストリーをめぐるインデプス・インタビューを通して出身社会における家族成員のむしろ恵まれた社会的特性のいくつか（居住地、教育レベル、職業など）が、どのように学校を中心とする家族プロジェクト構築や学校での成功に適した価値や姿勢の世代間の伝達に結びついているのかを示した（Zéroulou 1988; Laacher 1990; Santelli 2001; Ichou 2014a）。

　厳密かつ決定的にこれらの説明仮説を確認もしくは否定することはできないが、以下ではこれらのうち三つを経験的に評価していきたい。まずは「1997年パネル調査」のデータを用いて手がかり 1 と 2 を検証し、次に TeO の調査結果を用いて手がかり 5 をみていく。文化的差異に関する手がかり 3 は残念ながらここで使えるデータからは検証することができない。この仮説は、一定の条件の下でなら興味深いものであるし、将来の研究で経験的・理論的に掘り下げて議論する価値があるだろう。すなわち文化的実践を社会構造との関係で考察しなければならず、さらに均質化や何らかのステレオタイプへの還元によって移民グループもしくは「出身文化」を本質化しないように注意しなければならない。同様にここで満足いく方法で言語実践に関する手がかり 4 を説明するには詳細なデータが欠如している。しかしながら、明らかにされた学校成績の差異を単純な方法で検討できないことを確認しておくのは有益であろう。事実、

対極にある社会的状況を持つ二つのグループ——トルコ系移民とアジア系移民の子ども——は同様に言語実践に関しては家庭において出身言語の強い保持をみせることでは共通している（Tribalat 1995; Beauchemin *et al.* 2016）。

　解釈の手がかり1に関して「1997年パネル調査」は移民である親のフランス入国年の計測も含んでいる。フランスの居住年数を示すこの変数は、同じ社会的属性を持つ移民の子どもとネイティブの子どもの間の純粋な学校成績の差異に対する居住年数の影響を算定するための回帰モデルとして用いられる。手がかり2に関しても、評価学年（小学校初年次、中学校初年次、中学校最終年次）とそれより前の学年を同時に考慮に入れながら、生徒が就学するクラスにおける外国人生徒の平均割合の計測を築き上げることできる。不完全ではあるが、この計測は学校、したがって生徒の居住地区におけるエスニックなセグレゲーションのある程度信頼しうる指数となる。これら二つの変数は別々に、次に同時に、小学校初年次、中学校初年次、中学校最終年次の成績を説明するすべての社会経済的変数を含む回帰モデルに導き入れられる。図18−4はその中学校最終年次の成績を示している（小学校初年次と中学校初年次の結果はIchou 2013aの附録（図AならびにB）を参照のこと）。

　それぞれのグループに対して四つの係数が示されている。これらはネイティブの子どもとの純粋な差異を見積もったものである。左から右に説明すると、1）社会経済的変数のみを含むモデル、2）1）にフランスの居住歴の変数を加えたモデル、3）1）にクラスにおける外国人生徒の平均割合を評価した変数を加えたモデル、4）1）に2）と3）の変数を同時に加えたモデルである。

　中学校最終年次のレベルについての結果から引き出せる結論は小学校初年次と中学校初年次のものと非常に似通っている（Ichou 2013a　附録 図A・B）。ネイティブの子どもと比べて学校でますます高い成績を残しているアジア系移民の子どもを除いて、親のフランスでの居住歴と教室での外国人生徒の割合を考慮に入れると、移民の子どもとネイティブの子どもを分ける学校上の格差は縮まる傾向にある。中学校最終年度で、トルコならびにサヘル出身の移民の子どもの学校成績はネイティブの子どもと未だ明らかに異なるが、後者にとっては紙一重の差となっている。同じ社会環境にある移民の子どもとネイティブの子どもの学校での格差の説明に最も重きをなすのはエスニックなセグレゲーショ

266　第Ⅲ部　「移民」を対象としてみた進路形成と進路決定

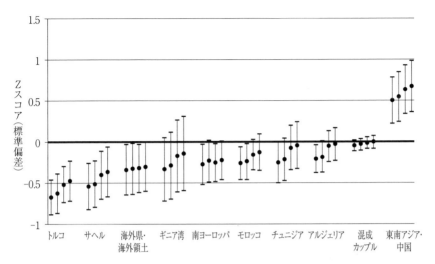

図 18-4 説明変数（親のフランスでの居住歴、クラスにおける外国人生徒の割合）を加えた移民の子どもグループとネイティブの子ども（基準グループ）の中学校最終年次の学校成績の「純粋な」差異

解説：中学校最終年次に、生徒の社会的属性や家族の属性の影響を統制すると、トルコ系移民の子どもは、ネイティブの子どもと比べて約 0.65 の標準偏差で平均スコアが劣っていた（左から一番目の点）。親のフランスでの居住歴をさらに統制すると、差異は約 − 0.6 の標準偏差となる（左から 2 番目の点）。居住歴の代わりに外国人生徒のクラスでの割合を社会的属性や家族の属性に加えると、差異は約 − 0.5 の標準偏差となる（左から 3 番目の点）。これら二つの変数を社会的属性や家族の属性に同時に加えて統制すると、差異は − 0.45 となる（一番右の点）。

ンの指標であろう。だが、フェルージが明らかにしたように、学校で最も脆弱な移民の子どもグループの成績が劣るのは、「セグレゲーションに重く結びついているわけではない」(Felouzis 2003: 437)。

　観察された格差の説明において居住歴の役割は取るに足らないものとはいえないが、この場合、重要ではない。これは使用した調査設計において、フランスでの居住歴がサンプルの中でほとんど変わらないことによっても説明できるだろう。すべての子どもが同じ年（1997 年）に小学校に入学しているので、その親の年齢も近い。これは複数のコホートを含む調査と比べて居住歴の偏差を単純化することになる。結果として、一般に居住歴の影響を否定するわけでは

ないが、ここではこの要因が同じ社会環境にいる移民の子どもとネイティブの子どもの間に確認される学校成績の差異を説明できないことは明らかである。

このように、これらの結果は他の解釈上の手がかりを裏付けるために十分である。手がかり1と2を分けて分析しても、また同時に分析しても同じ社会環境にいる移民の子どもとネイティブの子どもの学校成績の格差を完全に説明できない限り、移民の移住前の特徴を考慮に入れる手がかり5を精査すべきであろう。このため、最後の分析は、回答した移民の親の特性（すなわちここで対象とする生徒の祖父母の世代に相当する）に関する情報を含めるという特筆すべき関心を持つ TeO 調査に依拠する。「1997 年パネル調査」に加えてもう一つの調査を用いることは移民の移住前の社会的属性に関する補足的情報を動員するという利点があるが、これらの新しい情報を直接「1997 年パネル調査」のみに含まれる移民の子どもの学校成績に結びつけることができないという欠点もある。

目的は出身国における移民の家族の社会的地位の重要な指標、すなわち移民自身の父親の職業とネイティブ自身の父親の職業の比較から、移民のグループの間の差異を検証することである。多項式からなる二つの演算回帰モデルは、従属変数として移民の父親の職業を用い、独立変数としてまず一つ目のモデルでは移民の出生国のみを、二つ目のモデルではフランスでの移民の職業を用いて構築した。移民の性別も同様に統制変数として含めた。ネイティブは独立変数の基準グループをなしており、上級管理職や中間的な職業、教員を従属変数の基準グループとした。図 18 - 5 はこれらの分析をまとめたものである。そこでは移民グループそれぞれに四つの情報を含んでおり、ネイティブとの比較からそれぞれの移民グループに関連した回帰係数を示している。それぞれの回帰係数は左から右に、対数尺で 1) 出生国で管理職や中間的職業よりもむしろ農業従事者であった父親を持つ「ありのまま」の確率、2) フランスで移民が就く職業を同時に統制した 1) の確率、3) 出生国で管理職や中間的職業よりも労働者や一般事務員の父親を持つ「ありのまま」の確率、4) フランスで移民が行う職業を 3) に統制した確率を含んでいる。

図 18 - 5 では、移民グループを管理職や中間的職業よりも農業従事者の父親をもつ確率について、同じ社会的グループのネイティブと比べて差異が大きい

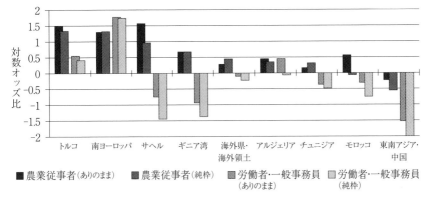

図18-5 出身国別のネイティブに対する移民の父親の職業（多項計算回帰係数）
出典：Enquête TeO.

方から小さい順に並べられている（対数オッズ比）。南ヨーロッパ出身の移民[5]と同様にトルコやサヘル出身移民は、フランスでの移民自身の職業を統制すると、その多くが管理職や中間職業よりも農業従事者である父親を持つことを確認するのは興味深い。反対に、東南アジアや中国の移民は、すべての移民グループの中で、農業従事者の父親を持つことが最も少ないグループである。いくつかの微妙な違いはあるが、この検討は管理職や中間職業よりも労働者や一般事務員の父親を持つことに関しても有効である。南ヨーロッパ出身移民は例外をなすが、トルコ出身の移民は最も一般事務員や労働者の父親を持つ確率が高く、東南アジアや中国出身移民はこのケースに最も当てはまらない。サヘル出身の移民の父親——この点ではギニア湾出身の移民とほとんど違いはない——が管理職よりも労働者や一般事務員である確立が最も低いのは、非常に多くの場合、出身地域が農村地帯であることから説明できる。

---

5) 南ヨーロッパ、主にポルトガル出身の移民の父親の職業は、とりわけ農村部の恵まれない出自を持つ。それにもかかわらず南ヨーロッパ出身の移民の子どもは低い学校成績に特徴づけられているわけではない。ほかにも考えられるだろうがこれは二つの仮説から説明できる。まず南ヨーロッパからの移民の流れは古くからあり、共同体の長年の存在は、それぞれの家族の居住期間を越えて、共同体の他の構成員のフランスの学校システムへの適応を助けるものであろう。さらにポルトガル系移民の子どもの場合、中学校卒業後の進路選択は相対的な学校での位置づけを著しく変えるものである。きわめて多くの場合、職業教育の進路を選択し、最終的に学校システムにおいて事実上、追放されたような地位を占めることになる。

出生国での移民の父親の職業というこの根本的な社会的属性を考慮に入れることは、フランスでの家族の社会的属性を考慮に入れた後にも存続するするさまざまな移民の子どもグループとネイティブの子どもグループの学校成績の差異をとりわけよく説明するものであろう。出身国での移民の父親の社会的地位とフランスでの移民の子どもの学校での地位の間には強い一致がみられる。学校で最も低く位置づけられる移民の子どものグループは、同様に親の出生国で農村地帯に暮らしている（トルコとサヘル）、また（もしくは）相対的に低い職業的地位にある家族出身であることが最も多い。そのため結果として、これらの家族は学校やそこでの成功と相対的に離れた地位ならびに能力を持つグループである。反対に子どもが学校で優秀なことが多い東南アジアや中国出身の移民は、多くの場合、出身社会において、都市の恵まれた、すなわち学校の世界とより近い社会的グループであることが多い。

5.　おわりに

　本章での分析から四つの主要な結果が引き出された。第1に、ここでの分析は先行研究で一貫して明らかにされてきたことを確認した。ネイティブの子どもと比べて移民の子どもの学校成績が良くないことは何よりも親の占める社会的地位によって説明できる。第2に、さまざまなグループが占める学校での相対的な地位は、小学校はじめから形成され、中学校卒業まで相対的に継続する。第3に、本章は「移民の子ども」カテゴリー内部に存在する異質性を研究する重要性を示した。親の出生国によって移民の子どもはネイティブの子どもとは多かれ少なかれ異なる多様な就学を経験する。トルコやサヘル、東南アジアと中国出身の移民の子どもはほとんど研究されてこなかったが、彼・彼女らの成績はネイティブの子どもと最も異なる。トルコとサヘル出身の移民の子どもは明らかに同じ社会環境で育ったネイティブの子どもよりも成績が低く、東南アジアや中国出身の移民の子どもは顕著に優れた成績を残していた。

　第4に、フランスにおける家族の社会経済的特徴を考慮に入れたあとに残る学校成績の差異を経験的に解釈したことは本章のもう一つの貢献である。移民の子どもグループ間の学校成績の差異についての説明は、フランスでの居住歴

や学校でのエスニックなセグレゲーション以上に、出生国における移民の社会的地位を考慮に入れなければならない。教育社会学は学校での不平等の生産における社会的地位の重要性を明らかにしてきた。移民（émigration/immigration）の社会学、特にサヤードは移住先社会における移民（émigrés/immigrés）の状況を理解するために彼・彼女らの出身社会での経験や属性を考慮に入れる必要性を説いている。これら二つの教えから、筆者は移民の子どもの学校における純粋な差異の解釈的仮説として、出身国における移民家族の社会的地位を考慮に入れることを重視した。不十分だとしても、この仮説を経験的に試験することは、トルコ、サヘル、アジア系移民の子どもの学校での地位の説明における、移住前の社会的属性の重要性を確認するものであろう。フランスで同等の社会環境にいる場合、トルコ系移民は他の移民グループよりも農村部の貧困家庭出身であることがとても多く、東南アジアや中国出身移民は社会的地位がより恵まれている家族出身である。

　近年の研究はこの結果を確認している。筆者（Ichou 2014b）は、出身国の人びとの状況との比較から、移民である親の相対的な教育レベルがもたらすフランスでの子どもの学校教育への影響を分析した。フランスとイギリスの比較研究では、出身国における移民の相対的な教育上の地位が、二つの国でのエスニックグループ間の学校成績の格差を説明することを明らかにした（Ichou 2015）。それぞれの国の生徒についての長期的な調査を利用することで、この研究は二つの国におけるグループ間の学校成績の階層化を描き出した。得られた結果はとりわけ、ネイティブの子どもに比べて、移民の子どもはフランスよりもイギリスで困難をより切り抜けていることを示している。グループ間に残余する学校成績の差異を説明する原理は同様に、学校での不平等の広がりが二つの国でどのように違うのかを説明するのに適切である。居住国における移民家族の特徴を考慮に入れると、出身国での移民の相対的な教育上の地位から、フランスとイギリス両国でグループによってマジョリティとの学校成績の格差が異なること、さらにはイギリスにおける移民子弟のよりよい成功を説明できる。

　このように教育システムの制度的な差異もしくは移民集団間の文化的な差異よりも、教育上の地位の遺産というより古典的なプロセスが作用しているようだ。移民である親の出身社会と受入社会それぞれにおける社会的属性や学歴に

第18章　移民の子どもの小学校入学から中学校卒業までの学業成績の差異　　*271*

よって、その子どもの学校成績の階層性の様態を考察することができる。

(村上　一基 訳)

参考文献

Alba Richard (2005), « Bright vs. blurred boundaries: Second-generation assimilation and exclusion in France, Germany, and the United States », *Ethnic and Racial Studies*, vol. 28(1), pp. 20-49.

荒井文雄 (2012),「フランスにおける学校選択行動の社会階層的類型——学区制廃止は教育の社会的不平等の解消に貢献するか？」園山大祐編『学校選択のパラドックス』勁草書房, 27-50 頁.

Arrighi Jean-Jacques (dir.) (2012), *Quand l'école est finie… Premiers pas dans la vie active d'une génération, enquête 2010*, CÉREQ., Marseille.

Bacqué M.-H. et Fol Sylvie (2007), « Effets de quartier : enjeux scientifiques et politiques de l'importation d'une controverse », dans Authier Jean-Yves, Bacqué Marie-Hélène, Guérin-Pace France (sous la dir.), *Le quartier Enjeux scientifiques, actions politiques et pratiques sociales*, La Découverte, pp. 181-193.

Bankston Carl L. and Zhou Min (1995), « Effects of Minority-Language Literacy on the Academic Achievement of Vietnamese Youths in New Orleans », *Sociology of Education*, Vol. 68(1), pp. 1-17.

Baron Myriam *et al.* (2007), « Des Universités en concurrence » dans Saint-Julien Thérèse et Le Goix Renaud (sous la dir.), *La métropole parisienne : centralités, inégalités, proximités*, Belin, pp. 65-88.

Barthon Catherine (1998), *Espaces et ségrégations scolaires l'exemple des enfants immigrés dans le collèges de l'Académie de Versailles*, Thèse de doctorat, Université de Poitiers.

Baudelot Christian et Establet Roger (1992), *Allez les filles !*, Seuil.

Baudelot C. et Establet R. (2000), *Avoir trente ans en 1968 et en 1998*, Seuil.

Baudelot C. et Establet R. (2009), *L'élistime républicain : L'école française à l'épreuve des comparaisons internationales*, Seuil.

Bautier Élisabeth (dir.) (2006), *Apprendre à l'école. Apprendre l'école. Des risques de construction d'inégalités dès l'école maternelle*, Chronique sociale.

Bautier É. et Rayou Patrick (2009), *Les inégalités d'apprentissage. Programmes, pratiques et malentendus scolaires*, PUF.

Beauchemin Cris, Hamel Christelle et Simon Patrick (eds.) (2016), *Trajectoires et origines. Enquête sur la diversité des populations en France*, INED.

Beaud Stéphane (1996), « Stage ou formation? Les enjeux d'un malentendu. Notes ethnographiques sur une Mission Locale de l'Emploi », *Travail et Emploi*, n° 67, pp. 67-89.

Beaud S.（1997），« Un temps élastique. Etudiants des "cités" et examens universi-taires », *Terrain*, n° 29, 1997, pp. 43-58.

Beaud S.（1999），« Un cas de sauvetage social : histoire d'une jeune précaire racon-tée par un conseiller de mission locale », *Travail et Emploi*, n° 80, pp. 77-89.

Beaud S.（2002），*80 % au bac… et après ? Les enfants de la démocratisation scolaire*, La Découverte.［渡辺一敏訳（2016）「バック取得率 80% から 30 年──学校教育民主化政策に関する考察」として園山大祐編『教育の大衆化は何をもたらしたか』勁草書房に要約が一部掲載，12-23 頁.]

Beaud S. et Masclet Olivier（2006），« Des « marcheurs » de 1983 aux « émeutiers » de 2005: Deux générations sociales d'enfants d'immigrés », *Annales: Histoire, Sciences sociales*, vol. 61（4），pp. 809-43.

Beaud S. et Pialoux Michel（1999），*Retour sur la condition ouvrière : Enquête aux usines Peugeot de Sochaux Monbéliard*, Fayard.

Beaud S. et Pialoux M.（2003），*Violences urbaines, violence sociale: Genèse des nou-velles classes dangereuses*, Hachette littératures.

Belhadj Marnia（2006），*La conquête de l'autonomie. Histoire de Françaises descen-dantes de migrants algériens*, Les Éditions de l'Atelier.

Ben Ayed Choukri（2015），*La mixité sociale à l'école: Tensions, enjeux, perspectives*, Armand Colin.

Bernet Éric（2009），« Antennes universitaires : quels effets sur les parcours étu-diants ? », *Carrefours de l'éducation*, 27, pp. 131-152.

Bernstein Basil（1971=1975），*Langage et classes sociales*, Les Éditions de Minuit.［萩原元昭編訳（1981）『言語社会化論』明治図書出版］

Bernstein B.（1975=2007），« Classes et pédagogies : visibles et invisibles », dans Deauvieau J., Terrail J.-P.（coord.），*Les sociologues, l'école et la transmission des savoirs*, La Dispute.［佐藤智美訳（1980）「階級と教育方法──目に見える教育方法と目に見えない教育方法」『教育と社会変動（上）』東京大学出版会，227-260 頁.]

Blanchard Marianne et Cayouette-Remblière Joanie.（2016），*La sociologie de l'école*, La Découverte.

Blaya Catherine（2010），*Décrochages scolaires. L'école en difficulté*, De Boeck.

Bloch M. Cécile et Gerde Bernard（dir.）（1998），*Les lycéens décrocheurs. De l'im-passe aux chemins de traverse*, Éditions Chronique Sociale.

Blossfeld Hans-Peter, Klijzing Erik, Mills Melinda et Kurz Karen（2005），*Globaliza-tion, Uncertainty and Youth in Society*, Routledge.

Bodin Romuald（2009a），« Les signes de l'élection. Repérer et vérifier la conforma-tion des dispositions professionnelles des élèves éducateurs spécialisés », *Actes de la recherche en sciences sociales*, n° 178, Seuil, pp. 80-87.

Bodin R. (2009b), *L'abandon en première année de licence à l'université de Poitiers*, Rapport final, SAFIRE/GRESCO (EA 3815), Université de Poitiers.

Bodin R., Orange Sophie (2013), « La barrière ne fera pas le niveau. La sélection à l' Université : une fausse solution à un problème mal posé », *Actes de la recherche en sciences sociales*, n° 199, Seuil, pp. 102-117.

Bonnéry Stéphane (2007), *Comprendre l'échec scolaire : Élèves en difficultés et dispositifs pédagogiques*, La Dispute.

Bonnéry S. (2011), Décrochage cognitif et décrochage scolaire, dans Glasman D. et Œuvrard F., *La déscolarisation*, La Dispute, pp. 147-161.

ボネリー，ステファン (2016),「学業困難は民主化政策にとって宿命か，それとも挑戦か？」園山大祐編『教育の大衆化は何をもたらしたか』勁草書房 , 201-215 頁.

Boudon Raymond (1973=1983), *L'inégalité des chances. La mobilité sociale dans les sociétés industrielles*, Armand Colin. ［杉本一郎，山本剛郎，草壁八郎訳『機会の不平等 産業社会における教育と社会移動』新曜社］

Bourdieu Pierre (1966), « L'école conservatrice », *Revue française de sociologie*, vol. VII, pp. 325-347.

Bourdieu P. (1979=1990), *La distinction : Critique sociale du jugement*, Les Éditions de Minuit. ［石井洋二郎 訳『ディスタンクシオン I 』『ディスタンクシオン II 』藤原書店］

Bourdieu P. (1986), « L'illusion biographique », *Actes de la recherche en sciences sociales*, n° 62, Seuil, pp. 69-72.

Bourdieu P. (1997=2009), *Méditations pascaliennes*, Seuil. ［加藤晴久 訳『パスカル的省察』藤原書店］

Bourdieu P. (2012), *Sur l'Etat Cours au Collège de France (1989-1992)*, Seuil.

Bourdieu P. et Passeron Jean-Claude (1964=1997), *Les héritiers : Les étudiants et la culture*, Les Éditions de Minuit. ［石井洋二郎監訳『遺産相続者たち—学生と文化』藤原書店］

Bourdieu P. et Passeron J-C. (1970=1991), *La reproduction : Éléments pour une théorie du système d'enseignement*, Les Éditions de Minuit. ［宮島喬 訳『再生産』藤原書店］

Bourdieu P. et Champagne Patrick (1992), « Les exclus de l'intérieur », *Actes de la recherhce en sciences sociales*, vol. 91-92, Seuil, pp. 71-75.

Bourdon Françoise, Duru-Bellat Marie, Jarousse Jean-Pierre, Peyron Christine, Rapiau Marie-Thérèse (1994) « Délocalisations universitaires. Le cas de Nevers », *Annales de la recherche urbaine*, 62-63, pp. 100-112.

Bouvier Gérard et Breem Yves (2014), « Démographie des descendants d'immigrés », *Info migration*, vol. 6.

Brinbaum Yaël et Kieffer Annick (2005), « D'une génération à l'autre, les aspirations éducatives des familles immigrées : ambition et persévérance », *Éducation et formations*, n° 72, MEN, pp. 53-75.

Brinbaum Y. et Kieffer A. (2009), « Les scolarités des enfants d'immigrés de la sixième au baccalauréat : différenciation et polarisation des parcours », *Population*, vol. 64, n° 3, INED, pp. 561-610.

Brinbaum Y. et Guégnard Christine (2012), « Parcours de formation et d'insertion des jeunes issus de l'immigration au prisme de l'orientation », *Formation Emploi*, n° 118, La documentation française, pp. 61-82.

Broccolichi Sylvain (2000), « Désagrégations des liens pédagogiques et situations de rupture », *VEI Enjeux*, n° 12, pp. 36-47.

Broccolichi S. et Larguèze Brigitte (1996). « Les sorties sans qualification moins de cinq ans après l'entrée au collège », *Éducation et formations*, n° 48, MEN, pp. 81-102.

Broccolichi S., Ben Ayed C. et Trancart Danièle (dir.) (2010), *École : Les pièges de la concurrence. Comprendre le déclin de l'école française*, La découverte.

Buisson Monique (2003), *La fratrie, le creuset des paradoxes*, L'Harmattan.

Caille Jean-Paul (1993), « Formes d'implication parentale et difficulté scolaire au collège », *Éducation et formations*, n° 36, MEN, pp. 35-45.

Caille, J-P. (2002), « Le Panel du premier degré recruté en 1997 », *Les compétences des élèves à l'entrée au cours préparatoire. Études réalisées à partir du panel d'écoliers recrutés en 1997*, Les dossiers évaluations et statistiques, vol. 132, MEN, pp. 15-21.

Caille J-P. (2005), « Le vécu des phases d'orientation en fin de troisième et de seconde », *Éducation et formations*, n° 72, MEN, pp. 77-99.

Caille J-P. (2007), « Perception du système éducatif et projets d'avenir des enfants d'immigrés », *Éducation et formations*, n° 74, MEN, pp. 117-142.

Caille J-P. et O'Prey Sophie (2003), « Les familles immigrées et l'école française : un rapport singulier qui persiste même après un long séjour », *Données sociales, 2002-2003*, Insee.

Caille J-P. et Rosenwald Fabienne (2006), « Les inégalités de réussite à l'école élémentaire : construction et évolution », *France, Portrait social*, Insee, pp. 115-137.

Calicchio Virginie et Mabilon-Bonfils Béatrice (2004), *Le conseil de classe est-il un lieu politique ? Pour une analyse des rapports de pouvoir dans l'institution scolaire*, L'Harmattan.

Cayouette-Remblière Joanie (2014), « Les classes populaires face à l'impératif scolaire », *Actes de la recherche en sciences sociales*, n° 205, Seuil, pp. 58-71.

Cayouette-Remblière J. (2015), « De l'hétérogénéité des classes populaires (et de ce que l'on peut en faire) », *Sociologie*, vol. 6, n° 4, pp. 377-400.

Cebolla-Boado Héctor (2006), « Ethnic disadvantage in the transition from lower to upper secondary education in France », *Mediterranean Journal of Educational Studies*, Vol. 11(1), pp. 1-29.

Chaib Sabah (1998), « Fratries et trajectoires scolaires », *Informations sociales*, vol. 67, pp. 90-95.

Chamboredon Jean-Calude et Prévot Jean (1973), « Le "métier d'enfant". Définition sociale de la prime enfance et fonctions différentielles de l'école maternelle », *Revue française de sociologie*, vol. XIV, pp. 295-335.

Chauvel Louis (1998a), « La seconde explosion scolaire », *Revue de l'OFCE*, n° 66, pp. 5-36.

Chauvel L. ([1998b] 2010), *Le destin des générations. Structure sociale et cohortes en France au XXe siècle*, PUF, 2e éd. revue et augmentée 2010.

Chauvel L. (2016), *La spirale du déclassement*, Seuil.

Cheshire Paul (2009), « Policies for Mixed Communities », *International Regional Science Review*, 32(3), pp. 343-375.

中力えり (2012),「フランス共和国とエスニック統計――移民の統合と平等をどう実現するか」宮島喬他編『公正な社会とは――教育，ジェンダー，エスニシティの視点から』人文書院，pp. 100-17.

Clerc Paul (1964a), « La famille et l'orientation scolaire au niveau de la sixième. Enquête de juin 1963 dans l'agglomération parisienne », *Population*, vol. 19(4), INED, pp. 627-672.

Clerc P. (Girard Alain)(1964b), « Nouvelles données sur l'orientation scolaire au moment de l'entrée en sixième. II. Les élèves de nationalité étrangère », *Population*, vol.19(5), INED, pp. 865-872.

Commission européenne (2001), *Les objectifs concrets futurs des systèmes d'éducation*, Rapport de la Commission, Commission européenne.

Compère Marie-Madeleine (1985), *Du collège au lycée (1500-1850)*, Gallimard/Julliard.

Coulon Alain (1997), *Le métier d'étudiant*, PUF.

Coulon A. (2005), *Le métier d'étudiant: l'entrée dans la vie universitaire*, Économica.

Cucca Roberta and Ranci Costanzo (2016), *Unequal Cities, The Challenge of Post-Industrial Transition in Times of Austerity*, Routledge.

Darmon Muriel (2001), « La socialisation entre famille et école : observation d'une classe de première année de maternelle », *Sociétés et représentations*, n° 11, pp. 515-538.

Davy Anne-Claire (2005), « Le logement étudiant en Île-de-France : développer une offre diversifiée », *Les cahiers de l'IAURIF*, 143, pp.161-174.

De Berny Corinne (2005), « Les équipements universitaires en Île-de-France : services de proximité et pôles de développement économique et social », *Les cahiers de l'IAURIF*, 143, pp. 7-13.

De Berny C. (2008a), « Le logement étudiant à travers l'enquête Conditions de vie 2006 », *Note rapide IAU*, (455).

De Berny C. (2008b), Les étudiants franciliens inscrits en université : origine sociale, cursus et modes de vie, *Etude de l'IAU*.

Deauvieau Jérôme (2009), *Enseigner dans le secondaire. Les nouveaux professeurs face aux difficultés du métier*, La Dispute.

Delcroix Catherine ([2001] 2013), *Ombres et lumières de la famille Nour. Comment certains résistent face à la précarité*, Payot.

DEP (1972), *Note d'information*, n° 72-32, MEN, 10 novembre 1972.

DEP (1996), *Panels de bacheliers 1996*, MEN

DEP (1997), « L'enseignement adapté du second degré en 1996-97 », *Note d'information*, n° 97-46, décembre, MEN.

DEPP (2009), *Repères et références statistiques sur les enseignements et la formation*, Ministère de l'éducation nationale.

DEPP (2010), « Les bacheliers du panel 1995 : évolution et analyse des parcours », *Note d'information*, n° 10.13, septembre, MEN.

DEPP (2012), *Repères et références statistiques sur les enseignements et la formation*, Ministère de l'éducation nationale.

DEPP (2014), *Repères et références statistiques sur les enseignements et la formation*, Ministère de l'éducation nationale.

DEPP (2015a), « En forte baisse depuis trente ans, le retard à l'entrée en CE2 reste très dépendant du milieu social de l'élève. Comparaison des panels 1978, 1997 et 2011 », *Note d'information*, n° 23, juillet, MEN.

DEPP (2015b), *Repères et références statistiques sur les enseignements et la formation*, Ministère de l'éducation nationale.

DEPP (2016a), *Repères et références statistiques sur les enseignements et la formation*, Ministère de l'éducation nationale.

DEPP (2016b), *L'Etat de l'école*, Ministère de l'éducation nationale.

DEPP (2017), « Le baccalauréat 2017 », *Note d'information*, n° 17.18, juillet, MEN.

Derouet Jean-Louis (2003), « L'avenir d'une illusion ou Comment refonder le projet du collège unique dans une société postmoderne », dans Derouet J.-L. (s.dir), *Le collège unique en question*, PUF, pp. 1-28.

Desgroppes Nicole (1997), « L'école maternelle : une approche des processus interactifs de différenciation en grande section », *Revue française de pédagogie*, n° 119, pp. 27-38.

Desplanques Guy（1981）, « La chance d'être aîné », *Économie et statistique*, vol. 137, Insee, pp. 53-56.

Douat Étienne（2001）, *L'école buissonnière*, La Dispute.

Douat É.（2012）, « Ouvrir ou protéger le collège : de quelques paradoxes des collèges de secteurs populaires dans les années 2000 », *Sociologies pratiques*, n° 25, pp. 35-46.

Dubet François（1994）, « Dimensions et figures de l'expérience étudiante dans l'université de masse », *Revue française de sociologie*, vol. 35, n° 4, pp. 511-532.

Dubet F. et Martuccelli Danilo（1996）, *À l'école : Sociologie de l'expérience scolaire*, Seuil.

Dubet F. et Duru-Bellat Marie（2000）, *L'hypocrisie scolaire. Pour un collège enfin démocratique*, Seuil.

Dubet F., Duru-Bellat M. et Vérétout Antoine（2010）, *Les sociétés et leur école, Emprise du diplôme et cohésion sociale*, Seuil.

Dubet F. et Merle Pierre（2016）, *Réformer le collège*, PUF.

Duée Michel（2006）, « Chômage parental de longue durée et échec scolaire des enfants », *Données sociales*, Insee, pp. 157-161

Dunn Judy et Plomin Robert（1992）, *Frères et sœurs si différents. Les vies distinctes dans la famille*, Nathan.

Dupont Pol, Ossandon Marcello（1994）, *La pédagogie universitaire*, Que sais-je, PUF.

Durkheim Émile（1893=2004）, *Le suicide*, Paris, PUF.［宮島喬訳（1985）『自殺論』中公文庫］

Durkheim É.（1895=1999）, *Les règles de la méthode sociologique*, Paris, PUF.［宮島喬訳（1978）『社会学的方法の基準』岩波文庫］

Duru-Bellat M.（2002）*Les inégalités sociales à l'école*. Genèse et mythes, PUF.

Duru-Bellat M. et Mingat Alain（1988a）, « Le déroulement de la scolarité au collège : le contexte "fait des différences" ». *Revue française de sociologie*, vol. 29, pp. 649-666.

Duru-Bellat M. et Mingat A.（1988b）, « De l'orientation en fin de cinquième au fonctionnement du collège. 2-Progression, notation, orientation : l'impact du contexte de "scolarisation" », *Cahiers de l'IREDU*, n° 45.

Duru-Bellat M. et Mingat A.（1997）, « La constitution de classes de niveau dans les collèges: les effets pervers d'une pratique à visée égalisatrice », *Revue française de sociologie*, vol. 38(4), pp. 759-789.

Duru-Bellat M. et Kieffer Annick（2008）, « Du baccalauréat à l'enseignement supérieur en France : déplacement et recomposition des inégalités », *Population*, vol. 63, INED, pp. 123-157.

Duru-Bellat M. et Van Zanten Agnès（[1992] 2012）, *Sociologie de l'école*, Troisième édition actualisée, Armand Colin.

Elias Norbert（1985）, « Remarques sur le commérage », *Actes de la recherche en sciences sociales*, n° 60, Seuil, pp. 23-29.

Elias N. et Scotson John Lloyd（1965）, *The Established and the Outsiders. A Sociological Enquiry into Community Problems*, Frank Cass & Co.［大平章訳（2009）『定着者と部外者──コミュニティの社会学』法政大学出版局］

Erlich Valérie（1998）, *Les nouveaux étudiants: Un groupe social en mutation*, Armand Colin.

Establet Roger（1987）, *L'école est-elle rentable ?*, PUF.

Esterle-Hedibel Maryse（2007）, *Les élèves transparents*, Presses universitaires du Septentrion.

Faure Laurence（2009）, « Les effets de la proximité sur la poursuite d'études supérieures : le cas de l'Université de Perpignan », *Education et sociétés*, 2009/2 n° 24, pp. 93-108.

Felouzis George（2001）, « Les délocalisations universitaires et la démocratisation de l'enseignement supérieur », *Revue française de pédagogie*, 136(1), pp. 53-63.

Felouzis G.（2003）, « La ségrégation ethnique au collège et ses conséquences », *Revue française de sociologie*, vol. 44(3), pp. 413-447.

Felouzis George, Liot Françoise et Perroton Joëlle（2005）, *L'apartheid scolaire. Enquête sur la ségrégation ethnique dans les collèges*, Seuil.

Ferrand Michèle, Imbert Françoise et Marry Catherine（1999）, *L'excellence scolaire : Une affaire de familles. Le cas des normaliennes et normaliens scientifiques*, L'Harmattan.

Figueiredo Cristina（2014）, « La famille au risque de la souffrance psychique et de la déscolarisation », *Le Télémaque*, 2014/2, n° 46, pp. 73-85.

Florin Agnès, Braun-Lamesch Mary-Madeleine, Bramaud Du Boucheron Geneviève（1985）, *Le Langage à l'école maternelle*, Mardaga.

Fortin Laurier et Picard Yvon（1999）, « Les élèves à risque de décrochage scolaire : facteurs discriminants entre décrocheurs et persévérants », *Revue des sciences de l'éducation*, Volume 25, numéro 2, pp. 359-374.

François Jean-Christophe et Poupeau Frank（2008）, *Le sens du placement : Ségrégation résidentielle et ségrégation scolaire*, Raisons d'agir.［京免徹雄・小林純子訳（2012）「就学実践の社会空間的決定因──パリの中学校に適用される統計的モデル化の試み」として園山大祐編『学校選択のパラドックス』勁草書房に要約が一部掲載, 117-154頁］

François J.-C. et al.（2011）, *Les disparités de revenus des ménages franciliens. Ana-*

lyse de l'évolution entre 1999 et 2007, UMR Géographie-cités.

Gasq Paul-Olivier, Pirus Claudine (2017), « Après leur entrée en sixième en 2007, près de quatre élèves de Segpa sur dix sortent diplômés du système éducatif », *Note d'information*, DEPP, n° 02, janvier, MEN.

Gaxie Daniel (1978), *Le cens caché. Inégalités culturelles et ségrégation politique*, Seuil.

Gaxie D. (2007), « Cognition, "auto-habilitation" et pouvoirs des citoyens. », *Revue française de science politique*, vol. 57, n° 6, pp. 737-757.

Geer Blanche (1968), "Teaching", *International Encyclopedia of the Social Science*, vol. 15, Collier-Macmillan, pp. 560-565. (dans Forquin Jean-Claude (1997), *Les sociologues de l'éducation américains et britanniques*, De Boeck Université, pp. 285-298.)

Géhin Jean-Paul, Palheta Ugo (2012), « Les devenirs socioprofessionnels des sortants sans diplôme. Un état des lieux dix ans après la sortie du système éducatif (1998-2008) », *Formation Emploi*, n° 118, La documentation française, pp. 15-35.

Glasman Dominique et Œuvrard Françoise (dir) (2004=2011), *La déscolarisation*, La Dispute.

Goffman Erving Stigmate (1963=1975), *Les usages sociaux des handicaps*, Les Éditions de Minuit. [石黒 毅 (2001)『スティグマの社会学——烙印を押されたアイデンティティ』せりか書房；改訂版]

Goigoux Roland (2000), *Les élèves en grande difficulté de lecture et les enseignements adaptés*, Rapport de recherche, Ministère de l'Education nationale, éditions du CNEFEI.

Gordon Milton M. (1964), *Assimilation in American Life : The Role of Race, Religion and National Origins*, Oxford University Press. [倉田和四生・山本剛郎訳編 (2000)『アメリカンライフにおける同化理論の諸相——人種・宗教および出身国の役割』晃洋書房]

Goux Dominique et Maurin Éric (1997), « Démocratisation de l'école et persistance des inégalités », *Économie et Statistique*, n° 306, Insee, pp. 27-39.

Goux D. et Maurin É. (2000), « La persistance du lien entre pauvreté et échec scolaire », dans *France. Portrait social 2000/2001*, Insee, pp. 87-98.

Gouyon Marie (2006), « Une chambre à soi : un atout dans la scolarité ? », *Données sociales*, Insee, pp. 163-167

GRDS (2012), *L'école commune. Propositions pour une refondation du système éducatif*, La Dispute.

Grignon Claude (1971), *L'ordre des choses*, Les Éditions de Minuit.

Grignon C. et Passeron J.-C. (1989), *Le savant et le populaire*, Seuil/Gallimard.

Guénif-Souilamas Nacira (2000), *Des "beurettes" aux descendantes d'immigrants nord-africains*, Grasset/Le Monde.

Guénif-Souilamas N. et Macé Éric (2004), *Les féministes et le garçon arabe*, Édition de l'Aube.

Guignard-Hamon Claire (2005), « Les étudiants et leurs universités en Île-de-France : un champ social contrasté », *Les cahiers de l'IAURIF*, n° 143, pp. 67-75.

Guilluy Christophe (2016), *Le crépuscule de la France d'en haut*, Flammarion.

Hajjat Abdellali (2013), *La Marche pour l'égalité et contre le racisme*, Amsterdam.

Heim Arthur, Steinmetz Claire, Tricot André (2015), *Faut-il encore redoubler ?*, Canopé.

Héran François (1994), « L'aide au travail scolaire : les mères persévèrent », *Insee Première*, n° 350.

Hervieu-Léger Danièle (1999), *Le pèlerin et le converti, La religion en mouvement*, Flammarion

Ho Daniel E., Imai Kosuke, King Gary and Stuart Elizabeth A. (2007), « Matching as Nonparametric Preprocessing for Reducing Model Dependence in Parametric Causal Inference », *Political Analysis*, Vol. 15(3), pp. 199-236.

Hoggart Richard (trad. J-C.Passeron) (1970=1957), *La culture du pauvre. Étude sur le style de vie des classes populaires en Angleterre*, Les Éditions de Minuit. [香内三郎訳 (1986) 『読み書き能力の効用』 晶文社アルヒーフ]

Hugrée Cédric (2009), « Les classes populaires et l'université : la licence… et après ? », *Revue française de pédagogie*, n° 167, pp. 47-58.

Hugrée C. (2010), L'échappée belle : Parcours scolaires et cheminements professionnels des étudiants d'origine populaire diplômés de l'université (1970-2010), Université de Nantes. Thèse de doctorat.

Hugrée C. (2015), « De "bons" élèves ? Comment décroche-t-on une licence à l'université », *Regards croisés sur l'économie*, n° 16, La Découverte, pp. 51-68.

Ichou Mathieu (2013a), « Différences d'origine et origine des différences : les résultats scolaires des enfants d'émigrés/immigrés en France du début de l'école primaire à la fin du collège », *Revue française de sociologie*, vol.54(1), pp. 5-52.

Ichou M. (2013b), « Les trajectoires scolaires des enfants d'immigrés en France : bilan des connaissances et pistes de recherche », *Diversité VEI*, vol. 172, Canopé, pp. 134-139.

Ichou M. (2014a), *Les origines des inégalités scolaires. Contribution à l'étude des trajectoires scolaires des enfants d'immigrés en France et en Angleterre*, Sciences Po, Thèse de doctorat en sociologie.

Ichou M. (2014b), « Who They Were There: Immigrants' Educational Selectivity and Their Children's Educational Attainment », *European Sociological Review*, vol. 30(6), pp. 750-765.

Ichou M. (2015), « Origine migratoire et inégalités scolaires : étude longitudinale des résultats scolaires des descendants d'immigrés en France et en Angleterre », *Revue française de pédagogie*, vol. 191, pp. 29-46.

Ichou M. et Oberti M. (2014), « Le rapport à l'école des familles déclarant une origine immigrée : enquête dans quatre lycées de la banlieue populaire », *Population*, vol. 69(4), INED, pp. 617-658.

Ichou M. et Van Zanten A. (2014), « France », in P. a. J. Stevens and G. A. Dworkin (eds.) *The Palgrave Handbook of Race and Ethnic Inequalities in Education*, Palgrave, pp. 328-364.

Insee et Ined (1992), *Efforts d'éducation des familles*.
(https://www.cmh.ens.fr/greco/enquetes/XML/lil.php?lil=lil-0096)

Insee (2003), *Éducation et Famille*.
(https://www.insee.fr/fr/statistiques/2569726?sommaire=2569728)

伊藤るり (1998),「国際移動とジェンダーの再編——フランスのマグレブ出身移民とその家族をめぐって」『思想』886(4), 60-88 頁.

Janosz Michel, Le Blanc Marc, Boulerice Bernard, Tremblay Richard E. (2000), "Predicting different types of school dropouts a typological approach with two longitudinal samples", *Journal of Educational Psychology*, 92(1), pp. 171-190.

Joigneaux Christophe (2009), « La construction de l'inégalité scolaire dès l'école maternelle », *Revue française de pédagogie*, n° 169, pp. 17-28.

Jullien Marc-Antoine (1817=1962), *Esquisse et vues préliminaires d'un ouvrage sur l'éducation comparée et séries de questions sur l'éducation*, IBE, 園山大祐監訳 (2011)『比較教育』文教大学出版部, 143-184 頁.

香川めい, 児玉英靖, 相澤真一 (2014)『〈高校当然社会〉の戦後史』新曜社.

梶田孝道 (2005),「EU における人の国際移動——移民とイスラームを中心にして」梶田孝道編『新・国際社会学』名古屋大学出版会, 114-36 頁.

Kakpo Nathalie (2007), *L'islam, un recours pour les jeunes*, Presse de Sciences Po.

Kerlan Alain (2003), Parcours diversifiés, travaux croisés, itinéraires de découverte : le collège unique en trompe l'œil ?, dans Derouet Jean-Louis (s.dir), *Le collège unique en question*, PUF, pp. 134-147.

京免徹雄 (2015),『フランスの学校教育におけるキャリア教育の成立と展開』風間書房.

Laacher Smaïn (1990), « L'école et ses miracles. Note sur les déterminants sociaux des trajectoires scolaires des enfants de familles immigrées », *Politix*, vol. 3(12), pp. 25-37.

Laacher S. (2005), *L'institution scolaire et ses miracles*, La Dispute.

Lagrange Hugues (2010), *Le déni des cultures*, Seuil.

Lahire Bernard (1994), « Les raisons de l'improbable : les formes populaires de la "réussite" à l'école élémentaire », dans Vincent G. (ed.), *L'éducation prisonnière de la forme scolaire ? Scolarisation et socialisation dans les sociétés industrielles*, Presses universitaires de Lyon, pp. 73-106.

Lahire B. (collab. M. Millet, E. Pardell) (1997), *Les manières d'étudier*, La documentation française.

Lahire B. (2001), « La construction de l'autonomie à l'école primaire: entre savoirs et pouvoirs », *Revue française de pédagogie*, n° 135, pp. 151-161.

Lahire B. (2005), « Fabriquer un type d'homme "autonome" : analyse des dispositifs scolaires. », dans *L'Esprit sociologique*, La Découverte, pp. 322-347.

Lahire B. (2008), « L'inégale réussite scolaire des garçons et des filles de milieux populaires. Une piste de recherche concernant l'écriture domestique », dans *La raison scolaire. École et pratiques d'écriture, entre savoir et pouvoir*, PUR, pp. 151-160

Landrier Séverine et Nakhili Nadia (2010), « Comment l'orientation contribue aux inégalités de parcours scolaires en France », *Formation emploi*, n° 109, La documentation française, pp. 23-36.

Langevin Annette (1990), « Frère et sœur, à chacun son récit, à chacun sa famille », *Le groupe familial*, vol. 126(1), pp. 59-64.

Lapeyronnie Didier (2008), *Ghetto urbain : ségrégation, violence, pauvreté en France aujourd'hui*, Robert Laffont.

Lapostolle Guy (2005), « L'orientation au collège depuis les années 1980 : un problème de choix politique entre deux formes de démocratisation », *L'orientation scolaire et professionnelle*, n° 34/4, pp. 415-438.

Laurens Jean-Paul (1992), *1 sur 500. La réussite scolaire en milieu populaire*, Presses universitaires du Mirail.

Le Pape Marie-Clémence et Van Zanten A. (2009) « Les pratiques éducatives des familles », dans Duru-Bellat M. et Van Zanten A. (eds.), *Sociologie du système éducatif. Les inégalités scolaires*, PUF, pp. 185-205.

Lecigne André (1998), « Les représentations de l'élève signalé chez les maîtres. Perspectives psychosociales », *Psychologie et Éducation*, n° 32, pp. 61-78.

Lee Patrick (1996), « Cognitive Development in Bilingual Children : A Case For Bilingual Instruction in Early Childhood Education », *The Bilingual Research Journal*, vol.20(3/4), pp. 499-522.

Lemêtre Claire, Orange Sophie (2016) « Les ambitions scolaires et sociales des lycéens ruraux », *Savoir/Agir*, n° 37, éditions du croquant, pp. 63-69.

Lepoutre David (2001=1997), *Cœur de banlieue : Codes, rites et langages*, Odile Jacob.

Lhommeau Bertrand et Simon Patrick（2010），« Les populations enquêtées », Beauchemin Chris, Hamel Christelle et Simon P. (eds.), *Trajectoires et Origines. Enquête sur la diversité des populations en France. Premiers résultats.* Documents de travail, n° 168, INED, pp. 11-18.

Lignier Wilfried, Pagis Julie（2012），« Quand les enfants parlent l'ordre social », Enquête sur les classements et jugements enfantins, *Politix*, n° 99, pp. 23-49.

Luc Jean-Noël（1997），*L'invention de la petite enfance au XIXe siècle. De la salle d' asile à l'école maternelle*, Belin.

Mangeney Catherine（2005），« La mobilité liée aux études des Franciliens inscrits dans l'enseignement supérieur en 1999 », *Les cahiers de l'IAURIF*, n° 143, pp. 133-141.

Masclet Olivier（2006），*La gauche et les cités. Enquête sur un rendez-vous manqué*, La Dispute,（2e édition）.

Maulini Olivier et Perrenoud Philippe（2005），« La forme scolaire de l'éducation de base : tensions internes et évolutions » dans Maulini O., Montandon Cléopâtre (eds.), *Les formes de l'éducation : Variété et variations*, De Boeck.

Maurin Éric（2002），*L'égalité des possibles. La nouvelle société française*, Seuil.

Maurin É.（2004），*Le ghetto français. Enquête sur le séparatisme social*, Seuil.

McDowell Linda（2000），« The Trouble with Men? Young People, Gender Transformations and the Crisis of Masculinity », *International Journal of Urban and Regional Studies*, vol. 24(1), pp. 201-209.

Merle Pierre（2003），Notation et orientation des élèves au collège : Critères et enjeux, dans Derouet Jean-Louis (s.dir), *Le collège unique en question*, PUF, pp. 67-78.

Merle P.（2005），*L'élève humilié : l'école un espace de non droit*, PUF.

Merle P.（2007），*Les notes. Secrets de fabrication*, PUF.

Merle P.（2009=2017），*La démocratisation de l'enseignement*, La Découverte.

Merton Robert（1997=1957），*Eléments de théorie et de méthode sociologique*, Armand Colin.

Migeot-Alvarado Judith（2003），Le rôle des familles, dans Derouet Jean-Louis (s. dir), *Le collège unique en question*, PUF, pp. 339-352.

Millet Mathias et Croizet Jean-Claude（2016a），*L'école des incapables ? La maternelle, un apprentissage de la domination*, La Dispute.

Millet M. et Croizet J.-C.（2016b），« L'école maternelle comme première expérience de l'inégalité culturelle », *Diversité VEI*, n° 183, Canopé, pp. 29-34.

Millet M. et Thin Daniel（2005），*Ruptures scolaires. L'école à l'épreuve de la question sociale*, PUF.［小林純子訳（2016）「学校離れを生みだすもの」園山大祐編『教育の大衆化は何をもたらしたか』勁草書房に要約が一部掲載，80-98 頁。］

Millet M., Thin D. (2011=2004), « La "déscolarisation" comme parcours de disqualification symbolique », dans Glasman D., Œuvrard F. (dir.), *La déscolarisation*, La Dispute, pp. 281-294.

MEN (1985), *Déroulement du premier cycle universitaire et la section du baccalauréat*, Juin 1985, Ministère de l'éducation nationale.

MEN-ESR (2016), « Parcours et réussite aux diplômes universitaires : les indicateurs de la session 2015 » *Note Flash*, N° 15 Novembre, Ministère de l'éducation nationale et de l'enseignement supérieur et de la recherche.

Mohammed Marwan (2007), « Fratries, collatéraux et bandes de jeunes », Mohammed M. et Mucchielli Laurent (eds.), *Les bandes de jeunes. Des blousons noirs à nos jours*, La Découverte, pp. 97-122.

Montmasson-Michel Fabienne (2011), *Les langages de l'école maternelle. Une approche sociologique de la question langagière à la petite enfance*, Mémoire de Master 2 de sociologie sous la direction de Mathias Millet, Université de Poitiers.

Morel Stanislas (2012), « Les professeurs des écoles et psychologie. Les usages sociaux d'une science appliquée », *Sociétés contemporaines*, n° 85, 2012/1, pp. 133-159.

Mouw Theodore and Xie Yu (1999), « Bilingualism and the Academic Achievement of First- and Second-Generation Asian Americans : Accommodation with or without Assimilation? », *American Sociological Review*, vol. 64(2), pp. 232-252.

森千香子 (2013),「「人権の国」で許容されるレイシズムとは何か？」小林真正編『レイシズムと外国人嫌悪』明石書店，148-55 頁.

森千香子 (2016),『排除と抵抗の郊外――フランス〈移民〉集住地域の形成と変容』東京大学出版会.

村上一基 (2016),「フランス・パリ郊外におけるムスリム移民家族の教育実践――社会統合とアイデンティティ」園山大祐編『教育の大衆化は何をもたらしたか』勁草書房，234-56 頁.

Nafti-Malherbe Catherine (2006), *Les discriminations positives à l'école. Entre relégation et socialisation*, Editions Cheminements.

Ndiaye Pap (2008), *La condition noire : Essai sur une minorité française*, Calmann-Lévy.

Nicourd Sandrine, Samuel Olivia et Vilter Sylvie (2011), « Les inégalités territoriales à l'université : effets sur les parcours des étudiants d'origine populaire », *Revue française de pédagogie*, 176(3), pp. 27-40.

Noiriel Gérard ([1988] 2006), *Le Creuset français : Histoire de l'immigration, XIXe-XXe siècle*, Seuil,.［大中一彌・川﨑亜紀子・太田悠介訳 (2015)『フランスという坩堝（るつぼ）――一九世紀から二〇世紀の移民史』法政大学出版局］

夏目達也（2016），「フランスの大学における学生のキャリア形成・就職の支援」『名古屋高等教育研究』第16号，111-132頁.

Oberti Marco（2005），« Différenciation sociale et scolaire du territoire : inégalités et configurations locales », *Sociétés contemporaines*, 59-60, pp. 13-42.［荒井文雄訳（2012）「居住地域の社会的・教育的差異化」園山大祐編『学校選択のパラドックス』勁草書房，155-190頁］

Oberti M.（2007），*L'école dans la ville : Ségrégation - mixité - carte scolaire*, Presses de Sciences Po.

Oberti M.（2013），« Politique "d'ouverture sociale", ségrégation et inégalités urbaines: le cas de Sciences Po en Ile-de-France », *Sociologie*, 2013/3 vol. 4, pp. 269-289.

Œuvrard Françoise（1979），« Démocratisation ou élimination différée ? », *Actes de la recherhce en sciences sociales*, vol. 30, Seuil, pp. 87-97.

大前敦巳・園山大祐（2015），「フランス──学力二極化に対する共和国の挑戦」志水宏吉・山田哲也編『学力格差是正策の国際比較』岩波書店，121-147頁.

小内透（1995），『再生産論を読む』──バーンスティン，ブルデュー，ボールズ＝ギンティス，ウィリスの再生産論』東信堂.

Orange Sophie（2010），« Le choix du BTS. Entre construction et encadrement des aspirations des bacheliers d'origine populaire », *Actes de la recherche en sciences sociales*, n° 183, Seuil, pp. 32-47.［田川千尋訳（2016）「上級技術者証書（BTS）という選択」園山大祐編『教育の大衆化は何をもたらしたか』勁草書房，24-50頁.］

Orange S.（2013），*L'autre enseignement supérieur*, PUF.

Oris Michel, Brunet Guy, Widmer Éric et Bideau Alain（eds.）（2007），*Les fratries, une démographie sociale de la germanité*, Peter Lang.

OVE（Observatoire de la vie étudiante：学生生活調査センター）（http://www.ove-national.education.fr/）

Palheta Ugo（2011），« Le collège divise. Appartenance de classe, trajectoires scolaires et enseignement professionnel », *Sociologie*, n° 4, pp. 363-386.

Palheta, U.（2012），*La domination scolaire. Sociologie de l'enseignement professionnel et de ses publics*, PUF.

Pasquali Paul（2010），« Les déplacés de l' "ouverture sociale" », *Actes de la recherche en sciences sociales*, n° 183, Seuil, pp. 86-105.

Pasquali P.（2014），*Passer les frontières sociales. Comment les grandes écoles ouvrent leur portes*, Fayard.

Passeron Jean-Claude（1990），« Biographies, flux, itinéraires, trajectoires », *Revue française de sociologie*, 31-1, pp. 3-22.

ペリエ，ピエール（P. Périer）（村上一基訳）（2016），「庶民階層の親と学校」園山大祐編『教育の大衆化は何をもたらしたか』勁草書房，216-233頁.

Petit Jean (1972), *Les enfants et adolescents inadaptés*, Armand Colin.

Peugny Camille (2007), « Éducation et mobilité sociale : la situation paradoxale des générations nées dans les années 1960 », *Économie et Statistique*, n° 410, Insee, pp. 23-45.

Peugny C. (2009), *Le déclassement*, Grasset.

Peugny C. (2013), *Le destin au berceau. Inégalités et reproduction sociale*, Seuil

Poliak Claude (2011), « Diplômes tardifs et titres honorifiques », dans Millet M., Moreau G., *La société des diplômes*, La Dispute, pp. 67-80.

Portes Alejandro and Schauffler Richard (1994), « Language and the Second Generation : Bilingualism Yesterday and Today », *International Migration Review*, vol. 28(4), pp. 640-661.

Poullaouec Tristan (2004), « Les familles ouvrières face au devenir de leurs enfants », *Economie et statistique*, n° 371, Insee, pp. 3-22.

Poullaouec T. (2005), *La Grande transformation. Familles ouvrières, école et insertion professionnelle (1960-2000)*, Université de Versailles-Saint-Quentin-en-Yvelines, Thèse de doctorat.

Poullaouec T. (2010), *Le diplôme, arme des faibles. Les familles ouvrières et l'école*, La Dispute.

Poullaouec T. et Lemêtre Claire (2009), « Retours sur la seconde explosion scolaire », *Revue française de pédagogie*, n° 167, pp. 5-11.

Préteceille Edmond (1995), « Division sociale de l'espace et globalisation. Le cas de la métropole parisienne », *Sociétés contemporaines*, n° 22(1), pp. 33-67.

Préteceille E. (2003), *La division sociale de l'espace francilien*, Observatoire sociologique du changement.

Préteceille E. (2009), « La ségrégation ethno-raciale a-t-elle augmenté dans la métropole parisienne ? », *Revue française de sociologie*, vol. 50(3), pp. 489-519.

Prost Antoine (1985), « "Travaillez, sinon vous serez orientés" : essai sur les difficultés actuelles des collèges et lycées français », *The French Review*, vol. 58, no 6, pp. 793-804.

プロ, アントワンヌ（A. Prost）（渡辺一敏訳）（2016),「学校と社会階層」園山大祐編『教育の大衆化は何をもたらしたか』勁草書房，99-123 頁.

Rhein Catherine (1994), « La division sociale de l'espace parisien et son évolution (1954-1975) » dans Jacques Brun et C. Rhein (sous la dir.), *La ségrégation dans la ville*, L'Harmattan, pp. 229-257.

Richard-Bossez Ariane (2015), *La construction sociale et cognitive des savoirs à l'école maternelle. Entre processus différenciateurs et moments de démocratisation*, Thèse de sociologie sous la direction de Nicole Ramognino et Philippe Vitale, Université d'Aix-Marseille.

Rochex Jean-Yves (1997), « Les ZEP : un bilan décevant », in Jean-Pierre Terrail (dir.), *La scolarisation de la France. Critique de l'état des lieux*, La Dispute, pp. 123-140.

Romainville Marc (2004), « L'apprentissage chez les étudiants », in Coordonné par Emmanuelle Annoot et Marie-Françoise Fave-Bonnet, *Pratiques pédagogiques dans l'enseignement supérieur : Enseigner, apprendre, évaluer*, L'Harmattan, pp. 129-142.

Rose Damaris et Séguin Anne-Marie (2007), Les débats sur les effets de quartier : que nous apprennent les approches centrées sur les réseaux sociaux et le capital social ? dans Jean-Yves Authier, Marie-Hélène Bacqué, France Guérin-Pace (sous la dir.), *Le quartier Enjeux scientifiques, actions politiques et pratiques sociales*, La Découverte, pp. 217-228.

Roy Olivier (2002), *L'islam mondialisé*, Seuil.

Rumberger Russell. W. (1995), « Dropping out of middle school: A multilevel analysis of students and Schools », *American Educational Research Journal*, 32, pp. 583-625.

Sabouret Jean-François et Sonoyama Daïsuké (dir.) (2008), *Liberté, inégalité, individualité. La France et le Japon au miroir de l'éducation*, CNRS. ［園山大祐, ジャン＝フランソワ・サブレ編 (2009)『日仏比較　変容する社会と教育』明石書店］

Santelli Emmanuelle (2001), *La mobilité sociale dans l'immigration. Itinéraires de réussite des enfants d'origine algérienne*, Presses universitaires du Mirail.

Santelli E. (2007), *Grandir en banlieue. Parcours et devenir de jeunes Français d'origine maghrébine*, Ciemi.

Santelli E. (2016), *Les descendants d'immigrés*, La Découverte.

Sauvadet Thomas (2006), *Le capital guerrier. Concurrence et solidarité entre jeunes de cité*, Armand Colin.

Sayad Abdelmalek (1977), « Les trois "âges" de l'émigration algérienne en France », *Actes de la recherche en sciences sociales*, vol. 15(1), Seuil, pp. 59-79.

Sayad A. (1991), *L'immigration ou les paradoxes de l'altérité*, De Boeck-Université.

Sayad A. (1999), *La double absence : Des illusions de l'émigré aux souffrances de l'immigré*, Seuil.

Sayad A. (2014), *L'école et les enfants de l'immigration*, Seuil.

Scott Joan Wallach (2007), *The Politics of the Veil*, Princeton University Press, ［李孝徳訳 (2012), 『ヴェールの政治学』みすず書房］

SEEP (le Service des Etudes, de l'Evaluation et de la Prospective：ポワティエ大学学業・評価・予測研究サービス) (2008), « Suivi des étudiants de 1ère année de licence et de 1ère année de santé. Promotion 2006-2007 », Zoom n° 16, SEEP,

Université de Poitiers, octobre 2008.

（http://sceco.univ-poitiers.fr/insertion-professionnelle/debouches-profession-nels-/statistiques-d-insertion-758911.kjsp）

Sève Lucien（1964），« Les "dons" n'existent pas », L'École et la Nation, pp. 39–64, repris in GFEN（1974），*L'échec scolaire. « Doué ou non doué » ?*, Éditions sociales.
［続編：« Les "dons" n'existent toujours pas », dans GFEN（2009），*Pour en finir avec les dons, le mérite, le hasard*, La Dispute, pp. 19–34.］

Silberman Roxane et Fournier Irène（2006），« Les secondes générations sur le marché du travail en France: Une pénalité ethnique ancrée dans le temps. contribution à la théorie de l'assimilation segmentée », *Revue française de sociologie*, vol. 47(2), pp. 243–92.

園山大祐（2012），「私学の役割機能変遷にみる世俗化現象——私学選択にみる学歴志向の浸透を視点として」『学校選択のパラドックス』勁草書房，51-64 頁.

園山大祐編（2016a），『岐路に立つ移民教育——社会的包摂への挑戦』ナカニシヤ出版.

園山大祐編（2016b），『教育の大衆化は何をもたらしたか——フランス社会の階層と格差』勁草書房.

園山大祐（2017a），「『移民系フランス人』の学業達成と庶民階層にみる進路結果の不平等」『現代思想』2017 年 4 月号，青土社，184-198 頁.

園山大祐（2017b），「フランスにおける社会統合と女性移民の地区外逃避——リヨン市郊外にみる女性移民の成功モデル」杉村美紀編『移動する人々と国民国家』明石書店，99-117 頁.

Terrail Jean-Pierre（1984），« De quelques histoires de transfuges », *Cahiers du LASA*, Université de Caen, n° 2, pp. 32–43.

Terrail J-P.（2009），*De l'oralité. Essai sur l'égalité des intelligences*, La Dispute.

Terrail J-P.（2016），*Pour une école de l'exigence intellectuelle. Changer de paradigme pédagogique*, La Dispute.

Testanière Jacques（1967），« Chahut traditionnel et chahut anomique dans l'enseignement du second degré », *Revue française de sociologie*, Volume VIII, pp. 17–33.

Thélot Claude（1982），*Tel père, tel fils ? Position sociale et origine familiale*, Dunod.

Thélot C.（2004），*Pour la réussite de tous les élèves*, Rapport de la Commission du débat national sur l'avenir de l'école, La Documentation Française.

Thélot C. et Vallet Louis-André（2000），« La réduction des inégalités sociales devant l'école depuis le début du siècle », *Economie et statistique*, n° 334, Insee, pp. 3–32.

Thin Daniel（2009），« Un travail parental sous tension : les pratiques des familles populaires à l'épreuve des logiques scolaires », *Informations sociales*, n° 154, pp. 70–76.

Thrupp Martin (1995), « The school mix effect : the history of an enduring problem in educational research, policy and practice », *British Journal of Sociology of Education*, vol. 16(2), pp. 183-203.

Tichit Laurence (2001), « Quartiers sud : racialisation et construits ethniques du racket à l'école », *VEI Enjeux*, vol. 124, pp. 198-206.

トランカール, ダニエル (渡辺一敏訳)(2016)「コレージュにおける学業成績に社会空間的隔離が及ぼす影響」園山大祐編『教育の大衆化は何をもたらしたか』勁草書房, 129-151 頁 (Danièle Trancart (2012), « Quel impact des ségrégations socio-spatiales sur la réussite scolaire au collège ? », *Formation emploi*, 2012/4 (n° 120), La documentation française, pp. 35-55).

Tribalat Michèle (1995), *Faire France : une grande enquête sur les immigrés et leurs enfants*, La Découverte.

Tribalat M. (2013), *Assimilation : La fin du modèle français*, Édition du Toucan.

Tribalat M. (2016), *Statistiques ethniques, une querelle bien française*, L'Artilleur.

Truong Fabien (2013), *Des capuches et des hommes. Trajectoires de « jeunes de banlieues »*, Buchet-Chastel.

Truong F. (2015), *Jeunesses françaises. Bac+5 made in Banlieue*, La Découverte.

Truong F. (2016), « Créer de nouveaux concepts » in De Singly François, Giraud Christophe et Martin Olivier (dir.)(2016), *Apprendre la sociologie par l'exemple*, Armand Colin, pp. 89-100.

Vallet Louis-André (1999), « Quarante années de mobilité sociale en France. L'évolution de la fluidité sociale à la lumière de modèles récents », *Revue française de sociologie*, vol. 40, pp. 5-64.

Vallet L.-A. (2014), « Mobilité observée et fluidité sociale en France de 1977 à 2003 », *Idées économiques et sociales*, 175, pp. 6-17.

Vallet L.-A. (2017), « Mobilité entre générations et fluidité sociale en France Le rôle de l'éducation », *Revue de l'OFCE*, 2017/1 (n° 150), pp. 27-67.

Vallet L.-A. et Caille, J.-P. (1996), « Les élèves étrangers ou issus de l'immigration dans l'école et le collège français. Une étude d'ensemble », *Les dossiers d'Education et Formation*, vol. 67, MEN, pp. 7-27.

Van de Velde Cécile (2008), *Devenir adulte : sociologie comparée de la jeunesse en Europe*, PUF.

Van Zanten Agnès ([2001] 2012), *L'école de la périphérie. Scolarité et ségrégation en banlieue*, PUF.

Vidal Dominique, Bourtel Karim (2005), *Le mal-être arabe. Enfants de la colonisation*, Agone.

Vincent Guy (dir.)(1994), *L'éducation prisonnière de la forme scolaire ? Scolarisation et socialisation dans les sociétés industrielles*, Presses universitaires de

Lyon.

Vugdalic Suvani (1997), « Les acquis des élèves entrant en SES et en SEGPA », *Éducation et formations*, n° 51, MEN, pp. 77-81.

Wacquant Loïc (2007), « Territorial Stigmatization in the Age of Advanced Marginality », *Thesis Eleven*, pp. 66-77.

Willis Paul (2011), *L'école des ouvriers*, Agone. 〔原書 *Learning to Labour: How Working Class Kids Get Working Class Jobs*, 1977 の仏語訳を参照．P. ウィリス（熊沢誠・山田潤訳）(1996)『ハマータウンの野郎ども——学校への反抗・労働への順応』ちくま学芸文庫〕

山本須美子編（2017），『ヨーロッパにおける移民第 2 世代の学校適応——スーパー・ダイバーシティへの教育人類学的アプローチ』明石書店.

Zaffran Joël (2000), *Les collégiens, l'école et temps libre*, La Découverte.

Zaffran J. (2014), « Le décrochage de haut en bas » dans Berthet T. et Zaffran J. (dir.), *Le décrochage scolaire. Acteurs, dispositifs et politiques de lutte contre la déscolarisation*, PUR, pp. 43-60.

Zéroulou Z. (1988), « La réussite scolaire des enfants d'immigrés : L'apport d'une approche en termes de mobilisation », *Revue française de sociologie*, vol. 29 (3), pp. 447-470.

Zirotti Jean-Pierre (2003), « Les élèves maghrébins, des acteurs sociaux critiques », dans Lorcerie Françoise (ed.), *L'école et le défi ethnique*, ESF et INRP, pp. 209-218.

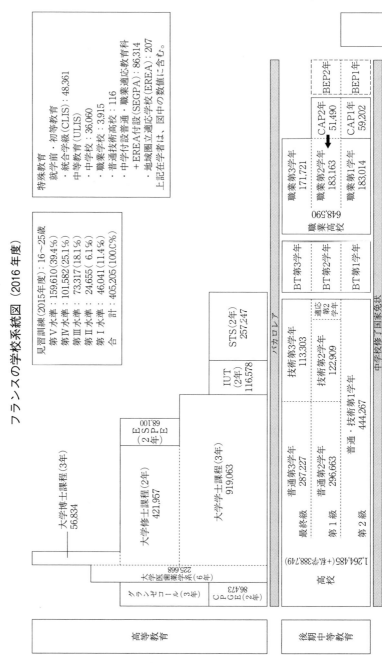

義務教育年齢（6〜16歳）

前期中等教育　中学校　3,249,039（＋私立697,641）

学級	学年	人数	年齢
第3級	第4学年	821,037	
第4級	第3学年	809,514	
第5級	第2学年	805,039	
第6級	第1学年	813,449	11歳

初等教育　小学校　4,147,818（＋私立587,655）

学級	学年	人数	年齢
CM2	第5学年	814,846	
CM1	第4学年	835,411	
CE2	第3学年	826,612	
CE1	第2学年	837,862	
CP	第1学年	833,087	6歳

就学前教育　幼稚園　2,542,198（＋私立308,657）

学級	人数	年齢
年長組	836,131	5歳
年中組	817,206	4歳
年少組	795,501	3歳
2歳児	93,360	

出典：DEPP-MEN, *Repères & références statistiques 2017, Note Flash du SIES*, No. 5, 2017

あとがき

これまで日本の進路指導および移行問題に関する教育社会学研究では、多数の書籍がある。教育社会学では古くて新しいテーマといえる。しかし、日本におけるフランスの教育社会学研究は、ブルデューとパスロンの『遺産相続者たち』ほか、レイモン・ブードンの『教育の機会の不平等』以来、マリ・デュリュ＝ベラの『娘の学校』、『フランスの学歴インフレと格差社会』などに限られる。前書園山編『教育の大衆化は何をもたらしたか』（勁草書房）に示したように、中等・高等教育の大衆化は 1990 年代以降にみられる現象であり、今日のフランスの教育課題について、その選抜のメカニズムや、進路指導と移行問題を庶民階層の視点から捉えた書籍は管見する限りほぼない。唯一、進路指導システムについて体系的に記した京免徹雄『フランスの学校教育におけるキャリア教育の成立と展開』（風間書房）がある。なお紙幅の関係で、当初予定していた前述の『娘の学校』以降の性差に関する研究結果を紹介できなくなったことは、非常に残念であり今後の課題とさせていただきたい。

編者は、国際共同研究事業と科研費を通じて、14 名のフランス研究者を招へいし、セミナーを開催し、日仏の社会学と教育学研究者の議論を深めてきた。フランスに限らずこの進路および移行の問題は、日本をはじめどの国にもみられる共通した教育社会学の課題である。そこで明らかになったのは、庶民階層、移民に対する「学校制度内部からの排除」、「無意図的な差別」が中学校から高校への進路指導時に起こること、また高校から大学への進学先の選択において自己選抜や排除が働くという点である。このフランスの特徴を日本語で明らかにした書籍はない。さらに外国研究としてはできるだけ多くの質的調査を取り入れ、その内実に迫った当事者たちの声を集めている点に二つ目の特徴がある。

今日のフランスを素材として、現代の教育制度にみる構造的な課題とされる内部からの排除の根源を探り、それが、「労働者」・「移民」等に対してどのようなかたちで表出しているのかを明らかにすることにより、日本でも起こりつ

つある、早くから進学を諦めている生徒、学校には登校はするものの授業には参加せずに寝ているような生徒、いわゆる「透明な生徒」の台頭について、その根源と表出形態を理解するヒントになると考える。つまり、日本では高校を中途退学するものは少ないが、97％の就学率の背景には、フランスなどヨーロッパと本質上は変わらない内部から排除された精神状況に追いやられている庶民階層について見直すきっかけにしたい。

　希望格差社会の到来と言われて久しい一方で、その後日本において庶民階層の学校への期待についてほとんどメディア化されなくなっている。だが、高校などでは深刻な「透明な生徒」の増加がみられる。不登校者数は減少している。だが、こうした出席していても授業についていけない、あるいはいかない生徒の話は、近年現場の先生から耳にする機会が増えている。教育課程を習得できていなくても卒業できる制度に隠れた日本の教育問題がある。フランスのように教育制度のメインストリームから排除する構造は一見すると日本にはないが、大学や普通高校の底辺校におけるこうした無気力な生徒の状況は、フランスの職業高校への進路指導結果にみる不本意入学者と同様の移行問題をみることができ、フランスの事例は参考になると考える。香川ら（2014）によれば、日本では1960年代に「高卒当然社会」が到来したとされ、高卒のメリットが、「行かないと損するところ」へと変わった。同じ状況はさらに大学進学、専門学校へと広がりをみせていくことは周知のとおりである。

　ヨーロッパも遅ればせながら、同様の状況がみられると言って間違いない。就職のためには高卒資格が必須であり、さらに短大に進学することや、大学、必要に応じて一部の者は、就職に有利とされる私立大学を戦略的に選択するようになってきている。どこまで学び続ければよいのか、それが何のためなのか、本当に自分は学びたいのか、何を学びたいのか、といった疑問を横においてとにかく少しでも上の学歴を獲得しないと、社会では損してしまう（失業）という恐怖が若者を不安に追いやっている。また、フランスの大学で、とりあえず〇〇学部に入学したという話を聞くようになって久しい。人文社会科学に多い不本意入学は、いったい誰が生み出しているのか。あるいは、こうした若者にかつては人生の猶予期間として寛容であった社会や大学も、ストレートに3年で学士を取得することを重んじた進路指導をする。寄り道、回り道や、一時的

に大学を離れてから戻るような進路形成過程を消極的に評価する風潮がみられる。編者がフランスに留学をしたのは1990年代前半であったが、そのときに驚いたのは学生の多様性である。年齢、性別、国籍、エスニシティなど多様であり、さまざまなバックグラウンドを持った「大人な」学生像である。そうしたさまざまな人生経験を語り合う姿（大学生）に憧れたものである。人生の先輩は、教員に限らず、学生にも多く、そこから学ぶ意味を実感でき、理論的な授業の必要性も理解できた経験は、貴重な財産である。あれから20年以上が経ち、制度化された進路指導が高校や大学で導入されようとしている。

　フランスで進路指導という言葉は、Orientationという用語で表現される。オリエントとは、方向を意味するように、人生の方向を定める行為形成のことを指す。この進路研究のキーワードとして翻訳に苦労した用語がある。本書では軌道、軌跡、進路、経路、経歴（Trajectoire、Parcours、Itinéraire）など適宜訳者に一任した。フランスの教育社会学や教育行政、教育現場においても使い分けがされているとはいえない。学歴を表すParcours scolaireなどは、もっとも一般的な用語であるが、学術論文においては、軌道（Trajectoire）のようなより広い意味合いで捉えたり、経路（Itinéraire）のように各教育段階の入学と卒業時の点と点を結びつけた意味合いの用語を好む研究者もいる。しかし、進路選択とは、本来、軌道にあるような、さまざまな回り道をよしとするような弧を描くことが想定されていたのではないだろうか。

　教育の量的な大衆化を達成した日仏両社会には、今後多様な進路選択が認められる人生の歩みを、学校社会と就労世界において受け止めてほしいと願う。その意味でも青年期の進路形成過程を担う学校や、保護者はさまざまな選択肢を提供できる豊富な経験値が求められていくだろう。回り道をしてきた人々の活躍の場を保障するような社会を創造できないだろうか。時間をかけて描かれる軌道を追うことは、学業を「成功」に導く物理的・社会的・制度的条件について問うことであり、それを可能にする精神的活動について問うことである。さらには、「成功」の代償と、その隠された側面が何かを問うことで、同時に、教育の現場で進行中の再編成と、それが上昇移動にある対象学生たちにどのような形で影響を与えているかを探ることになる。教育社会学に与えられた使命であり、引き続き検討を重ねたい。

あとがき　　*299*

最後に、お二人に感謝したい。まず表紙と各部の扉の挿絵を描いていただいた廣瀬剛氏（大分大学教授）に御礼申し上げる。廣瀬氏とは二度目の共同作業となったが、挿絵のお蔭で温まる学術書となった。

　お二人目は、編集部の藤尾やしお氏である。藤尾氏とは『学校選択のパラドックス』（2012 年）、『排外主義を問いなおす』（2015 年）、『教育の大衆化は何をもたらしたか』（2016 年）の刊行以来 4 冊目のしごととなる。今回も編者の意向を編集過程において的確に活かしていただいたことに感謝申し上げる。近年、出版事情がより厳しくなっているにもかかわらず、刊行にご理解とご協力をいただき、勁草書房には改めて御礼申し上げたい。

園山　大祐

【付記】
　本書は、以下の科学研究費助成（26285190、26590211）の研究成果の一部である。この場を借りて感謝申し上げたい。

人名索引

ア行

アジャット（Hajjat, A.） *217*

アビ（Haby, R.） *4*

荒井文雄（Arai, F.） *9*

アリジ（Arrighi, J.-J.） *91*

アルバ（Alba, R.） *197*

アレーグル（Allègre, C.） *7*

イシュー（Ichou, M.） *242, 253, 265, 266, 271*

伊藤るり（Ito, R.） *194*

ヴァレ（Vallet, L.-A.） *244, 254, 263*

ヴァンサン（Vincent, G.） *152*

ヴァン＝ザンタン（Van Zanten, A.） *146, 228, 253, 258, 263*

ヴァン・ド・ヴェルドゥ（Van de Velde, C.） *240, 241*

ヴィダル（Vidal, D.） *ii, 216*

ウィリス（Willis, P.） *111, 123, 124, 126*

ウヴラール（Œuvrard, F.） *9, 92, 115, 151*

ヴォルテール（Voltaire） *245*

ヴォレ（Vollet, J.） *161*

ヴュダリック（Vugdalic, S.） *146*

エスタブレ（Establet, R.） *10, 131, 132, 247, 252*

エステル＝エディベル（Esterle-Hedibel, M.） *150*

エヌディアイ（Ndiaye, P.） *255*

エラン（Héran, F.） *132*

エリアス（Elias, N.） *52, 201*

エルヴィユ＝レジェ（Hervieu-Léger, D.） *252*

エル＝バンナ（El-Banna, H.） *244, 245*

エルリシュ（Erlich, V.） *15*

大前敦巳（Omae, A.） *209*

オサンドン（Ossandon, M.） *17*

オベルティ（Oberti, M.） *38, 60, 242, 263*

オランジュ（Orange, S.） *26, 117, 206*

オリス（Oris, M.） *226, 228*

カ行

カイユ（Caille, J.-P.） *95, 117, 139, 227, 242, 244, 254, 256, 263*

カクポ（Kakpo, N.） *63, 239*

ガザーリー（Ghazali, A.） *245*

梶田孝道（Kajita, T.） *198*

ガスク（Gasq, P.-O.） *143, 148*

カユエット＝ランブリエール（Cayouette-Remblière, J.） *6, 97, 108*

カリッシオ（Calicchio, V.） *145*

河瀬直美（Kawase, N.） *160*

ギア（Geer, B.） *172*

キエフェール（Kieffer, A.） *201, 230, 254*

キュッカ（Cucca, R.） *249*

京免徹雄（Kyomen, T.） *297*

グー（Goux, D.） *8, 136, 137*

グーヨン（Gouyon, M.） *136*

クーロン（Coulon, A.） *19, 61*

クトゥブ（Qotb, S.） *244*

グラスマン（Glasman, D.） *151*

グリニョン（Grignon, C.） *109, 116*

クレルク（Clerc, P.） *136, 137, 254*

クロワゼ（Croizet, J.-C.） *iv, 10, 178*

ゲニフ＝スイラマ（Guénif-Souilamas, N.） *194, 197, 230, 249*

ゲニャール（Guégnard, C.） *201*

ゴードン（Gordon, M.） *263*

ゴワグー（Goigoux, R.） *146*

サ行

サヴァリ（Savary, A.） *6*

ザフラン（Zaffran, J.） *151, 159*

サブレ（Sabouret, J.-F.） *63, 160*

サヤード（Sayad, A.）　*120, 127, 195, 201, 202, 253, 265, 271*

サルコジ（Sarkozy, N.）　*18*

サンテリ（Santelli, E.）　*194, 227, 228, 235, 265*

ジェアン（Géhin, J.-P.）　*214*

ジェルドゥ（Gerde, B.）　*151*

ジスカール＝デスタン（Giscard d'Estaing, V.）　*216*

シモン（Simon, P.）255

ジャノズ（Janosz, M.）　*150*

シャンパーニュ（Champagne, P.）　*9*

シャンボルドン（Chamboredon, J.-C.）　*131, 185, 187*

シュウ（Zhou, M.）　*264*

シュヴェーヌマン（Chevènement, J.-P.）　*1, 4*

ジュリアン（Jullien, M.-A.）　*v*

シュワルツ（Schwartz, B.）　*200*

ショヴェル（Chauvel, L.）　*8,9, 109, 240*

ショヴェル（Chauvel, S.）　*3*

ジョスパン（Jospin, L.）　*4*

ショフレール（Schauffler, R.）　*264*

ジョワニォー（Joigneaux, C.）　*179*

シルベルマン（Silberman, R.）　*195*

スィーナー（Avicenne）　*245*

スコット（Scott, J. W.）　*194*

セーヴ（Sève, L.）　*134*

セルヴェ（Servet, M.）　*246*

ゼルールー（Zéroulou, Z.）　*139, 196, 265*

園山大祐（Sonoyama, D.）　*3, 9, 63, 160, 163, 175, 191, 195, 209*

タ行

ダルモン（Darmon, M.）　*181*

タン（Thin, D.）　*139, 186, 226*

ダン（Dunn, J.）　*235*

中力えり（Churiki, E.）　*193*

デグロップ（Desgroppes, N.）　*186*

テスタニエール（Testanière, J.）　*165*

デュエ（Duée, M.）　*136*

デュベ（Dubet, F.）　*i, 3, 9, 68, 241*

デュポン（Dupont, P.）　*18*

デュリュ＝ベラ, M.（Duru-Bellat, M.）　*1, 3, 9, 95, 101, 146, 258, 264, 297*

テライユ（Terrail, J.-P.）　*135, 139, 140*

デルクロワ（Delcroix, C.）　*230*

テロ（Thélot, C.）　*146*

ドゥア（Douat, É.）　*91,150*

ドォヴィオー（Deauvieau, J.）　*iv, 2, 140, 162*

トラップ（Thrupp, M.）　*263*

トランカール（Trancart, D.）　*9*

トリバラ（Tribalat, M.）　*193, 198, 263, 266*

ナ行

ナキリ（Nakhili, N.）　*105*

夏目達也（Natsume, T.）　*17*

ナフィス（Nafis, I.）　*246*

ナフティ＝マレルブ（Nafti-Malherbe, C.）　*147*

ノワリエル（Noiriel, G.）　*200, 202, 253*

ハ行

バーンスティン（Bernstein, B.）　*26, 27, 35, 179*

パジス（Pagis, J.）　*177*

パスカリ（Pasquali, P.）　*56, 95*

パスロン（Passeron, J.-C.）　*15, 54, 61, 62, 79, 91, 95, 116, 117, 134, 135, 137, 297*

ハルドゥーン（Khaldun, I.）　*246*

パレタ（Palheta, U.）　*214*

バロン（Baron, M.）　*37, 40*

バンクストン（Bankston, C. L.）　*264*

ピアルー（Pialoux, M.）　*96, 110, 124, 196*

ピカール（Picard, Y.）　*150*

ビュイソン（Buisson, M.）　*237*

ピリュス（Pirus, C.）　*143, 148*

ファビウス（Fabius, L.）　*4*

フィグエイレド（Figueiredo, C.）　*160*

フィヨン（Fillon, F.）　*ii*

フィリップ（Philippe, E.） *ii*

ブーヴィエ（Bouvier, G.） *193*

ブードン（Boudon, R.） *91, 95, 297*

プーラウエック（Poullaouec, T.） *91, 92, 116, 128, 130, 131, 137, 139, 140*

フェラン（Ferrand, M.） *228*

フェルージ（Felouzis, G.） *37, 43, 195, 244, 263, 267*

フォルタン（Fortin, L.） *150*

プニー（Peugny, C.） *8, 9*

ブランケ（Blanquer, J.-M.） *ii*

ブランボーム（Brinbaum, Y.） *201, 230, 254*

ブリーム（Breem, Y.） *193*

ブルデュー（Bourdieu, P.） *i, 9, 15, 47, 61, 62, 91, 95, 96, 117, 122, 134, 135, 139, 180, 188, 297*

ブルドン（Bourdon, F.） *37, 297*

フルニエ（Fournier, I.） *195*

プレヴォ（Prévot, J.） *131, 185, 187*

プレトゥセイユ（Préteceille, E.） *38, 264*

ブレヤ（Blaya, C.） *150*

プロ（Prost, A.） *106*

ブローデル（Braudel, F.） *246*

ブロスフェルド（Blossfeld, H.-P.） *240*

ブロック（Bloch, M.） *151*

ブロッコリシ（Broccolichi, S.） *92, 139, 144, 263*

プロマン（Plomin, R.） *230, 235*

ペクレス（Pécresse, V.） *18, 66*

ペリエ（Périer, P.） *3*

ベルアジュ（Belhadj, M.） *230*

ベルトワン（Berthoin, J.） *142*

ペルヌー（Perrenoud, P.） *152*

ベルネ（Bernet, É.） *37*

ホー（Ho, D.） *256*

ボー（Beaud, S.） *i, v, 43, 46, 61, 96, 110, 124, 132, 193, 196, 200, 220, 227, 240*

ボーシュマン（Beauchemin, C.） *193, 253, 254, 266*

ボーティエ（Bautier, É.） *140, 178, 179*

ボードロ（Baudelot, C.） *10, 132, 247, 252*

ホガート（Hoggart, R.） *33, 98*

ボダン（Bodin, R.） *66, 67, 206*

ボネリー（Bonnéry, S.） *iv, 92, 140, 151*

ポリアク（Poliak, C.） *177, 188*

ポルテス（Portes, A.） *264*

マ行

マクダウェル（McDowell, L.） *249*

マクロン（Macron, E.） *ii*

マスクレ（Masclet, O.） *193, 196, 217, 220*

マビロン＝ボンフィス（Mabilon-Bonfils, B.） *145*

マンガ（Mingat, A.） *95, 101, 264*

ミエ（Millet, M.） *iv, 10, 72, 178, 186, 188, 226*

ミッテラン（Mitterrand, F.） *200, 216, 217*

村上一基（Murakami, K.） *iv, 198, 199*

メルル（Merle, P.） *53, 54, 112, 155*

モーリニ（Maulini, O.） *152*

モノリ（Monory, R.） *4*

モハメド（Mohammed, M.） *228*

モラン（Maurin, E.） *136, 137*

森千香子（Mori, C.） *194, 199*

モレル（Morel, S.） *147*

モロー（Moreau, G.） *110*

モンマッソン＝ミッシェル（Montmasson-Michel, F.） *179*

ヤ行

山本須美子（Yamamoto, S.） *191*

ユグレ（Hugrée, C.） *206*

ラ行

ラアーシェ（Laacher, S.） *139, 265*

ライール（Lahire, B.） *72, 89, 133, 180, 237*

ライウ（Rayou, P.） *140, 178*

ラグランジュ（Lagrange, H.） *264*

ラペイロニ（Lapeyronnie, D.） *251*

ラポストル（Lapostolle, G.）　*4, 7*
ラマダン（Ramadan, T.）　*244*
ラルゲーズ（Larguèze, B.）　*143, 144*
ランシ（Ranci, C.）　*249*
ランジュヴァン（Langevin, A.）　*234*
ランドリエ（Landrier, S.）　*105*
ランベルガー（Rumberger, R. W.）　*150*
リー（Lee, P.）　*264*
リジエル（Rygiel, Ph.）　*228*
リシャール＝ボッセ（Richard-Bossez, A.）
　176

リニエ（Lignier, W.）　*177*
リュシュド（Rushd, I.）　*245, 246*
ルシーニュ（Lecigne, A.）　*147*
ルソー（Rousseau, J.-J.）　*245*
ルパプ（Le Pape, M.-C.）　*228*
ルメートル（Lemêtre, C.）　*27, 91*
ローゼンヴァルド（Rosenwald, F.）　*227*
ローラン（Laurens, J.-P.）　*139*
ロマンヴィル（Romainville, M.）　*18*
ロモー（Lhommeau, B.）　*255*

地名索引

ア行

アサス　45, 50
アジア　255, 266, 271
アフリカ　61, 226, 227
アミアン　149
アメリカ　10, 232, 255, 263
アラブ　54, 211, 215, 216, 218, 221, 223,
　236, 246, 247
アルジェリア　v, 54, 192, 193, 195, 196,
　200-206, 212, 213, 216, 217, 223-227, 255,
　257, 261-263, 267, 269
アンジェ大学　30, 34
イヴリンヌ　39, 41
イギリス　242, 253, 271
イタリア　255
イル・ド・フランス　iii, 37-41, 43, 44, 46,
　50, 51, 58, 245
ヴァル・ド・マルヌ　37, 41
ヴァル・ド・ワーズ　39, 42
ヴァンデ　19, 20
ヴィユタヌーズ市　41, 50, 59
ヴィリエ・ル・ベル市　47
ヴェルサイユ　41, 44, 149
エヴリー大学　41
エジプト　244, 245
エソンヌ　39, 41
エックス　149
オスマン帝国　246, 247
オセアニア　255
オックスフォード　244
オ・ド・セーヌ　37
オルセー　41
オルネー・スー・ボワ　45
オルレアン　149

カ行

カーン　149
海外県・海外領土　257, 259, 261-263,
　267, 269
カッシャン　56
カルチエ・ラタン　41
北アメリカ　253
ギニア湾　255, 257, 259, 261-263, 267,
　269
グラン・ムラン　41
クリシー　45
グルノーブル　149
クレテイユ　41, 44
クレルモン・フェラン　149
ゴネス　148
コルシカ　149

サ行

サブサハラ　192-195, 226, 227
サヘル　255, 257, 259-264, 266, 267, 269-
　271
サルセル　42, 47
サン・ドニ　38, 40-42, 45, 46, 58
サン・ナゼール　19, 32
ジュシュー　41
ジュネーブ　245, 246
シリア　60
スイス　242, 244
スタン市　49
ストラスブール　149, 203, 245
スペイン　193, 212, 217, 255
セーヌ・エ・マルヌ　39, 41, 42
セーヌ・サン・ドニ（県）　46, 52, 58, 59,
　61, 89, 213
セルジー・ポントワーズ　41
ソショー・モンベリアール　124

タ行

中国　　255, 257, 259-263, 267, 269-271

チュニジア　　192, 220, 226, 255, 257, 261-263, 267, 269

ディジョン　　149

デンマーク　　10, 240 -242

ドイツ　　197, 242

ドゥイユ・ラ・バル　　43

トゥール　　149

トゥールーズ　　149

トゥーロン　　215

東南アジア　　255, 257, 259-263, 267, 269-271

ナ行

ナイスナ　　60

ナンシー　　149

ナンテール　　41, 48, 63

ナント　　13, 14, 19-23, 31, 149, 211

西アフリカ　　192

日本　　16, 17, 63, 159, 160

ノワジー・ル・セック市　　46

ハ行

パリ　　iii, 37-41, 44-47, 49, 52, 53, 55, 56, 58, 59, 62, 63, 81, 92, 120, 149, 186, 200, 209, 212, 214-216, 219, 221, 223, 224

パリ 15 区　　213

パリ 18 区　　212, 213, 219

パリ首都圏　　163

パリ第 1 大学　　39-41, 44, 45, 47, 48, 50,

パリ第 8 大学　　38-46, 49, 50, 59, 62

パリ第 10 大学　　41, 48

パリ第 13 大学　　41, 50

ブザンソン　　149

ブラック・アフリカ　　54

フランス　　i, iii-v, 1-4, 8-10, 13, 14, 16-19, 21, 22, 24, 25, 27, 30, 37, 51, 52-54, 60,
63, 65, 66, 70, 71, 73, 79, 90, 91, 95, 109-111, 142, 148-152, 159, 160, 163, 176, 191-195, 197-208, 211-213, 216-218, 222, 223, 225, 226, 228, 234, 236, 237, 239-243, 246, 253, 255-257, 259, 262-271

プロヴァン市　　42

ベルギー　　18

ボビニー　　43, 59

ボルドー　　149

ポルトガル　　193, 217, 255, 269

ポワティエ（大学区）　　67, 70, 72, 73, 149, 203

ポワトゥー＝シャラント　　223

マ行

マグレブ　　61, 192-195, 200-202, 214, 227, 230, 235, 236, 240, 244, 248, 259, 260

マスカラ　　203

マルセイユ　　149, 216

マルメ・ラ・ヴァレ　　41

南ヨーロッパ　　255, 257, 259-263, 267, 269

ムスタガーナム（モスタガネム）　　203, 205

メッス　　149

モロッコ　　53, 54, 192, 205, 222, 223, 255, 257, 261-263, 267, 269

モンヴィル市　　200, 223

モントルイユ市　　46

モンフェルメイユ市　　46

モンペリエ　　149, 213

ヤ行

ヨーロッパ　　2, 13, 24, 151, 193, 197, 298

ラ行

ラ・ロッシュ・シュル・ヨン　　19

ランス　　149

リール　　149, 245

リモージュ　　149

リヨン　　149, 203, 245

ルーアン　　149

レンヌ　　149

ロワール　29 | ロワール・アトランティック　19, 20

事項索引

ア行

アグレガシオン（高等教育教授資格）　167
（教育）アスピレーション　95, 113, 114, 116-119, 124, 126
新しい学生　15, 71
暗黙の教授法　134
移行　i, 8-10, 75, 79, 141, 240, 297, 298
イスラーム　v, 60, 62, 197, 198, 215, 221, 225, 239-242, 244-247, 249-251
移民　iv, v, 3, 9, 9, 53, 54, 60, 96, 98, 100, 101, 105, 117, 120, 127, 148, 191-199, 202, 203, 214, 216, 217, 219-223, 225-228, 230, 236, 237, 239-244, 248, 251, 253-271, 276, 297
──第2世代　191-199, 216
──統合　191
──の子孫　193, 237, 240, 241

カ行

階層格差　i
学業達成　v, 8, 9, 196, 224
格下げ　74, 95, 110, 122, 242
学生のメチエ　18, 61
隔離　38, 50, 218, 244, 250, 264
学力　i, 22
学歴資本　46-50, 99, 127
学級委員会　2, 3, 6, 58, 81-84, 86-89, 92, 94, 96, 97, 101, 102, 104, 105, 129, 207
学校隔離　38, 50
学校選択　i, 9, 47
軌跡　53, 55, 61, 63, 154, 169, 299
教育戦略　8, 131, 133
教育の不平等　i, 107, 108, 133, 139, 176
共和国　191
共和主義　191, 194, 197
居住地格差　38
居住地隔離　38, 40, 43

[右段]

屈辱　155
グランゼコール　iii, 16, 25, 72, 73, 242
グランゼコール準備級（CPGE）　25, 52, 53, 56, 58, 72-75, 118, 167
経済資本　47, 224
経済的資源　136, 137, 233
経路　v, 133, 141, 227, 232, 253, 254, 265, 299
経路と出自（TeO）　226, 227, 237, 254, 265, 268
経歴　196, 202, 205, 225-227, 231, 240, 241, 251, 299
郊外　iii, iv, 46, 47, 49, 53, 58-60, 81, 92, 193, 194, 202, 214, 216, 218, 236
赤い──　200
公団住宅　205
困難都市地域　iv, 208, 209

サ行

再生産　iii, 9, 50, 63, 65, 76, 79, 99, 112-114, 116, 117, 119, 146, 232, 241
差異の無視　134
サヴァリ法（1984年高等教育法）　16
挫折（感）　115, 155, 196, 198
資源格差　177, 178
資源の不平等　132, 133
自己選抜　51, 196, 297
自己排除　105-107, 117
社会関係資本（社会資本）　iii, 3, 8-10, 50, 237
社会集合住宅（HLM）　217, 220
社会的格下げ　8
社会的混成　60
社会的（な）親殺し　124, 127
社会的排除　50
社会的不平等　65, 76, 101, 107, 108, 111, 127, 142, 188, 241, 259

社会統合　*192, 195, 198*

シャルリ・エブド　*197*

就学路　*60*

集合住宅地区　*98, 104, 106*

上級技術者証書（BTS）　*31*

象徴資本　*122*

職業教育免状（BEP）　*47, 89, 92, 110, 125, 136, 302*

職業見習い訓練所（CFA）　*1, 7, 52, 111*

人種差別　*127, 211, 216, 223, 225*

進路　*i, 9, 10, 16, 18, 22, 59, 80, 82, 84, 87, 90-92, 94-96, 101, 102, 106, 111, 114, 118, 125, 132, 133, 144-147*

——形成過程　*299*

——決定　*iii-v, 3, 4, 6, 7, 10, 22, 47, 81, 82, 84, 86, 90, 96, 103, 114, 136, 141, 142, 144-148, 158, 227, 239, 297, 299*

——指導　*i, iii, 2, 5-10, 16, 18, 22, 30, 56, 59, 79-83, 86, 87, 90, 92-97, 99, 101-108, 111, 114-118, 121, 126, 148, 207, 243-245, 252, 297-299*

——指導専門員　*2, 56, 80, 83, 95, 148*

——志望登録システムサイト（APB）　*i, ii, 22, 25-33, 35, 36, 44, 45, 48, 56, 60*

——選択　*ii, iii, v, 6, 9, 18, 19, 22, 30, 33, 34, 36, 39, 43, 46, 50, 57, 65, 72, 73, 80, 81, 84, 87, 88, 91, 92, 96, 107, 114, 117, 195, 198, 227, 244, 299*

——判定会議　*iii*

——変更　*ii, iii, 22, 34, 66, 68, 73-75, 97, 142, 146*

スカーフ　*194, 197, 225, 249, 250*

生徒指導専門員　*2*

セグレゲーション（隔離）　*iii, 195, 236, 263, 266, 271*

世俗化　*197*

タ行

退学　*66, 143, 148*

大学区　*30, 61*

大衆化　*i-iii, 2, 4, 8, 9, 14, 18, 53, 71, 79,*

105, 109-113, 115, 117, 165, 169, 198, 240, 242, 299

第2の教育爆発（第2次教育爆発）　*8, 91, 112, 113*

団地　*194, 202, 209, 212, 214, 217, 218, 220, 221, 225*

中退（中途退学）　*1, 65, 67-72, 75, 76, 158, 298*

ディスクタンクシオン　*186*

適正家賃住宅　*98*

統一中学校　*3, 4*

ナ行

内部からの排除　*iii, 7-9, 297, 298*

能動的進路選択　*18, 20*

ハ行

排外主義　199

バカロレア（大学入学資格）　*i, ii, 1, 4, 5, 9, 15, 18, 25, 26, 30, 32, 36, 43, 48, 52-55, 57, 59-61, 65, 67, 72-74, 76, 80, 91, 92, 109, 112, 113, 135, 136, 141, 163, 164, 205, 206, 214, 222, 227, 231*

——取得後進路志望登録システムサイト（APB）　*i, ii, 22, 44, 56*

技術——　*1, 15, 18, 39, 40, 47, 71, 75, 80, 88, 112, 113, 117, 141, 208, 209*

職業——　*1, 15, 18, 39, 40, 49, 71, 75, 80, 85, 93, 112, 113, 116, 118-120, 125, 141, 143, 148, 209, 212*

普通——　*18, 35, 36, 49, 75, 80, 88, 141, 208, 209*

パリ政治学院　*63*

反学校的文化（言説）　*123-125*

復学（先／機関）　*150-160*

服従　*3*

普通職業適応教育科（SEGPA）　*iii, 142-148*

ブルカ　*197*

文化遺産　*133-135, 138, 139*

文化資本　*iii, 3, 9, 10, 47, 136, 137, 224,*

227, 237
文化的資源　　128, 176
文化的不平等　　139, 176, 188
ペアレントクラシー　　iii, 10

マ行

ミッション・ローカル　　200, 223
民主化　　i, iii, 8, 37, 93, 137
民族誌　　223, 239
無資格（離学者）　　iii, 1, 2, 143, 148, 152
ムスリム　　v, 194, 197, 198, 239, 245, 246
メインストリーム　　9, 142, 298
目に見えない教授法　　179
メリトクラシー（業績主義）　　9, 10, 202

ヤ行

優先教育地域（ZEP）／優先教育地域網
　（REP）　　iv, 52, 56, 178, 208, 209

ラ行

ライシテ　　197
烙印（スティグマ）　　58, 62, 63, 127, 194,
　243, 251
離学（者）　　22, 43, 63, 66, 67, 69, 70, 75,
　76, 150, 151-153, 156, 160
留年（率）　　iii, 2, 3, 5-7, 16-18, 22, 87, 88,
　93, 102, 111, 114, 115, 121, 132, 135, 137,
　138, 140, 142-144, 148, 150, 227

略語一覧

APB（Admission Post Bac）：バカロレア取得後進路志望登録システムサイト

ASTEM（Agents Territoriaux Spécialisés des Écoles Maternelles）：自治体雇用保育学校職員

BAIP（Bureau d'Aide à l'Insertion Professionnelle）：就職支援室

BEP（Brevet d'Études Professionnelles）：職業教育免状

BTS（Brevet Technicien Supérieur）：上級技術者証書

CAP（Certificat d'Aptitude Professionnelle）：職業適格証

CAPES（Certificat d'Aptitude au Professorat de l'Enseignement du Second Degré）：中等教育教員適性証書

CDA（Commission des Droits et de l'Autonomie）：権利自律委員会

CEREQ（Centre D'Étude et de Recherches sur l'Emploi et les Qualifications）：資格調査研究所

CFA（Centre de Formation d'Apprentis）：職業見習い訓練所

CGT（Confédération Générale de Travail）：フランス労働総同盟

CIO（Centre d'Information et d'Orientation）：情報・進路指導センター

CNCP（Commission Nationale de la Certification Professionnelle）：全国職業資格委員会

CPA（Classe Prépratoire à l'Apprentissage）：職業見習い準備学級

CPE（Contrat de Première Embauche）：初期雇用契約

CPGE（Classe Préparatoire de Grandes Écoles）：グランゼコール準備級

CPPN（Classe Pré-Professionnelle de Niveau）：職業前教育学級

CRSA（Conception et Réalisation de Systèmes Automatiques）：オートメーションシステム設計実施

CROUS（Centre Régional des Œuvres Universitaires et Scolaires）：フランス政府学生支援機構

CSP（Catégories SocioProfessionnelles）：社会職業カテゴリー（1982 年より PCS：Professions et Catégories Socioprofessionnelles に変更）

DEP（Direction d'Évaluation, de Prospective）：評価予測局

DEPP（Direction d'Évaluation, de Prospective et de Performance）：評価予測成果局

DIMA（Dispositif d'Initiation Professionnelle）：職業入門措置

DP3, DP6（Découverte Professionnelle）：職業発見週 3 時間と 6 時間のプログラム

DNB（Diplôme National du Brevet）：中学校修了国家免状

DUT（Diplôme Universitaire de Technologie）：大学科学技術免状

E2C（École de la deuxième Chance）：セカンド・チャンス・スクール

EGPA（Enseignements Généraux et Professionnels Adaptés）：普通・職業適応教育

ELEEC（Électotechnique, Énergie Équipements Communicants）：エネルギー施設電気技術通信官コース

ENP（Écoles Nationales de Perfectionnement）：国立養護学校

EPIDE（Établissement Pour l'Insertion Dans l'Emploi）：雇用・都市・防衛省職業参入公立教育機関

EREA（Établissements Régionaux d'Enseignement Adapté）：地域圏適応教育学校

ESPE（Écoles Supérieures du Professorat et de l'Éducation）：教職・教育高等学院（2013年度〜）

GRDS（Groupe de Recherche sur la Démocratisation Scolaire）：学校民主化研究グループ

HCI（Haut Conseil à l'Intégration）：統合高等審議会

HEC（École des Hautes Études Commerciales）：高等商業学校（パリ経営大学院、1881年創立）

HLM（Habitation à Loyer Modéré）：適正家賃住宅

IA-IPR（Inspecteurs d'Académie - Inspecteurs Pédagogiques Régionaux）：地方教育視学官－大学区視学官

IEN（Inspecteurs de l'Éducation Nationale）：国民教育視学官

IGAENR（Inspecteur Générale de l'Administration de l'Éducation Nationale et de la Recherche）：国民教育行政研究総視学官

IMIS（Institut de Maintenance Immobilière et Sécurité）：不動産メンテナンス・安全管理職業学十

INED（Institut National des Études Démographiques）：国立人口学研究所

INSEE（Institut National de la Statistique et des Études Économiques）：国立統計経済研究所

IUFM（Instituts Universitaires de Formation des Maîtres）：大学附設教員養成大学院（1990年〜2012年度）

IUT（Institut Universitaire de Technologie）：技術短期大学部

LMD（Licence-Master-Doctorat）：学士・修士・博士

LRU（loi relative aux Libertés et Responsabilités des Universités）：大学の自由と責任法

MDPH（Maison Départementale des Personnes Handicapées）：県障がい者センター

MEEF（Métiers de l'Enseignement, de l'Éducation et de la Formation）：教職修士（2013年〜）

MEN（Ministère de l'Éducation Nationale）：国民教育省

MEN-ESR（Ministère de l'Education Nationale et de l'Enseignement Supérieur et de la Recherche）：国民高等教育研究省

OVE（Observatoire de la Vie Étudiante）：学生生活調査センター

PPS（Projet Personnel de Scolarisation）：個別就学計画

QPV（Quartier Prioritaire de la Ville）：都市政策優先地区（2015年1月〜、旧ZUS）

RASED（Réseau d'Aides Spécialisées aux Élèves en Difficulté）：困難に陥った生徒のための特別支援ネットワーク

RAVEL（Recensement Automatisé des Vœux des Élèves）：生徒の志望自動調査

REP（Réseaux d'Éducation Prioritaire）：優先教育網（2006年以降ZEPの新名称）

RNCP（Répertoire National des Certifications Professionnelles）：全国職業資格総覧

SAIO（Service Académique d'Information et d'Orientation）：大学区情報進路指導課

SEGPA（Section d'Enseignement Général et Professionnel Adapté）：普通職業適応教育科

SEEP（Service des Études, de l'Évaluation et de la Prospective）：ポワティエ大学学業・評価・予測研究局

SES（Section d'Éducation Spécialisée）：特殊教育学科

SRE（Structure de Retour à l'École）：学業復帰機関

STG（Sciences et Technologies de la Gestion）：経営科学とテクノロジー（旧 STT）

STS（Section Technicien Supérieur）：上級技手養成短期高等教育課程

SUIO（Service Universitaire d'Information et d'Orientation）：大学情報・進路指導センター

TeO（Trajectoires et Origines）：経路と出自調査

UFR（Unités de Formation et de Recherche）：学部

ZEP（Zone d'Éducation Prioritaire）：優先教育地域（1981 年〜）

ZUS（Zone Urbaine Sensible）：困難都市地域（1996 年から 2014 年 12 月まで、2015 年から新 QPV へ移行）

執筆者紹介（執筆順）

■編著者

園山大祐（そのやま　だいすけ）［はしがき，序章，あとがき執筆，第4章，第6章，第9章，第10章，第11章翻訳］

大阪大学大学院人間科学研究科准教授．教育学修士　専門：比較教育社会学

主著：『日仏比較　変容する社会と教育』（共編著，明石書店，2009）．
　　　『学校選択のパラドックス』（編著，勁草書房，2012）．
　　　『排外主義を問いなおす』（編著，勁草書房，2012）．
　　　『教育の大衆化は何をもたらしたか』（編著，勁草書房，2016）．
　　　『岐路に立つ移民教育』（編著，ナカニシヤ出版，2016）．

■執筆者

田川千尋（たがわ　ちひろ）［第1章執筆，第2章，第3章，第5章翻訳］

大阪大学未来戦略機構第五部門特任助教．パリ第8大学教育学DEA　専門：比較教育社会学

主著：「第2章『BTSという選択』」（ソフィ・オランジュ）翻訳・解説」園山大祐編『教育の大衆化は何をもたらしたか』（勁草書房，2016）．
　　　「フランスの大学において学生の学びはどのように支援されてきたか：大学と『教育』概念」『フランス教育学会紀要』第25号，2015.

ソフィ・オランジュ（Sophie Orange）［第2章］

ナント大学社会学ナントセンター准教授．社会学博士．専門：社会学

主著：「上級技術者証書（BTS）という選択」園山編『教育の大衆化は何をもたらしたか』（共著，勁草書房，2016）
　　　Blanchard, M., Orange, S. & Pierrel, A., *Filles + Sciences = une équation insoluble*, Editions de la rue d'Ulm, 2016.
　　　L'autre enseignement supérieur. Les BTS et la gestion des aspirations scolaires, PUF, 2013.

レイラ・フルイユー（Leïla Frouillou）［第3章］

パリ第1（パンテオン-ソルボンヌ）大学交通・工業・開発研究センター研究員．社会学博士　専門：社会学，地理学

主著：*Carte universitaire et sens du placement étudiant : sociogéographie des processus ségrégatifs universitaires en Île-de-France*, Observatoire de la Vie Etudiante, La documentation française, 2017

ファビアン・トリュオン（Fabien Truong）［第4章］

パリ第8（サン・ドニ）大学社会学人類学部及び都市社会学センター准教授．社会学博士．専門：社会学

主著：*Des capuches et des hommes*, Buchet-Chastel, 2013.

Jeunesses françaises Bac + 5 made in banlieue, La Découverte, 2015.

ロミュアルド・ボダン（Romuald Bodin）［第5章］
ポワチエ大学社会学・人類学部准教授．社会学博士　専門：社会学
主著：Bodin, R., & Orange, S., *L'Université n'est pas en crise. Les transformations de l'enseignement supérieur : enjeux et idées reçues*, Bellecombes-en-Bauges, éditions du Croquant, 2013.
　　　Bodin, R.（dir.）, *Les métamorphoses du contrôle social*, La Dispute, 2012.

セヴリーヌ・ショヴェル（Séverine Chauvel）［第6章］
パリ東クレテイユ大学 LIRTES 准教授．社会学博士　専門：教育社会学
主著：*Course aux diplômes: qui sont les perdants ?*, textuel, 2016.
　　　Fabrice Dhume, Suzanna Dukic, Séverine Chauvel et Philippe Perrot, *Orientation scolaire et discrimination*, La documentation française, 2011.

ジョアニ・カユエット＝ランブリエール（Joanie Cayouette-Remblière）［第7章］
フランス国立人口学研究所研究員．社会学博士　専門：教育社会学
主著：*L'école qui classe. 530 élèves du primaire au bac*, PUF, 2015.
　　　Avec Blanchard, M., *Sociologie de l'école*, La découverte "Repères", 2016.

ユーゴ・パレタ（Ugo Palheta）［第8章］
リール第3大学教育学部准教授．社会学博士　専門：社会学
主著：*La domination scolaire, Sociologie de l'enseignement professionnel et de son public*, PUF, 2012.

トリスタン・プーラウエック（Tristan Poullaouec）［第9章］
ナント大学社会学部准教授．社会学博士　専門：教育社会学
主著：*Le diplôme, arme des faibles. Les familles ouvrières et l'école*, La Dispute, 2010.
　　　« L'inflation des diplômes. Critique d'une métaphore monétaire », chapitre paru *dans La société des diplômes*, ouvrage collectif sous la direction de Mathias Millet et Gilles Moreau, La Dispute, 2011.

ジョエル・ザフラン（Joël Zaffran）［第10章，第11章］
ボルドー大学E . デュルケムセンター教授．社会学博士　専門：社会学
主著：« Liberté, égalité, accessibilité », Zaffran J.（dir.）, *Accessibilité et Handicap. Anciennes pratiques, nouvel enjeu*, PUG, 2015.
　　　« Le décrochage de haut en bas », Berthet T. et Zaffran J.（dir.）, *Le décrochage scolaire. Acteurs, dispositifs et politiques de lutte contre la déscolarisation*, PUR, 2014.

ジェローム・ドォヴィオー（Jérome Deauvieau）［第12章］
高等師範学校（ENS）社会科学科 M. アルブヴァクス・センター教授．社会学博士　専門：

社会学

主著：Deauvieau J. & Terrail J.-P. (dir.), *Les sociologues, l'école et la transmission des savoirs. Dix ans après*, La Dispute, 2017.

Enseigner dans le secondaire - Les nouveaux professeurs face aux difficultés du métier, La Dispute, 2009.

マチアス・ミエ（Mathias Millet）［第 13 章］
ツール大学教授．社会学博士　専門：教育社会学
主著：「学校離れを生みだすもの」園山編『教育の大衆化は何をもたらしたか』（共著，勁草書房，2016）．
　　　Millet M. & Croizet J.-C, *L'école des incapables ? La maternelle, un apprentissage de la domination*, La Dispute, 2016.

ジャン゠クロード・クロワゼ（Jean-Claude Croizet）［第 13 章］
ポワチエ大学学習と認知に関する研究センター教授．心理学博士　専門：認知心理学
主著：Croizet, J.-C., & Millet, M., "Social Class and Test Performance: From Stereotype Threat to Symbolic Violence and Vice Versa". In M. Inzlicht & T. Schmader, (Eds.), *Stereotype threat: Theory, Process and Application*. New York: Oxford University Press, pp. 188-201, 2011.

村上一基（むらかみ　かずき）［第 14 章執筆，第 16 章，第 17 章，第 18 章翻訳］
東洋大学（非常勤）．社会学博士　専門：社会学
主著：『国際社会学』（共著，有斐閣，2015）．
　　　「フランス・パリ郊外におけるムスリム移民家族の教育実践」園山編『教育の大衆化は何をもたらしたか』（勁草書房，2016）．
　　　「フランス・パリ郊外のコレージュ教職員による移民系家族の問題化」『フランス教育学会紀要』第 27 号，2015．

ステファン・ボー（Stéphane Beaud）［第 15 章］
パリ第 10（西ナンテール）大学教授．社会学博士　専門：社会学，移民研究
主著：*80% au bac et après ? Les enfants de la démocratisation scolaire*, La Découverte, 2002
　　　（＝「『バック取得率 80%』から 30 年」園山編『教育の大衆化は何をもたらしたか』（共著，勁草書房，2016）．

ロール・モゲルー（Laure Moguérou）［第 16 章］
パリ第 10（西ナンテール）大学准教授．社会学博士　専門：社会学
主著：Moguérou L. & Santelli E., « The educational supports of parents and siblings in immigrant families », *Comparative Migration Studies* (Family involvement and educational success of the children of immigrants), 2015.
　　　Moguérou L., « L'aide au travail scolaire dans les familles immigrées de milieux populaires », *Migrations Société*, 25 (147-148), pp. 159-174, 2013.

316　執筆者紹介

エマニュエル・サンテリ（Emmanuelle Santelli）［第 16 章］
リヨン大学 M. ウェーバー・センター教授．社会学博士　専門：社会学
主著：*Les descendants d'immigrés*, La Découverte, coll. Repères, 2016.
　　　Grandir en banlieue. Parcours et devenir de jeunes Français d'origine maghrébine,
　　　CIEMI, coll. « Planète migrations », 2007.
　　　Collet, B. & Santelli, E. *Couples d'ici, parents d'ailleurs. Parcours de descendants d'*
　　　immigrés, PUF, 2012.

ナタリー・カクポ（Nathalie Kakpo）［第 17 章］
元 CSU（Cultures et sociétés urbaines）, Unité mixte de recherches CNRS ／パリ第 8 大学
研究員．社会学博士　専門：社会学
主著：*L'islam, un recours pour les jeunes*, Presses de Sciences Po, 2007.

マチュー・イシュー（Mathieu Ichou）［第 18 章］
フランス国立人口学研究所研究員．社会学博士　専門：社会学
主著："Who They Were There: Immigrants' Educational Selectivity and Their Children's
　　　Educational Attainment", *European Sociological Review*, Vol. 30, n° 6, pp. 750-765,
　　　2014.
　　　Ichou, M. & Vallet, L.-A., "Do all roads lead to inequality ? Trends in French upper
　　　secondary school analysed with four longitudinal surveys", *Oxford Review of*
　　　Education, Vol. 37, n° 2, pp. 167-194, 2011.

■訳者
渡辺一敏（わたなべ　かずとし）［第 7 章，第 8 章，第 12 章，第 13 章翻訳］
翻訳家．
主著：『比較教育』（共訳，文教大学出版事業部，2011）.
　　　『教育の大衆化は何をもたらしたか』（共訳，勁草書房，2016）.

荒井文雄（あらい　ふみお）［第 15 章翻訳］
京都産業大学外国語学部教授．専門：教育社会学，メディア社会学
主 著：*Les expressions locatives et les verbes de déplacement en japonais*, PU. Septentrion,
　　　2000.
　　　『学校選択のパラドックス』（共著，勁草書房，2012）.
　　　『教育の大衆化は何をもたらしたか』（共著，勁草書房，2016）.

■カバー装画，本文イラスト
廣瀬　剛（ひろせ　たけし）
大分大学教育学部教授

フランスの社会階層と進路選択
　学校制度からの排除と自己選抜のメカニズム

2018年1月30日　第1版第1刷発行

編著者　園　山　大　祐
　　　　　その　やま　だい　すけ

発行者　井　村　寿　人

発行所　株式会社　勁　草　書　房
　　　　　　　　　　けい　そう　しょ　ぼう

112-0005　東京都文京区水道2-1-1　振替 00150-2-175253
　　　（編集）電話 03-3815-5277／FAX 03-3814-6968
　　　（営業）電話 03-3814-6861／FAX 03-3814-6854
本文組版 プログレス・日本フィニッシュ・松岳社

©Daisuke SONOYAMA　2018

ISBN978-4-326-60302-2　　Printed in Japan

<㈳出版者著作権管理機構 委託出版物>
本書の無断複写は著作権法上での例外を除き禁じられています。
複写される場合は、そのつど事前に、㈳出版者著作権管理機構
（電話 03-3513-6969、FAX 03-3513-6979、e-mail: info@jcopy.or.jp）
の許諾を得てください。

＊落丁本・乱丁本はお取替いたします。
　　　　http://www.keisoshobo.co.jp

園山大祐編著	教育の大衆化は何をもたらしたか フランス社会の階層と格差	A5判	3500円
園山大祐編著	学校選択のパラドックス フランス学区制と教育の公正	A5判	2900円
中野裕二・森 千香子 エレン・ルバイ・浪岡新太郎 園山大祐編著	排外主義を問いなおす フランスにおける排除・差別・参加	A5判	4500円
森 千香子 エレン・ルバイ編	国境政策のパラドクス	A5判	4000円
佐久間孝正	多文化教育の充実に向けて イギリスの経験、これからの日本	四六判	3200円
佐久間孝正	移民大国イギリスの実験 学校と地域にみる多文化の現実	四六判	3000円
松尾知明編著	多文化教育をデザインする 移民時代のモデル構築	A5判	3400円
馬渕 仁編著	「多文化共生」は可能か 教育における挑戦	A5判　3300円 オンデマンド版	
児 島 明	ニューカマーの子どもと学校文化 日系ブラジル人生徒の教育エスノグラフィー	A5判	4200円
清 水 睦 美	ニューカマーの子どもたち 学校と家族の間の日常世界	A5判	4500円
三浦綾希子	ニューカマーの子どもと移民コミュニティ 第二世代のエスニックアイデンティティ	A5判	4000円
高井良健一	教師のライフストーリー 高校教師の中年期の危機と再生	A5判	6400円
宮寺晃夫	教育の正義論 平等・公共性・統合	A5判	3000円

＊表示価格は 2018 年 1 月現在。消費税は含まれておりません。